弁護士事件簿から学ぶ

「人間力」の伸ばし方

志は高く、
まなざしは優しく、
義理人情に厚く

弁護士 萬年浩雄 著

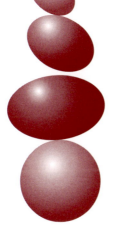

発行 民事法研究会

はしがき

　本書は、帝国データバンクの帝国ニュース（九州版）に毎月２回連載している「弁護士事件簿」の一部を加筆修正して収録したものである。この連載は1992（平成４）年４月27日を第１回として今日まで続いている。

　この連載の150話までの一部を『弁護士だからできること』（リヨン社刊）として、151話〜372話の中から取捨選択した項目を『人を動かす「人間力」の磨き方』（民事法研究会刊）として、それぞれ出版した。

　本書は、先に出版した『人を動かす「人間力」の磨き方』（平成21年３月21日刊）の中から取捨選択のうえ一部に修正を加え、さらに、帝国ニュースの373話（平成20年10月）〜577話（平成29年４月）の中から取捨選択して、両者を項目別に分類したうえで刊行したものである。

　帝国ニュースの「弁護士事件簿」は早25年を過ぎても連載が続いているが、テーマを自由に選んでよいということなので、主として私が実際に取り扱った事件を素材にして登場する人間を中心に描くようになった。とにかく私は、人間の生き様に興味をもち、事件を通じ自分の依頼者や相手方の生き様を通して人間性を観察し、かつ、人間の業を考えるようになった。弁護士の仕事は、民事、刑事を問わず、所詮人間の欲望処理にすぎないのでないかと思うことが多々ある。

　しかし、その生き様を見て、私はその人の生まれや育ちが多分に影響を与えているのではないかと痛感している。これは刑事責任論において、故団藤重光先生（元東京大学教授、最高裁判事）の「人格形成責任論」と類似の構造論でないか、と思うようになった。

　学生時代までは「知識」が幅を利かせているが、社会に出れば「知恵」で勝負することが多い。知恵者が社会で成功しているのを数多く見てきた。そして「人間の器」とは何ぞやとの問いも常に考えていると、「義理と人情」、「信用第一」の２本柱を仕事にも生活にも信念として貫いていけば、失敗はしないと思うようになったのである。

　私は正に、その「義理と人情」と「信用第一」をモットーにして、弁護士業務および生活をすることを信条としている。

　今日のIT社会では、ネット情報で法律の解釈論が展開されているが、それが

はしがき

どこまで信用できるかは疑問である。依頼者がなぜわざわざ足を運んでお金まで支払って、弁護士に事件を依頼するのか。それは単なる「歩く六法全書」ではなく、人間味を感じさせる弁護士の言動に魅力を感じるからではないか。

　本書は、様々な事件を通して見えてくる赤裸々な人間模様を素材にして、「人間はいかにあるべきか」、「人間はいかに生きるべきか」について独断と偏見を恐れずに私の考えを述べたものであるが、若き法曹人やビジネスマンの方々にとって、「人間力」と「交渉力」に磨きをかけてすばらしい人生を送るためのヒントになれば幸いである。

　本書は、『人を動かす「人間力」の磨き方』の在庫がなくなったと民事法研究会の担当者から聞いたので、新たな本を出版できないかと考えてその後に書きためた「弁護士事件簿」シリーズを送付したところ、田口信義社長に非常に乗り気になっていただき、掲載項目を取捨選択していただいて完成にこぎつけたものである。

　田口社長に厚く感謝を申し上げる。

　また、25年以上にわたって、「弁護士事件簿」シリーズを帝国ニュース（九州版）に掲載させていただいている、帝国データバンクにもこの場をお借りして厚く感謝を申し上げる。

　本書が多くの方々に読まれて、いささかなりとも社会のお役に立つことができれば、望外の幸せである。

　平成29年6月吉日

弁護士　萬 年 浩 雄

〔弁護士事件簿から学ぶ「人間力」の伸ばし方〕

目　次

第1章　「人間力」の伸ばし方

——他者への心配り、弱者への愛情を大切に——

1　銀行員は守りに強いが攻めに弱い【ほとんどの銀行員に経営能力はないと心得よ】……………………………………………………… 2

2　常に責任は自分が取るという気概をもつ【組織力を高め能力を発揮させるのは人間の器】………………………………………………… 4

3　報連相が部下と組織を育てる【法律事務所でもこの原則は活用すべきだ】…………………………………………………………………… 6

4　弁護士には鋭い感性が求められる【勝手に事を進める相談者は始末が悪い】…………………………………………………………………… 8

5　弁護士費用を値切る人間は無責任が多い【アドバイスを遵守しない依頼者は要注意】………………………………………………………10

6　打合せ中でも必ず電話に出るのが礼儀【電話のかけ方ひとつにも人間の品格が現れる】…………………………………………………12

7　弁護士に求められる決算書の分析力【企業によっては、銀行、税務署、官公庁向け決算書がある】……………………………………14

8　弁護士も時には依頼者に騙される【顔を見て人物を判断できれば一人前】…………………………………………………………………16

9　裁判はゲームではない【事件の筋を見て常識的結論を直感できるのが一人前の法律家】…………………………………………………18

10　弁護士を平気で騙す依頼者もいる【抵当権実行禁止の仮処分をするときは細心の注意が必要】…………………………………………20

11　勝訴率100パーセントは無能の証明【依頼者の痛みを理解し当事者

目 次

　　　が納得する常識ある紛争解決をするのが弁護士の仕事】……………22

12　知識を活かし知恵を織り出せ【年を重ねると世の中の真理が自然
　　　と見えてくる】……………………………………………………24

13　銀行の稟議書から学ぶ【決裁を通すには一目で理解できる簡潔さが
　　　求められる】……………………………………………………26

14　目利き能力の磨き方【経営者には総合判断能力が求められる】
　　　……………………………………………………………………28

15　額に汗して働くことの尊さ【確固とした哲学がないと時流に流さ
　　　れ失敗する】……………………………………………………30

16　新聞は知恵を創造する宝庫【問題点を考え思索するのにアナログ
　　　情報は最適】……………………………………………………32

17　読書は人格を形成する【いかに習慣化するかで人間力につながる】
　　　……………………………………………………………………34

18　互譲こそ紛争解決の基本【和解の交渉力には人間性が問われる】
　　　……………………………………………………………………36

19　知識と知恵の違い【人間の情や機微が理解できてこそ真の弁護士】
　　　……………………………………………………………………38

20　人の気持をおもんばかることこそ大切【「お天道様が見ている」
　　　という言葉に込められる「信用第一」】……………………40

21　ビジネスで守るべき原理・原則は何か【正しい人間の生き方の指
　　　針は「義理と人情」】……………………………………………42

22　紛争解決には人間の器が問われる【示談交渉での鍛錬が人間力形
　　　成に最適】……………………………………………………44

23　銀行員は経営者の人間力を判断せよ【目利き能力を磨き公共的使
　　　命に応えよ】……………………………………………………46

24　職業人としての仁義の守り方【相手の立場に立った行動ができる
　　　器量をもて】……………………………………………………48

25　実力のある人ほど謙虚で腰が低い【常に「人のふり見て我がふり
　　　直せ」の心を大切に】……………………………………………50

26　提案力こそ迅速な事件解決の源泉【短時間で事件の落とし所が見

4

えないのは無能な証拠】……………………………………………52

26 文章力は人間力に通ず【無能な弁護士ほど文章が長く無駄が多い】
　　……………………………………………………………………54

28 人間の本性を判断するのは難しい【人事採用に女性の直感力を活
　　かす】………………………………………………………………56

第2章

「交渉力」、「営業力」の伸ばし方

——嘘はつかない、約束を守れば信用はついてくる——

---

29 お客様第一こそ銀行の社会的使命【今日では銀行の選択権が顧客
　　にあることを肝に銘ぜよ】………………………………………60

30 労働紛争解決にはバランス感覚が重要だ【相手のメンツを立てる
　　ことも大切な交渉術】……………………………………………62

31 示談交渉は一気呵成に進めること【交渉の要諦は人間性の勝負に
　　尽きる】……………………………………………………………64

32 従業員に騙され給料を二重払い【サラ金からの取立訴訟における
　　和解交渉の効果的方法とは】……………………………………66

33 和解交渉は欲望との闘い【弁護士には双方の心理を瞬時に見分け
　　る能力が問われる】………………………………………………68

34 円満に解決できた抵当物件無断解体事件【交渉の要諦は相互の信
　　頼と信用が基礎】…………………………………………………70

35 土地の境界確定訴訟は法律家泣かせ【隣人訴訟は双方とも説得が
　　難しい】……………………………………………………………72

36 電話で任意売却交渉などもってのほか【交渉は額に汗して熱意を
　　もって相手方に足を運べ】………………………………………74

37 相手の誠意を感じれば協力できる【電話一本で事をすませようと
　　する銀行員が多い】………………………………………………76

38 弁護士には役者的要素が不可欠【交渉には計算し尽くしたシナリ

5

オと演技で勝負】⋯⋯⋯⋯⋯⋯⋯⋯⋯⋯⋯⋯⋯⋯⋯⋯⋯⋯⋯⋯⋯⋯78

39 信用を維持するために激しい交渉をする【嘘をつかない、約束を守ることが信用構築の基本】⋯⋯⋯⋯⋯⋯⋯⋯⋯⋯⋯⋯⋯⋯⋯⋯⋯80

40 元ヤクザとの交渉は男と男との真剣勝負【どんなに難しい事件でも示談の落とし所がある】⋯⋯⋯⋯⋯⋯⋯⋯⋯⋯⋯⋯⋯⋯⋯⋯⋯82

41 知人同士の争いの介入は避けるべし【世間が広がれば「世間が狭くなる」と心得るべし】⋯⋯⋯⋯⋯⋯⋯⋯⋯⋯⋯⋯⋯⋯⋯⋯⋯⋯84

42 示談書を作成しなくても紛争は解決できる【文書以上に言葉に責任を負うのがヤクザの世界】⋯⋯⋯⋯⋯⋯⋯⋯⋯⋯⋯⋯⋯⋯⋯⋯86

43 交通事故の示談交渉の要諦はフェアで誠実に【弁護士にもリサーチ報告書の分析能力が問われる】⋯⋯⋯⋯⋯⋯⋯⋯⋯⋯⋯⋯⋯88

44 和解交渉で弁護士の力量が問われる【弁護士の能力の優劣は依頼者の利益の最大化だけではない】⋯⋯⋯⋯⋯⋯⋯⋯⋯⋯⋯⋯⋯90

45 和解は裁判官の能力に負うところが大きい【和解の上手な裁判官ほどよい判決を書く】⋯⋯⋯⋯⋯⋯⋯⋯⋯⋯⋯⋯⋯⋯⋯⋯⋯⋯92

46 クラブ活動中の死亡事故の示談交渉に学ぶ【理事長と被害者生徒代理人弁護士の教育者魂に感銘する】⋯⋯⋯⋯⋯⋯⋯⋯⋯⋯⋯94

47 人的ネットワークの構築こそ弁護士の力量【依頼先との雑談の中にも重要な情報がある】⋯⋯⋯⋯⋯⋯⋯⋯⋯⋯⋯⋯⋯⋯⋯⋯⋯96

48 弁護士の交渉責任とは何か【専門職は身の丈に合った責任ある行動をすべし】⋯⋯⋯⋯⋯⋯⋯⋯⋯⋯⋯⋯⋯⋯⋯⋯⋯⋯⋯⋯⋯⋯98

49 大人の交渉術を学ぶ【交渉を成功させるにはあ・うんの呼吸が必要】⋯⋯⋯⋯⋯⋯⋯⋯⋯⋯⋯⋯⋯⋯⋯⋯⋯⋯⋯⋯⋯⋯⋯⋯⋯⋯100

50 交渉場所の選定にも常識がある【先輩を立て礼儀作法を守るのが弁護士仁義】⋯⋯⋯⋯⋯⋯⋯⋯⋯⋯⋯⋯⋯⋯⋯⋯⋯⋯⋯⋯⋯102

51 戦略戦術家としての弁護士の役割【当事者間同士の交渉を操る参謀役も解決の早道】⋯⋯⋯⋯⋯⋯⋯⋯⋯⋯⋯⋯⋯⋯⋯⋯⋯⋯⋯104

52 示談交渉は人間性を読め【紛争の原因には生まれと育ちが深く影響する】⋯⋯⋯⋯⋯⋯⋯⋯⋯⋯⋯⋯⋯⋯⋯⋯⋯⋯⋯⋯⋯⋯⋯106

第3章

弁護士の役割とは何か

——依頼者には言うべきことは言い、恨まれても筋を通す——

53 時にはヤクザ弁護士と呼ばれることもある【被害者の痛みを理解 するから激昂もする】……………110

54 怪しいと感じたら弱腰や妥協は禁物【とことん真実を究明するの も弁護士の使命】……………112

55 顧問会社のダーティーワークを担うのも仕事【専務に代わって担 当者に懲戒解雇を申し渡す】……………114

56 筋を通せばヤクザでも解決は早い【借金を踏み倒し夜逃げした元 ヤクザと大親分との示談に成功】……………116

57 法律家であれば司法哲学に磨きをかけるべし【紛争解決の本質が 理解できない裁判官が多い】……………118

58 銀行はすべてに品位が問われる【老元経営者の保証責任追及をめ ぐる銀行担当者の誠意】……………120

59 依頼者の利益のためには遠慮してはならない【会社乗っ取り阻止 のため自己破産の申立て費用を調達】……………122

60 事件屋は若手弁護士を狙ってくる【筋悪事件でも常識ある結論の 和解に努力すべし】……………124

61 紛争解決の視点は社会常識で【法律とは紛争解決の道具に過ぎな いと銘ぜよ】……………126

62 ビジネスの王道は信頼づくりにあり【弁護士の世界もこつこつと 地道な仕事振りが信頼を得る】……………128

63 人に借りをつくると人生が窮屈になる【接待を断ったからといっ て仕事に影響はない】……………130

64 群れずに果敢にひとりで闘う【旗幟を鮮明にしなければならない 労働弁護士の不思議】……………132

7

目 次

65 法律万能主義者になってはならない【法解釈とは「解釈者の価値判断」である】……………134

66 知識を前提に知恵を絞って紛争解決する【法律に振り回される法律家は物事の本質を理解していない】……………136

67 相手を説得できない議論は時間の無駄【裁判官に対してはしつこく説得しないと理解してくれない】……………138

68 弁護士は万能でないと自覚せよ【解決する戦略戦術がなければ安請け合いしない】……………140

69 専門性は依頼者や世間が評価するもの【不得手の分野は他の専門家を紹介するのも顧問弁護士の大切な役割】……………142

70 破産会社を従業員持株会社にして再建【従業員の雇用を確保するのも弁護士の使命】……………144

71 交渉ごとは役割分担が必要【まずは当事者同士の交渉に任せ後ろで指揮をする】……………146

72 法律家は徒弟制度で訓練すべき【知恵は先輩の指導と経験を積むことでつくられる】……………148

73 弁護士の営業とはいかに誠実に仕事をするかだ【若いうちに楽することを覚えると不幸になる】……………150

74 一芸に磨きをかけるのがプロの仕事【本業を真面目に一生懸命やれば道は開かれる】……………152

75 会社再建における弁護士の役割とは何か【弁護士はプロデューサーとして他の専門家の知恵を使え】……………154

76 弁護士は高い志をもってほしい【志の低い弁護士は社会に害悪を及ぼすリスクが高い】……………156

77 弁護士は権力とは常に距離をおくべきだ【器の小さい者が権力をもつと社会が不幸になる】……………158

78 企業再建の可否の見分け方【経営者の器の目利き力も弁護士の能力】……………160

79 弁護士としての信念とは何か【弁護士には依頼者の理不尽な行為を止めさせる義務がある】……………162

8

80 依頼者と一心同体になることが大切【弁護士はどこまで依頼者の
　　心情に添うべきか】……………………………………………………164

81 組織力を強化する方法とは【仕事を部下に任せて大局的見地でチ
　　ェックをする】…………………………………………………………166

82 経営者の行動から背景・事情を洞察する【酒を飲むには必ず理由
　　があることを察せよ】…………………………………………………168

83 顧問弁護士には多様な役割がある【オーナー企業の父子の葛藤の
　　クッション役が顧問としての重要な仕事】…………………………170

84 大声を出し反対するのも顧問弁護士の役割【浮利を追わず、時流
　　に流されず、時代に適応した企業が生き残る】……………………172

85 アドバイスひとつで弁護士の力量がわかる【法律論だけを振り回
　　していては役割を果たせない】………………………………………174

86 迅速処理には依頼者も上手に利用【顧問先の従業員教育も弁護士
　　の役割のひとつ】………………………………………………………176

87 離婚事件の弁護士の役割とは【女性は過去の些細な出来事を忘れ
　　ない】……………………………………………………………………178

88 誰でも明日からコンサルタントになれる【机上の空論を書き連ね
　　た意見書など無用の長物】……………………………………………180

第4章

弁護士の矜持を考える
──志を高くして司法哲学を磨くことに尽きる──

---

89 国民、国家に尽くす役割を忘れるな【身の危険性さえある凶悪事
　　件の国選弁護人であっても受任せよ】………………………………184

90 弱い者いじめは許さない【依頼者に恨まれても筋を通すのが真の
　　弁護士】…………………………………………………………………186

91 約束した責任を取らない経営者に三下り半【弁護士は筋を通し依
　　頼者の言いなりになってはならない】………………………………188

9

目 次

[92] 顧問弁護士としての会社の守り方【解任されても顧問弁護士には
言うべき職責がある】 ……………………………………………… 190

[93] 法律は営業戦争に無力である【弁護士には経営能力が基本的にな
いと心得よ】 ……………………………………………………… 192

[94] 弁護士作成の契約書だからと信用は禁物【依頼者の利益を最大限
に確保するのが弁護士の役割と肝に銘ぜよ】 ………………… 194

[95] 弁護士は分をわきまえろ【弁護士は軽々に保証書など書いてはな
らない】 …………………………………………………………… 196

[96] 弁護活動の基本動作はルーティン化すべし【説明義務を尽くせば
依頼者の信頼がついてくる】 …………………………………… 198

[97] 弁護士の自己宣伝には要注意【専門や得意分野は世間が評価する
ものと心得よ】 …………………………………………………… 200

[98] 武士は食わねど高楊枝の精神が大切【高い志と信念がないと必ず
堕落する】 ………………………………………………………… 202

第5章 弁護士人生拾遺
──「人生いろいろ」に学ぶことが多い──

---

[99] 貧すれば鈍する【銀行が弁護士に連帯保証を求めてくる非常識】
…………………………………………………………………… 206

[100] 経営力とは第一次的には営業力だ【攻めに弱い銀行員には企業再
建は不向き】 ……………………………………………………… 208

[101] 天下りをすべて否定すべきではない【国家のために有能な人材は
すべての分野で活用せよ】 ……………………………………… 210

[102] 会社のために泣いて馬謖を斬る【事件の背景を知ることによって
解決策が見えてくる】 …………………………………………… 212

[103] 労働組合は組合員の気持を大切にすべし【組合に引きずり回され
た従業員の悲劇】 ………………………………………………… 214

104 暴力団員に対するゴルフ事故の顛末【流儀を知れば示談書なしでも決着をつけられる】……216

105 接待ゴルフ中の事故は解決が難しい【本筋は何がなんでも和解でまとめるべき】……218

106 役所の行政指導には十分な警戒を【役人は事が起きると責任を回避するのが本性と理解せよ】……220

107 債権調査は慎重のうえにも慎重に【配当後に債権が見つかり自腹を切るはめに】……222

108 セクハラ事件は慎重な調査が必要【一夜妻には巧妙な罠が仕組まれることがある】……224

109 元請けの責任逃れにあ然【下請けの倒産に元請けの自覚のないゼネコン】……226

110 記者は人間性をかけた取材活動をすべき【国家には品格、マスコミには品位が問われる】……228

111 死亡した胎児の賠償額に苦慮する【妻・胎児を交通事故死させた加害者代理人の苦悩とは】……230

112 人質司法は冤罪の温床【ピストルの差入れまでして取調官に恩返しする異常心理の背景】……232

113 依頼者への共感が信頼関係の基本【少年事件を受任しない理由は生理的茶髪拒否反応】……234

114 高齢者犯罪の増加は社会の鏡【刑務所を終の棲家とさせない対策が急務】……236

115 専門家責任を果たしてこその解決策【経営者の相続対策には妙案なし】……238

116 依頼者の心理を読む【一般人は法律知識に疎く弁護士には近寄り難し】……240

117 パソコンの文書は冗長になりやすい【裁判官を説得するには簡潔な文章が不可欠】……242

118 一人前の弁護士に育てる具体策【徒弟制度と厳しい文章チェックにより一人前に育てる】……244

119 官僚主義的法テラス運営への苦言【創意工夫を活かせる生き生きとした組織にすべきだ】……246
120 死ぬまで人間力を極めていきたい【弁護士道の真髄を追求してきて見えたもの】……248
121 パワハラに過剰反応する現代社会【厳しい徒弟教育なくして組織は崩壊する】……250
122 出世は実力プラス「運」もある【組織人に出世を勧めるのは社会的影響力が理由】……252
123 社外取締役は本当に機能しているか【企業情報に緊密に接していない者に重大な責任は果たせるか】……254
124 弁護士には欲望の自己抑制が不可欠【克己、尽力、楽天の精神を人生の目標とする】……256
125 農業に未来がない国家は危うい【弁護士の仕事も農業に通じる点がある】……258
126 類は友を呼ぶ【真面目な債務者には真面目な債権者が多い】……260
127 顧問弁護士の上手な使い方【それぞれの会社の実情に合った接し方が大切】……262
128 弁護士事務所の敷居は高くてもよい【赤ひげ弁護士を志向するも依頼者にへり下ることはしない】……264
129 なぜ打合せ室のドアを開放しているか【うさん臭い人ほどなぜかドアを閉め密室状態にするよう要求する】……266

第6章 経営者はいかにあるべきか
——経営者の力量は人間としての器が決定する——

130 リーダーはいかに社員の期待に応えるか【人も組織も義理と人情の機微で動く】……270

131 オーナーの器で会社の状況がかわる【自由闊達な意見を言わせるのがオーナーの大切な役割】……………272

132 超ワンマン社長の上手な操縦術【小さな問題を与え大きな課題から目を逸らせること】……………274

133 経営者と役割分担することも弁護士の任務【M&Aの決断は弁護士も神経を使う】……………276

134 弁護士は言葉より書類を大切にする【創業者オーナーから見れば後継者はいつまでも洟垂れ小僧】……………278

135 コンプライアンスはまずトップの意識改革から【「清く、正しく、美しく」の宝塚路線こそ経営の正道】……………280

136 企業経営の要は財務担当者である【経営者には財務内容を把握できる能力が肝要】……………282

137 破産会社の経営者責任の取らせ方【社長の保釈金に仮差押えしてでもケジメを問う】……………284

138 オーナー社長は常に命がけだ【日本経済を支える中小企業の味方になりたい】……………286

139 経営者の器は顔を見て判断できる【人の顔には、人間性、知性、情熱が表れる】……………288

140 社内状況が読めない脇の甘い経営者は失格【会社の内情は顧問弁護士のほうがよくわかる場合が多い】……………290

141 数字が読めない者は経営者に不向き【営業マンとして優秀でも経営者としての器は別】……………292

142 二代目社長がはまりやすい陥穽【創業オーナーを批判し始めると要注意】……………294

143 若手経営者は多くの本を読め【自分の頭で考え自分の言葉で喋れる人間になれ】……………296

144 萬年流実践学にみる経営の要諦とは【企業再建を成功させるのは経営者の人間力、経営哲学】……………298

145 権力欲に際限はない【人間は身の丈に合った欲望と生活に徹すべき】……………300

13

目 次

[146] 人望なき経営者は去れ【苦境に陥った企業の再建は経営者次第】
　　　……………………………………………………………………… 302

[147] 従業員は家族という思いが大切【会社で頂いたものを従業員に分
　　　け与えないような経営者は失格】…………………………………… 304

[148] 企業再建の主役はあくまで経営陣【私利私欲を追い求める経営陣
　　　はすぐ見破られる】…………………………………………………… 306

[149] ハングリー精神が企業を成功に導く【背水の陣で自分を追い込み
　　　初志貫徹するしか成功への道はない】……………………………… 308

[150] 経営者にとって必要となる哲学と思想【経営戦略、経営戦術を描
　　　けない経営者が多い】………………………………………………… 310

・著者略歴………………………………………………………………… 312

14

第1章

「人間力」の伸ばし方

他者への心配り、弱者への愛情を大切に

第1章 「人間力」の伸ばし方

① 銀行員は守りに強いが攻めに弱い

【ほとんどの銀行員に経営能力はないと心得よ】

⊠取引先に派遣された銀行員の役割とは何か

　銀行が取引先に銀行員を派遣する。取引先の要請もあるが、その目的はむしろ取引先の経営を監視するとともに援助することにある。

　私の顧問先に、上場のための支援をする目的の下にメイン銀行から銀行員が派遣されていた。総務部長の肩書きで上場準備と社内整備に腕を振るっていた。しかし、バブル経済がはじけると、上場どころか会社の経営状態も悪化してきた。そのため総務部長は悩んでいた。ある時その総務部長が私の所に別件で相談に来て、「先生、私はこの会社の経営状態を私の銀行に報告すべきでしょうか」とたずねた。私は即座に「報告すべきです。あなたはなぜ出向されたかわかりますか。大義名分は上場準備の手伝いと社内整備ですが、実質は、あなたは銀行の取引先の経営内情を探るスパイでしょう。スパイならスパイらしく報告すべきじゃないですか」と答えた。

　実はこの総務部長とは長い付き合いがあり、人間的にも信頼があった。また、私は出会った組織の人間は皆、出世してほしいという希望がある。この部長がこの際、メイン銀行に出向先の経営内容を報告しなければ、人事考課では減点され、銀行に帰っても左遷されるのではないかと危惧したのである。

　かつてある銀行員が取引先の経理部長に出向していたが、その経理部長が知らないままに民事再生の申立てをされ、出向元の銀行の頭取はかんかんに立腹した。出向先の裏切り行為と銀行員のスパイとしての無能さに立腹したのだ。

　本件の総務部長は、メイン銀行にそれとなく出向先の会社の経営状況を報告した。銀行は、上場が近い将来できない以上、出向銀行員を引き揚げると

1　銀行員は守りに強いが攻めに弱い

言って出向を解いた。その後総務部長は、営業店の支店長に栄転していった。

⊠銀行員と弁護士の共通点は経営者としての能力

確かに銀行員は経理部門や総務部門には強く、実力を発揮するケースが多い。しかし、取引先の業界の慣行を知らず、また、営業面においては一部の人間を除いてほとんど無能である。銀行員は守りには強いが、攻めには弱い。営業戦略や営業戦術について具体化することはほとんどできず、たとえ具体化しても、所詮評論家的発想のため役立たないのだ。経営は評論とは違う。むしろ、経営には評論家の存在は有害無益である。そこを間違って、銀行員の発言で経営が脆弱化したケースを何回もみてきた。

銀行も体力が弱まり、銀行員は取引先にどんどん出向させられている。出向銀行員を待ち構えている出向先は、どんな思いで出向銀行員を迎えているのであろうか。出向銀行員を迎えて、融資金を導入する時代はもはや終わった。一番悩んでいるのは出向させられた銀行員であろう。

私は銀行員と弁護士には経営能力はないと思っている。確かに、銀行員が取引先に派遣されて企業再建に成功したケースはある。私は、その派遣された銀行員にたまたま経営センスがあって再建に成功したに過ぎないと思っている。

銀行員と弁護士に共通するのは、決算書等をみても所詮、評論家的判断に過ぎないということである。いざ経営を全面的に任されたら、はたして経営者として攻めの経営ができるか、極めて疑問に思っている。

●視点・論点●

・経営者と銀行員、弁護士の役割分担を堅持すべし
・しかし、関係者は徹底した議論をすべし

3

第1章 「人間力」の伸ばし方

② 常に責任は自分が取るという気概を もつ

【組織力を高め能力を発揮させるのは人間の器】

⊠なぜ体育会系の就職率がよいのか

　大学生の就職では、いつの時も体育会系出身者の就職率がよい。私は若い頃その現象が不思議でならなかった。予断と偏見をかえりみずに言えば、体育会系は授業も出ず勉強もせずにスポーツのみ4年間の青春を注ぐ。これではたして企業戦士として有能であろうかとの疑問である。

　高校の同窓会があった。クラスの友人が同じ大学を卒業して同時に同じ会社に就職した。1人は大学生活をスポーツ一色で過ごした。もう1人は勉強に明け暮れて成績抜群の秀才であった。丁度同じ頃に営業課長に昇進した。2人の課の運営は対照的であった。体育会系は部下にやれやれとハッパをかけ、責任は俺がとるから全力投球してこいのスタイルで、その課は笑いが絶えない。秀才の課は課長の陣頭指揮で課長が細かく指示をして、課全体で総力を上げていた。1年目の営業実績は、秀才の課が上だったが、2年目以降は体育会系出身の課がぐんぐんと営業実績を上げた。

⊠体育会系と秀才はここが違う

　ところが、10数年経過して、営業部長になったのは体育会系出身の男だった。私は2人と話をしてはっと気づいた。秀才は、部下の無能力さが鼻について我慢ができず、部下の間違いを部下に指摘するたびに部下は萎縮し、部下は自分の考えや企画を主張せず、課長任せになる。他方、体育会系出身はスポーツは基本的にチームプレイであるから、仲間意識が強く、組織を常に意識する習慣が身に付いている。そして、集中力を必然に身に付ける。その差が組織を動かす能力と器の差に連なるのではないかと思い立った。

4

② 常に責任は自分が取るという気概をもつ

▨「よかよか、責任は俺がとる」という器量があるか

　企業は組織プレーである。1人の能力では、いかに優秀でも物理的限界がある。組織の力はいかに組織を一丸と動かし、かつ組織メンバーの知恵と能力を発揮させるかにかかっている。私は体育会系出身の友人がいつも笑顔で、親分肌で部下が失敗しても、「よかよか、責任は俺がとる、今後は気をつけろ」と言って部下を飲みに連れて行っている姿を見聞きすると、体育会活動でそういう人間の器が形成されたのかと思った。企業は体育会系出身を、組織のメンバーの視点から人事採用の基準にしていたのかと思い当たったのである。

　管理職になれば、いかに部下の能力を発揮させて、組織全体の力を集約させるかが問われる。体育会系出身者は毎日のようにそういう訓練をしていたのだから、企業という組織の中で能力を発揮できるようになる。社会では学歴、学校の成績は関係ない。社会で問われているのは、まさに人間の器である。人間の器がいかなる要因で形成されるのかを垣間見た思いであった。

　そもそも企業の経営とは何か。経営力とは組織をいかに活性化させ、機能化させることに尽きるのではないか。会社の歴史的発展の経緯をみれば判明する。

　個人の営業の限界を打破するために、企業が成立した。企業は個人の働きの限界を打破するために、個人の集合体以上の力量を発揮するために、組織力に懸けたのである。組織を動かす要諦は、チームプレーと組織人の発想と言動をいかに組織力にするかに尽きる。

●視点・論点●

・企業経営の浮沈は、上に立つ人間がそれを自覚して組織を運営するかにかかる

・上に立つ人間の器が正に問われる

5

第1章 「人間力」の伸ばし方

3
報連相が部下と組織を育てる

【法律事務所でもこの原則は活用すべきだ】

⊠報連相は組織体の生命線である

　報・連・相とは報告、連絡、相談のことであり、組織運営上の原理原則である。部下は、上司に対して事案の報告をし、かつ、連絡をして相談する。それらの情報に基づいて上司は決断し、部下の方針を支持したり、軌道修正して組織体の戦略戦術を遂行する。企業や組織体が報連相の徹底化を図るのは当然のことである。この原則が徹底していない組織体は個々人の勝手な動きで、組織体としての機能を減殺している。顧問先の企業をみていると、社員の言動を注視するだけで報連相が徹底しているか否かの組織体が判別できる。

⊠報連相でわかる能力と人間性の差

　これは法律事務所でも同様である。私の部下には勤務弁護士と秘書がいる。特に勤務弁護士が対外的に提出する文書はすべて目を通して、私が決裁をしている。その文書で紛争の本質を把握した戦略戦術で実行されているか否かを検討している。事務所の事件はほとんど私に依頼してきた事件であり、その担当者が私であれ私の部下であれ、責任はすべて私が負う。そのため、基本的な戦略戦術は私と担当者が協議をして策定する。争点等の分析には少なくとも10冊の本を読ませ、その論点整理をＡ４・１枚の紙にまとめ、かつ、読んだ文献の表紙と本文をコピーし、しかも重要なところにはマークを付けさせて私の決裁を仰がせる。

　こういう作業をやらせていると、部下の能力と人間性が実によくわかる。実力のある部下は、報連相が徹底して私との協議はほんの２〜３分の立ち話で結論が出るし、文献もよく調査している。他方、実力のない部下は、文献

の調査能力がまずない。どの文献を調べていいかわからず、パソコンの判例、学説をプリントアウトして私に提出する。私は、文献で10冊読めと言って突っ返すが、実力の一要素として調査能力の比重が大きい。

それに最終的にはやはり人間性がものをいう。誠実にこつこつやっていれば自然と実力がついてくるものだ。実力のない部下ほど報連相を実行しないので、ますます評価は厳しくなり、上司もイライラしてくる。

◢ マニュアル志向と反比例する報連相

組織体の幹部と話したところ、報連相と部下の実力が比例することに意見の一致をみた。部下を育てる方策の第一歩は報連相の徹底であろう。勿論、報連相を受けた上司の器も問われるが、組織論の運営と機能を考えた場合、報連相は組織論の要である。

確かに部下にはマニュアル人間が増加したが、マニュアル志向とは所詮、自分の頭で考えず、自分の言葉でしゃべれないことを意味するのであるから、その人間の成長もたかが知れている。報連相はマニュアル志向と一見一致しそうであるが、実態は反比例的傾向があると思うのはうがち過ぎだろうか。

部下は、徹底的に本件問題の問題点や争点を調査し、対策を立案すべきである。そのために、部下には調査能力が問われる。そして、部下は必ず自分の意見や方針を上司に報告すべきである。上司は、広い視点で部下の報告を聞いて決裁をすべきである。

●視点・論点●

・調査能力を備えた部下とその報告を決裁する上司との関係は重要

・これができてこそ報連相の真髄

第1章 「人間力」の伸ばし方

④ 弁護士には鋭い感性が求められる

【勝手に事を進める相談者は始末が悪い】

吸収合併する際のチェックポイントとは何か

　ある会社経営者が、会社を買収するにあたり相談に来た。それは、小が大を食う吸収合併である。私は、被買収会社の経理関係を徹底的に調査し、それに基づいて方針を定めるべきであると助言をした。早速、経営者の顧問税理士を使って相手会社の経理を調査した。

　M&Aで一番注意しなければいけないのは、隠れ負債の有無とその事業の将来性、採算性である。税理士の調査の結果、隠れ負債はないということが判明した。しかし、私はどうも何か引っかかる要素があった。なぜこの会社は、倒産する寸前までになったのか、その原因が不透明なのである。私は、経営者には、じっくり調査して戦略戦術を講じて買収準備をするべきだといって、慎重な判断を求めた。

小が大を食う合併に舞い上がってしまった経営者

　ところが、依頼者は小が大を食う合併に夢中になり、あの老舗のオーナーに自分がなれると夢中になり、私の助言を無視して、私に無断でどんどん先に事を進めていく。報告を聞いていると、完全に相手のペースで進み、利用されていることが明確になった。

　私は、烈火の如く怒って、なぜ私に事前の相談もせずにこういう契約を締結したのか、この契約書では、あなたの会社を巻き込んで連鎖倒産になるぞと告げた。依頼者は気を失わんばかりに驚いて、どうしたらいいでしょうかと弱々しく尋ねる。「だから、言ったでしょう。弁護士に相談しているなら、弁護士の助言に聞く耳を持ちなさい。この契約書を破棄しないと貴方の財産は全部なくなりますよ」と私が答えると、あわてて契約破棄に走った。

8

④ 弁護士には鋭い感性が求められる

⊠私に無断で契約書に署名押印

　やれやれと思っていると、「先生、この契約書でいいんですかね」と言うので、新たな契約書を見ると、確かに署名押印済みである。再び私は烈火の如く怒って、「なぜ押印する前に私に相談しなかったのですか」と聞くと、時間がなくて、この契約書に署名押印しないと買収の機会を喪失すると思った、と言う。その繰り返しで会社を買収した。買収側は、私が危惧していたとおり、運転資金にも事欠く状態となった。

⊠地元の弁護士にも依頼して堪忍袋の緒が切れる

　そして、不幸なことに被買収者から訴訟を起こされた。それも、相談者は地元の弁護士に依頼している。それでいながら不安で、私の所にも相談に来るのだ。「先生、私はどうしたらいいでしょうか」が常套句である。私がその訴訟関係資料全部を持って来いといっても、明らかに書類不備である。私が、「地元弁護士はどう言っているのか」と尋ねても曖昧で不明である。私はとうとう堪忍袋が切れて、「私はもう知らん。私の言うことを聞かないあなたには、責任をもてない。貴方の顧問弁護士に一任しなさい」と言って、二度と私の事務所に出入りするなと宣言した。

　はたして、この経営者の結末はどうなることか。

●視点・論点●

・弁護士のアドバイスに耳を傾けない依頼者ほど始末に悪い人はいない

・複数の弁護士に同一案件を相談して、自分に都合のいいアドバイスを選り好みする依頼者も始末が悪い

・弁護士に丸投げするなら、弁護士のアドバイスに忠実に従うべし

9

第1章 「人間力」の伸ばし方

⑤
弁護士費用を値切る人間は無責任が多い
【アドバイスを遵守しない依頼者は要注意】

⊠手数料10万円を値切る依頼者

依頼者の中にはケチで弁護士費用を値切る人種がいる。

受取手形が不渡りになりそうなので相談に来た依頼者がいた。振出人は土木業者で、請負工事代金から優先的に債権回収する方策はないかとの相談である。受注工事が民間事業であるから、請負代金の債権譲渡契約をし、債務者（土木業者）から施主に債権譲渡通知をせよと指示した。依頼者は債権譲渡契約書と譲渡通知を書いてくれと言うので起案した。ところで、私の手数料はいくらかと聞くので、2000万円の債権であるから合計して10万円と答えると、早速値切り交渉をするのである。

⊠債権譲渡通知だけで契約書の作成を断る

私はこの依頼者は10年ほど前から知っており、出会いは私が破産管財人の時である。

破産者の自宅を占拠していた債権者であったが、私が、「直ちに退去しないと不退去罪で刑務所にぶち込むぞ」と大声を出すと素直に退去した男だった。本業は土建業であったが、裏で金融業もやっており、金には細かい男である。その後何回か私に事件の依頼をしたり、相談に来たりしていたが、いつも私の請求額を値切るので、私もいいかげん嫌気がさしていた。彼は、債権譲渡契約書と譲渡通知書は各いくらかと聞くので、7万と3万だと答えた。そうすると債権譲渡通知書だけでいいと言って3万円をおいていった。

10

⊠値切ったあげく債権譲渡契約を締結せずに施主に債権譲渡通知を直接手渡ししした依頼者

　数カ月後、彼から、「相手は不渡りを出して倒産したが、どうしたらいいだろうか」という電話があった。私は当然債権譲渡契約書を締結し、譲渡通知を出しているものと思い込んでいるから、施主に債権回収に行けばよい旨のアドバイスをした。しかし、彼は、債権譲渡契約書を締結せずに、しかも、譲渡通知書も内容証明郵便でなく、彼が施主に手渡したにすぎないという。私は烈火の如く怒って、「私があれほど債権譲渡の手順と方法を教えたのに、なぜそのとおりにしないのだ」と叱責した。彼は、「今から何とかなりませんか」としきりに言う。私は「他の債権者は当然債権譲渡手続をしているだろう。弁護士のアドバイスを無視して、しかも値切るからこういう事態になるんだ。弁護士のアドバイスをなめるんじゃない。もう私は知らん」と言って電話を切った。

⊠アドバイスを遵守しない人間を相手をするのにも疲れてきた

　このように、わざわざ弁護士に法律相談に来てアドバイスを受けながら、そのアドバイスを遵守しない者には弁護士は責任を負えない。しかも、弁護士費用を値切る人種にこういう無責任な人間が多い。私は人間性をみたという思いで、こういう人間には二度と私の事務所に来ないように強く怒るようにしている。世間から私の人間性も同様に思われるのが嫌で、私もそういう人種を相手にするのに疲れてきたのだ。

●視点・論点●

・わざわざ弁護士に法律相談に来てアドバイスを受けながら、そのアドバイスを遵守しない者には弁護士は責任を負えない

・弁護士費用を値切るから、痛い目に遭う

第1章 「人間力」の伸ばし方

⑥ 打合せ中でも必ず電話に出るのが礼儀

【電話のかけ方ひとつにも人間の品格が現れる】

⊠萬年流電話のかけ方

　私は基本的に、電話は自分でかけるようにしている。ただし、電話番号が手元で不明なときは、秘書に電話をかけさせ、秘書は直ちに、今呼出中ですと私に伝える。私は即座に受話器を取って相手が出る。そうするといかにも私がボタンを押して電話したように装える。相手が出るのに私が間に合わないときがあるが、その時は、「すみません」と謝って出るようにしている。これは私が修習生時代に裁判官から、「近頃の若い弁護士の中には、相手が電話に出てから秘書と代わる横着な奴がいる。これは失礼千万である」と言われ、そういう失礼な電話のかけ方はしてはいけないと教育を受けてきたからである。

⊠君の常識は世間の非常識と諭す

　私も時々、そういう電話にあう。私より後輩がそういう電話の仕方をしてきたら、私は即座に電話を切るか、失礼じゃないかと怒ることにしている。後輩は「他の弁護士も同様にしているじゃないか」と反論するが、私は「それは君の常識が世間では非常識であるということを君が知らないだけだ」といって諭すようにしている。相手がどういう思いでかけてきた本人の登場をイライラしながら待っているのか、想像できないのであろうか。

　私の回りの身近な尊敬する人々の電話のかけ方を見ても、そういう横着な人はいない。実際は秘書や部下に電話をかけさせていても、いかにも自分がボタンをプッシュしているように装う大人の知恵を実行しているのだ。

⊠打合せ中でも電話に出て短時間で解決するのが萬年流

　また、私は打合せ中でも極力電話に出るようにしている。中には打合せ中

には絶対電話に出ない人もいる。しかし、そうしていたら、1日何十本もかかってくるのに、空き時間中に電話をし直すことは物理的に不可能だ。確かに打合せ中に電話に出るのは客に失礼であるが、短時間で解決できる場合は、電話に出て解決していくのが私のスタイルである。長電話になりそうなときは「今、打合せ中であるから、後から電話する」旨答えるか面談の日時を決めて電話を切るようにしている。客も私の電話の応対をみて、よく頭の切り換えと事案が頭に入っていますねと感心する。互いに忙しい人にとってみれば、私のスタイルも理解していただけると思う。

　私は、極力このスタイルを貫いているが、後輩の事務所から打合せ中と言われて電話を取りつがれないときは、正直言ってムカッとする。

　私は忙しいときも電話に出るが、自分は電話に出ないのは身勝手でないかと思うのである。ただし、私も込み入った打合せ中とか文章を書いているときは、電話は一時ストップと秘書に指示することはある。電話は相手が見えないが、相手の品格はよく見える。

　打合せ中の電話は打合せ相手に失礼ではないかという考えにも一理ある。しかし、1日に何十本も電話がかかり、かつ、終日打合せの日程が詰まっているときに、夜になって電話しても相手はいない。この場合、相手方は弁護士の対応をどう思うのであろうか。顧問弁護士の役割を本当に果たしているのかと疑問に思うであろう。過日、私があまりにも多忙すぎたとき、顧問会社から「貴方は有能だが忙しすぎる」とクレームがあり、その教訓として私は打合せ中にも電話に出るようにしている。

●視点・論点●

・打合せ中に電話がかかってきたときの対応の仕方によって、人間の品格や仕事のスタイルが見えてくる

第1章　「人間力」の伸ばし方

⑦

弁護士に求められる決算書の分析力

【企業によっては、銀行、税務署、官公庁向け決算書がある】

⊠自営業者の交通事故損害額の算定方法

　交通事故の損害項目の中に休業損害と逸失利益がある。これは被害者の事故前の収入を前提にして計算する。サラリーマンには源泉徴収票があるから、ある程度は信用性がある。ただこれも中小企業の場合は、源泉徴収票を文房具店で買って嘘の源泉徴収票を提出することがあるから要注意である。

　問題は自営業者である。この場合は通常、確定申告書の控えと所得証明書の提出で計算する。ところが自営業者は表勘定と裏勘定をして、税金申告は表勘定であり、本当は裏勘定が正しいと主張する人がいる。裏帳簿を持参してこれが本当の収入であるという。この場合、リサーチを入れるのも良し悪しである。リサーチ報告書が被害者の主張を裏付ける危険性があるからである。リサーチマンも調査能力の程度に開きが大きすぎることから、私は収入調査を入れるべきか否か、どのリサーチ会社に依頼するかは慎重に判断する。裏帳簿の存在は脱税である。

⊠裏帳簿を裁判所に提出した被害者の非常識

　ある交通事故の裁判で、裏帳簿を証拠として、それが本当の収入であると主張する被害者がいた。私は「税務署には表帳簿を出し、裁判所には裏帳簿を出す。いずれも国家機関である。国家機関に対して異なる内容の2つの資料を出して自己の主張を正当化するのを世間では二枚舌という」と痛烈な皮肉を込めて批判した。さすがに裁判所は、私の主張を受け入れて表勘定の分を被害者の収入と認定した。

　世間には金銭が絡むときは、よくこの二枚舌を使う人がいる。人間の物欲、

14

金銭欲でここまで人間性を疑うべきかと思うことにしばしば出会う。場合によっては、修正申告を遡ってして、新しい所得証明書を証拠に出す人もいる。しかし、真実ならばなぜ当初から正直に税金申告をしないのか、という疑問が残る。結局は修正申告も無駄であり、二重の損失を被ることになる。その人の収入の確実性の担保はやはり当初の確定申告書にある。

⛔3つの決算書を作りどれが真実かわからなくなった会社もある

他方、法人税申告書もあまり信用性がない。特にゼネコン等は赤字決算であれば国や地方公共団体の指名業者になれないから、粉飾決算をしてわざと黒字決算をする。場合によっては、銀行向け、税務署向け、官公庁向けと3つの決算書を作り、会社自体が真実の決算書がわからなくなったケースもある。

私が破産管財人になった時、粉飾して嘘の黒字決算をして法人税を支払っているのを発見し、国相手に法人税の還付請求をしようとしたとき、3人の公認会計士に異口同音に「こんな決算書は見たことがない。税務署も真実の決算書がわからないから、還付請求は徒労に終わる」と言われ、数億円の法人税還付請求を諦めたことがある。やはり二枚舌は通用しないのだ。

弁護士も決算書や確定申告書を分析する能力が問われる。会計学をにわか勉強しても分析できない。日頃から決算書をみていれば自然と分析力はついてくる。

●視点・論点●

・詳細な分析は公認会計士や税理士と協力し合い手助けをしてもらえばよい

・決算書をみて、これは何かおかしいと気づく能力が必要不可欠

第1章 「人間力」の伸ばし方

⑧

弁護士も時には依頼者に騙される

【顔を見て人物を判断できれば一人前】

⊠ほんとうの解雇理由は社長の愛人に手を出したこと

私の学生時代の友人が、「解雇されたので、勤務先に解雇撤回を認めさせてくれないか」と相談に来た。友人の話によると、社長がいきなり「お前は解雇だ」と、理由も言わず解雇したのだという。理由も言わない解雇は不当である、と切々と訴える。私は話を聞いて、地位保全の仮処分の申立てをする必要があると判断した。労働者の地位が未だ従業員として存続しているとの確認と賃金を仮に支払えとの仮処分である。私は、友人の妻を交えて陳述書を書いて、直ちに仮処分申請をした。ところが、会社側の反論を聞いて驚いた。解雇理由の真相は、私の友人が社長の愛人といい仲になり、それを知った社長が激怒して友人を解雇したことにあった。

私は、会社側の代理人とは親しく、その代理人は常日頃から労働者の代理人をやることが多い弁護士であった。私は今回は労働者側の代理人であり、「いつもと逆のパターンだね」と会社側の代理人と苦笑いをした。

会社側の代理人も、裁判所の書面では、「社長の愛人に手をつけたから解雇したのだ」とは書けない。もっともらしい理屈をつけているが、明らかにやる気を喪失している。会社側の代理人は私に、「こんな事件なんかやっておられるか、自分も着手金を返上してでも金銭的解決をしたい」と、非公式に私に打診してきた。そこまで本音を言われると、私の方も弁護士仁義を切る必要がある。

⊠恋愛は自由だと居直る依頼者

私は友人を呼んで、「君は社長の愛人に手をつけたのか」と尋ねた。友人は「恋愛は自由であろう。たまたま相手が社長の愛人であったのだが、それ

を解雇理由にはできないだろう」と居直る。私はそれを聞いて頭を抱えた。「君が社長だとして、君の愛人に手をつけた従業員を君は許せるか。私が社長だったら許さないね。本件は金銭的解決をした方がよいのではないか。裁判では勝訴しても、元の職場では再び働けないだろう」と説得した。友人の妻も同席していたが、「あなた、話が違うじゃないの」と怒り出した。

　私は友人の妻をなだめつつ、友人に強く金銭的解決をするように説得した。私も真実の解雇理由を聞くと、急にやる気を喪失したのである。

⊠こんな事件からは早く解放されたい

　友人は、やっと金銭的解決を納得したので、私は会社側の代理人と話し合い、互いの代理人の着手金を互いに全部吐き出して、私の友人に和解金として支払おうと合意した。社長にいくら「和解金を出せ」と説得しても、「自分の愛人に手を出した男になぜ金を出すのか、盗人に追い銭とはこのことだ」と断固拒否したからである。

　時には弁護士も依頼者に騙される。そういう場合は、弁護士も「こんな事件はやっておられんよ」という気持になり、もはやお金の問題でなく事件から早く解放されることを願うのだ。

　嘘をついているかどうかの判断基準は、「この人は私に真実を述べているか」の視点である。私も、リンカーン大統領が「男、40歳になったら自分の顔に責任を持て」といった言葉の意味が理解できる年齢になったということか。飲み屋のママも客を人の顔で判断している。「この客は今晩の飲み代をきちんと払うのだろうか」と。

●視点・論点●

・弁護士も依頼者や相手方から騙される
・人の顔には、その人の知性、性格、情熱、真実を述べているかが表現される
・人に信頼される顔作りに努めるべし

第1章　「人間力」の伸ばし方

⑨

裁判はゲームではない

【事件の筋を見て常識的結論を直感できるのが】
【一人前の法律家】

⊠法律家の判断は直観力が求められる

　私は法律は常識だと思っている。しかし、裁判の現場で、ときどき、相手方弁護士は裁判はゲームと考えているのではないかと思うときがある。法律家としての知識を駆使して裁判を闘うのは当然である。しかし、紛争は人間が起こしたものである。それは人間の欲望の結果であったり、手違いやミスにより発生したものであるから、人間の叡智内で解決できるはずである。そこで人間がルールを設定して文章化したものが法律である。その意味で法律は常識を文章化したものである。ときには悪法もあり、人間は悪法にも従うべきかという法哲学的問題もあるが、それは別の機会に考察しよう。

　ある程度キャリアを積んだ法律家は紛争の実態を知ると、すぐさま結論を出す。私が修習生のとき、指導弁護士は相談者の話を20分間じっと聞いておられ、聞き終えるとすぐ結論を出していた。「それは貴方の負けだ」と言われると、相談者は「その理由は何か」と尋ねる。恩師は「理由は今から考える」と言われ、しばらく考えた末に理由をとうとうと述べられた。私もその相談者と同じく指導弁護士は論理的思考過程を経た結論ではなく、直感的結論ではないかと疑った。

⊠直観力とは常識力に通じる

　翻って私が法律家となって20数年経過すると、私も指導弁護士と同様にまず結論を言って、その理由を考える癖がついた。それは職業上の永年の経験から直感的に結論がわかる習性が身に付いたのであろう。その理由を考えてみると、実は、常識的結論を私自ら求めていたのである。若い頃はとかく論

18

理的思考をすべきであるとして、三段論法的に思考し、枝葉末節にこだわって結論の妥当性は二の次になりがちである。裁判をゲーム化するのはそういう思考形態の法律家に多い。

　事件の筋を見れば、紛争の落ち着き先が奈辺にあるか、当然わかるはずである。常識ある法律家であればその落ち着き先は一致するものだ。長老の法律家と相対すると、法律は常識であると強調されるが、今や私はそのとおりだと返答できる。とかく裁判ゲーム論者はお喋りで、とうとうと横文字を並べてまくしたてるが、聞いている私は「あなたは、悪しき隣人で常識ある法律家ではない」と心の中で叫んでいる。

■裁判はゲームであってはならない

　繰り返すが、紛争というものは人間が発生させたものなのだから、人間の叡智で解決できないはずはない。紛争の本質は何か、その本質から導かれる結論は何か、いかなる結論が常識であり、かつ、どうすれば双方がハッピーになるかを考えれば、自ら常識ある紛争解決策は講じられるはずである。

　法律の解釈は価値判断作業であるといわれている。やはり法律家は人間力をかけて紛争の円満なる解決策を講じるべきであり、裁判をゲームと考えるのは間違いであると思う。

●視点・論点●

・依頼者は学説や判例の知識を法律家に聞きに来ているのではない

・依頼者の関心は唯ひとつ。「私は勝訴しますか」

・ベテランの法律家は端的に結論を言って、理由付けはあとから考える

・若き法律家との差は「紛争の本質は何か、どうすれば紛争の解決はできるのか」をさまざまな学問を総合して一瞬にして価値判断するところにある

・判断基準は「常識」である

19

第1章 「人間力」の伸ばし方

10
弁護士を平気で騙す依頼者もいる

【抵当権実行禁止の仮処分をするときは細心の
注意が必要】

⊠仮処分申請をした裁判官からのアドバイス

抵当権を設定していて、債務不履行をすれば、抵当権の実行——不動産競売の申立てをされる。裁判所は、申立てをすれば約1週間前後で競売開始決定をする。その後、執行官が現況調査をし、不動産鑑定士が不動産価格の鑑定をし、裁判所がそれらを参考にして、売却基準価額を決定のうえ、入札期間を定める。不動産競売手続は、大体上記の順序でなされる。

ある長老の先生から私に、「自分の顧問会社の関係で事件を受任できないから、事件処理をしてくれ」と依頼があった。その事件というのは、「街の金融業者から金を借りているが、知らないままに抵当権設定登記をされ、『抵当権の実行をする』と脅されているから、抵当権実行をストップしてくれ」というものであった。

私は弁護士3年目くらいの時で、依頼者の主張を素直に信じ、直ちに抵当権実行禁止の仮処分申請をした。裁判官から早速電話があり、「法務局に行って、抵当権設定登記申請手続の書類一式を見て、抵当権設定の無効を確認したか」と親切にアドバイスを受けた。

その頃は、私も仮処分申請は一刻を争うし、まさか依頼者が弁護士を騙すとは夢にも思わなかった。裁判官が、「こういう事件ではよく弁護士が騙されるんだよねぇ」と電話を切る間際に言ったのが、妙に気にかかった。

⊠弁護士を騙したあげく開き直る依頼者

私は、早速依頼者を呼んで事情を再確認した。街金からの借主は20歳代のあまり上品でない娘だった。抵当権設定者はその母親で、人の良さそうな人

20

間である。抵当権設定時の状況を根掘り葉掘り聞いてみると、どうも娘が嘘を言っている感じがした。こういう仮処分のときは、双方審尋で抵当権者の主張も聞く。審尋は和解室で双方の主張を聞くのである。

街金は30歳前後でヤクザ風であったが、抵当権設定時の状況説明は嘘をついていない雰囲気であった。彼は私に、「先生は、このあばずれ女に騙されていますよ」と言って、審尋は続行となった。

私は、さらに主導権を握っていた娘に街金が言っていた事実を1つひとつ確認していった。娘は、「債権者が言ったとおりで、抵当権設定は母が承知のうえで登記しました。しかし、先生、ヤクザのいうとおりになる必要はないじゃないですか」と開き直ったのである。

私は、嘘をついてまで事件で勝つのを潔しとしない。私は娘に、「あなたは真実お金を借りられて、その当初は本当に貸主に感謝しただろう。それなのに嘘をついて借金を踏み倒すのはおかしいじゃないか。私は、この事件から降りる」と言って、辞任した。そして、抵当権者に電話して、「どうも私は依頼者に騙されていたようだが、よろしく善処頼む」と言って電話を切った。

後日、街でその抵当権者とばったり会った。「先生の顔を立てて、安くして和解してあげましたよ」と言って報告してくれた。この事件以来、私は抵当権実行禁止の仮処分をするときは、依頼者に嘘をつかれないように注意している。「登記は不実で無効なものだ。だから、何とかしてくれ」という依頼者は多いが、弁護士はそれをそのまま信用するのは危ない。

●視点・論点●

・登記に関する法的措置をとる場合は、必ず法務局で登記申請書一式をカメラで撮影して、再度依頼者と詳細に打合せをすべし
・裁判官や書記官の忠告は素直に聞くべし
・言葉の忠告は無責任のケースもあることから、文献で再確認すべし

第1章 「人間力」の伸ばし方

⑪
勝訴率100パーセントは無能の証明

【依頼者の痛みを理解し当事者が納得する】
【常識ある紛争解決をするのが弁護士の仕事】

⊠あるべき弁護士の職務とは何か

　時々、「自分に負け事件はない。勝訴率100パーセントである」と自慢する弁護士がいる。私は「その弁護士は馬鹿ではないか、誰しも事件を選べば勝訴率100パーセントになる」と批判する。訴訟事件の勝ち負けは、事件の筋の善し悪しで決まるから、筋のいい事件ばかりを受任すれば、どんなに無能な弁護士でも普通どおりの弁護活動をすれば勝つものである。

　弁護士の仕事の目的とは、訴訟に必ず勝つことにあるのではない。紛争を常識ある結論にもっていき、当事者が納得するように紛争解決するのが本来の職務である。

　ある相談者が、「連帯保証しているが、主たる債務者が破産して債権者が暴力団を使って債権取立てに来ている。某若手弁護士に相談したら、『あなたは連帯保証しているから、裁判になったら負けですよ。私はあなたに何の援助もできません』と言われて断られたから何とかしてください」と泣いて頼んできた。事情を聞くと連帯保証をしているのは事実のようである。相談者は、「連帯保証債務金はきちんと支払ってもよく、資金手当てもできている。しかし、債権者や暴力団と交渉して支払うのが怖くて嫌だ」と言う。

⊠依頼者の痛みに思いが至らない後輩弁護士の誤解

　私は、この相談者の依頼を断った弁護士が私と親しい後輩弁護士であったので、すぐ電話した。後輩の仕事を先輩弁護士の私が奪うのは潔しとしないのが私の主義である。

　「訴訟になれば負けるかもしれないが、依頼者が暴力団と対峙したくない

22

と言っているのだから、受任してあげなよ」

「しかし、減額交渉しても無理だから、着手金をもらうのは悪いでしょう」

「いや、着手金はもらうべきだ、いわば君が暴力団と対峙して依頼者の防波堤となり、二重請求をしないように歯止めをかけるのが弁護士の仕事でないか」

「それでは示談書を書いてあげて本人が交渉すれば費用が安上がりではないですか」

「いや、金の問題ではない。依頼者は暴力団と対峙するのが嫌と言っているのだ。弁護士は暴力団と対峙するのは慣れているが、市民は暴力団と対峙するのは怖いのだ。君が受任すべきだ」と説得して、後輩弁護士にその事件を受任させてうまく処理させた。

この後輩弁護士は、減額交渉もせずに借用書の約定どおりに支払うなら弁護士の出る幕ではなく、弁護士の不当な利益追求でないかと誤解していたのである。

世の中にはいろんな人がいる。弁護士は、依頼者の痛みを理解して、たとえ負け筋の事件でも常識的な円満解決をすれば喜んでくれるものである。私は勝訴率100パーセントという弁護士は、自ら無能弁護士であることを示し、かつ、その司法哲学が貧困であることを自白しているものであり、恥ずべきものと思う。

●視点・論点●

・本当の実力ある弁護士とは、筋悪事件を常識ある結論で解決することができる弁護士をいう

第1章 「人間力」の伸ばし方

⑫ 知識を活かし知恵を織（あ）み出せ

【年を重ねると世の中の真理が自然と見えてくる】

◪相手の主張をいくら論破しても無益である

　青年時代は人と論争して他人を論破することに快感を覚える。そして、昔の諺や長老の発言を馬鹿にする。青年はすべて合理主義に徹し、自分の考えが正しいと思いがちである。正に、私もそういう青年時代であった。学生運動をしている時は、相手を論破することに生きがいを感じ、司法試験の受験勉強時代もゼミ仲間を論破することに集中した。しかし、司法試験ゼミでは声の大きいのが論争に勝つが、必ずしも合格率は高くない。

　弁護士になっても同様に相手を論破することに熱中していた。交通事故の示談交渉をしていても、被害者の矛盾点を突いて交渉していた。

　交渉している時、相手が急に黙りこむことに気付いた。若い頃は、それは私が論破したから相手は沈黙したのであろうと思ったが、あるときそれはこれ以上私と議論したり、交渉したりしても無駄だから、私とこれ以上口をきかないと判断したうえの沈黙じゃないかと思った。それは、私も交渉していて相手方が無理難題を言って、私の説得に耳を傾けないと判断したときは、逆に私が沈黙をし、今日の交渉はこれで打ち切って次回にしようという交渉スタイルが多くなったことから気付いたのだ。昔の私だったら、必ず私が説得するのだとの思いで全力を注入して説得活動をした。これ以上相手と話をしても時間の無駄と思ったときは、もはや深追いせずに中断することにした。

◪年をとってこそ理解できることが多々ある

　その頃からであるが、昔の諺や年配者の発言に心からストーンと納得感がでてきた。あれほど古いと馬鹿にしていたことが実感として理解できるようになった。これは私が年を重ねたせいかと一生懸命自己否定をしていたが、

24

昔の私は頭でっかちの書生論でないかと思い悩み続けた。そして母が、言っていた「人間、年をとって初めてわかる、感じることがある」という言葉を思い出し、私の変化は母の言葉通りではないかと思いあたったのである。年をとると保守主義になるというのもその一種かと思った。

　私が弁護士5年目の時、尊敬する弁護士から「弁護士になって5年経過したら、弁護士稼業もイヤになっただろう」と質問を受けた。私は「弁護士は私の天職ですからイヤになるはずはありません」と返答した。ところが、弁護士10年目になると、私は、弁護士稼業は所詮人間の欲望処理をする職業かとイヤになった。その時である。5年前の先輩弁護士の発問の意味が理解できたのである。

　私は早速その尊敬する弁護士に架電して「先生の5年前の発問の意味がやっとわかりました」と報告した。

　その時以来、私は日本人、日本文化を考え、日本の諺や文化がストーンと理解できるようになった。若い頃は知識万能と思うが、年をとるとやはり知恵がすべてだと思う。知識を活かして知恵を織り出す。自分の経験の中から自分の頭で考えて自分の言葉で話す。これが人間の生きる道ではないかと思った。この真理をわかると、昔、相手が私と話しているときに沈黙した理由が次々と理解できた。昔は私が相手を論破したと思っていたのは間違いであり、相手は私とこれ以上議論してもこの馬鹿とこれ以上の時間を費やすのは時間の無駄だと判断したのだ。

　これがわかるには、やはり年を重ねてこそということを、強く認識した。

●視点・論点●

・若いうちは、知っているつもり、わかっているつもりになっていることが多い
・人生の先輩には、若い人の力量や考えは見透かされているものである

第1章 「人間力」の伸ばし方

⑬ 銀行の稟議書から学ぶ

【決裁を通すには一目で理解できる簡潔さが】
【求められる】

▓銀行の稟議書が簡明なのには意味がある

　組織では組織決定をするのに稟議書を作成する。私は組織人ではないので稟議書の体裁はどうなっているのだろうかと興味があった。

　銀行の顧問弁護士に就任する前は、銀行の稟議書は相当数の資料を添付した分厚い稟議書を想定していた。ところが、銀行の顧問弁護士として銀行の経営会議に対して意見書を作成する機会が多くなると、稟議書を見る機会が多くなった。

　銀行の稟議書は私の想像を絶するもので、Ａ４紙１枚に「債務者の概況」を実に簡明にまとめている。本社、支店、主要役員、株主、関係会社、社歴、会社概要、代表者の略歴、設備状況、主要販売先、仕入先、従業員の数、資本金の推移、業績推移、銀行取引、借入状況、当期決算の概況、評価、当社の現状、特色および問題点等々の項目を実に簡明明瞭にまとめている。これは銀行が永年にわたって修正改良を加えた結果の様式であろう。

　私はなぜこの様式になったのかを考えるに、部下が上司に決裁を仰ぐための報告書が稟議書である。他方、上司は多忙を極めているので厖大な資料に目を通す暇はない。ましてや経営委員会や常務会での審査では一件あたりの議論の時間は少ない。そうすると多忙の役員や上司に本件の問題点を一目で理解してもらうために簡単なメモを作成するしかないのだ。それは丁度、政治家に陳情するにあたり小さなメモ紙に３〜４行の箇条書きで１、２枚程度に書いて渡さないと、多忙な政治家に陳情の趣旨を理解してもらえないのと同じことに気付いた。私も銀行に意見書を書くとき、対象となる債務者の概

26

要が簡明にまとめられたＡ４紙１枚で大体問題点を把握してきた。

⊠簡潔な報告と実力は比例をする

　現在、裁判で、銀行の稟議書を文書提出命令で提出せよという主張と決定が多くでるようになった。文書提出命令を申し立てた弁護士は、かつての私と同じように銀行の稟議書は厖大な資料が添付されて、それを見れば一目で問題点が理解できるとの前提で申請しているのであろう。

　裁判所では、銀行の責任や損害賠償義務の有無などの特殊な例を除いては、一般的な稟議書は提出命令の対象とはしない。それは私的文書で内輪の文書であり、それが第三者の目に触れれば稟議書に自由に書けなくなる銀行側の主張を認めているのである。

　私もこの銀行の稟議書の様式を事務所で応用している。部下の弁護士にはＡ４用紙１枚で問題点、結論、理由をまとめ、かつ参照文献をコピーして、しかも肝要な所でマークをつけろと指示している。私が決裁をするのにポイントをはずしていないかをチェックするにはＡ４用紙１枚で十分である。それにまとめきれないのは無能弁護士のレッテルを貼ることにしている。簡潔な報告と実力は比例するものだ。

　私は部下の弁護士に本件争点について、「私の事務所には最低10冊以上の参考文献がある。その文献のうち10冊は読め」と指示している。

　私の過去の経験からみると、調査能力と弁護士の実力は比例するものだ。

　調査能力の弱い弁護士はネット情報をすぐ参考文献にするが、私は即座に、「本の文献で勉強せよ」と再提出を命ずる。

●視点・論点●

・長い文章と大量の資料は、相手に「ここから要点を拾ってください」と言っているようなもの。簡明にまとめることを心がけるべし

・実力がある人は、複雑なことを人に理解させる能力が高い

第1章 「人間力」の伸ばし方

⑭
目利き能力の磨き方
【経営者には総合判断能力が求められる】

▨経営者は顔の表情を見て人を判断できるようになれ

　ある新聞のコラムで元興銀頭取であった中山素平氏（かつて財界の鞍馬天狗と言われた）が「世の中にはすごい人がいる。三井銀行の頭取で大蔵大臣や日銀総裁を歴任した池田成彬氏は、融資実行するのに経営者の話を30分間じっと聞いてその融資の目的や成功性を吟味し、しかも担保物件等は一切聞かず、即断即決して融資実行をした。しかも、池田頭取が融資実行した件は1件も融資のこげつきがなかった」と述懐していたというのをコラムニストが書いていた。つまり、池田成彬には目利き能力があったということだ。故中山素平氏は融資のあり方について興銀内で勉強会を開催したとき、池田成彬氏を題材に挙げたときに発見した事柄をコラムニストに言ったのである。私はこのコラムに非常に興味を抱き、人間には目利き能力が必要であると痛感したのである。

　私同様にこのコラムに注目した作家がいた。かつて第一勧業銀行の支店長を経験した作家江上剛氏である。江上氏はこのコラムに触発されて池田成彬氏を調査して『我、弁明せず』という本を書いた。私も早速この本を買い求めて読んだ。私の想像した池田成彬像が描写されていた。池田成彬氏は、融資先の経営者から30分間にわたってじっくり話を聞き、その経営者の話し振りから、その経営者の責任感や新事業の成功の確率、その業界の動向を考えてその経営者の顔の表情をじっと見ていたのである。そして、その経営者が必死に真剣に新規事業を営もうと思っていると判断したときに融資実行を即断即決したのである。つまり、池田成彬氏は経営者の顔の表情をみてその事業が本物か否かを目利きしていたのである。

28

⊠銀行員は目利き能力を向上させて公共的使命に応えよ

　この目利き能力は単にマニュアル主義では達成できない。総合的判断能力が問われる。判断者の人生観や生き様、哲学、相手の立場の理解等が瞬時に判断要素として問われるのだ。そして、銀行の公共的使命は何かも同時に問われるのである。

　私はこのごろの銀行員の目利き能力を非常に疑問に思っている。マニュアル主義の批判はさておき、単に決算書等の数字のみを見て判断しており、取引先の事業の展開や銀行の公共的使命を忘れているのではないかと思うことが数多くある。現在は確かに赤字であるが、この業界が将来は発展する可能性が十分にあること、また、数字に表現できないサービスの内容等を想像できないのでないか。つまり銀行員の目利き能力が低下しているということだ。コンプライアンス第一主義で法令遵守ばかり汲々していたら、新事業の開拓育成はできないだろう。銀行はもっと公共的使命を考えて、少々の融資のこげつきを恐れなくてもいいのではないか。所詮、融資とは博打的要素があるのだから。

　私が企業再建の途上、某銀行の支店長が私の依頼者の社長を訪問し「貴社は本当に再建の途上ですか。お客は常にいっぱいなのに」と問う。支店長は私を訪ねて同様の質問をしたが、私と社長の見解は同一だったので「当行の不良債権先の企業をM&Aで購入してくれないか。不良債権額は17億円である」と言う。私は「当社には金がないから貴行が17億円融資したら考えてもよい」と返事をして、M&Aを実施した。

　そしてその会社は、2016年、県下で利益率11番目の優良企業に成長したのである。

●視点・論点●

・目利き能力は一朝一夕では培われない

・優れた目利き力がなければ、判断を誤り、共倒れしてしまう

第1章 「人間力」の伸ばし方

⑮
額に汗して働くことの尊さ
【確固とした哲学がないと時流に流され失敗する】

⊠バブル経済に踊らなかった伊夫伎元三菱銀行頭取の生き様

　元三菱銀行の頭取であった伊夫伎一雄氏が平成21年9月2日に亡くなられた。新聞で伊夫伎氏の追悼記事を読んで考えた。伊夫伎頭取はバブル経済の時に「投機的なところへは一切貸すな、本業を大事にしろ。中小であっても経営者がしっかりしているところには貸せ」と指示をして、「バブル経済の中で不良債権の発生を相対的に小さくした」と言われる。そして後輩の頭取からは「とことん体を張って取引先を応援する勇気のある人だった」と評されている。この伊夫伎氏の経営哲学が三菱銀行の財務の健全性を維持できたことが、1990年代の三菱銀行の「優位」をもたらし、それが東京銀行、三菱信託銀行、UFJ銀行との統合の基盤となったと評価されている。この伊夫伎氏の経営哲学から我々は何を学ぶべきであろうか。

　私もバブル経済時代に弁護士として仕事をしてきて、この経済状態は絶対におかしいと思っていた。20歳代の銀行員が8000億円前後の金を動かしていると豪語して、「今どき投資をしない人間は馬鹿ですよ」と平気で言うのは絶対におかしいと思っていた。

⊠額に汗を流して働くことが日本人に合っている

　日本人は農耕民族であり、額に汗を流して働いた成果が利益、給与であるというのが日本古来の日本民族の哲学であった。そのために、商売人は「信用第一」の精神で働いてきた。ところがバブル経済では一攫千金を得るのが成功者であるということで、いわば狩猟民族の発想が充満した。伊夫伎氏はその狩猟民族的発想に我慢できずに農耕民族的発想で融資の基準を定めたのである。私はこの経営判断は正しかったと思う。バブル経済の破綻時には、

30

狩猟民族的融資実行をした銀行は次々と倒産したり合併されたりした。ここで「労働とは何か」「利益とは何か」とじっくり考えるべきであったのである。

　そしてそれが反省されずにリーマンショックが発生した。そこの教訓は、金融資本主義は間違いであり、産業資本主義が金融業界の本来のあり方であるとの再度の教訓である。新自由主義に基づく市場原理主義、規制緩和、そしてその結果の弱肉強食の世界の再現と、何と人間は学習しないのであろうか。そこには確固たる哲学がないから時流に流されるのではないか。私は、もっと己の哲学に自信をもっていいのではないかと思っている。

　古来、人間社会は、そんなに進歩はしていない。科学技術は進歩したかもしれないが、人間のあり方や考え方は2000年前とそんなに進歩してはいない。だからこそ2000年前の哲学や歴史が今日でも生きた学問として有用であり、また、我々はそれらを学ぶべきである。伊夫伎氏の生き様や経営哲学は我々にいろんな教訓を残したといえるのではないか。

　バブル経済の時、私の依頼者も浮かれて次々と投資して5～6社の会社を経営することになったが、バブル経済がはじけると、全部の会社が倒産した。

　日本は社歴200年以上の会社が世界一多い。バブル経済の時も本業一筋で生きてきた会社が今日も存続している。そこには確固たる経営哲学をもっていた人が生き残るという実証例である。

●視点・論点●
・古来からの哲学や歴史、人々の生き様は、学ぶべきところが多い
・バブル経済に踊らなかった人の当時の動向を見直し、参考にせよ

第1章 「人間力」の伸ばし方

⑯

新聞は知恵を創造する宝庫

【問題点を考え思索するのにアナログ情報は最適】

▨リーダーは複数の新聞紙に目を通す

私は現在、毎日、新聞を5紙読んでいる。

それも基本的に隅から隅まで読んでおり、5紙の朝刊、夕刊を読むのに多大な時間がいる。毎朝5時前後に起床し、事務所に到着するまですべてが新聞の読書時間である。

私は、従前は3紙読んでいた。自宅には学生時代からの朝日新聞、そして事務所には日経新聞、そして地元紙である西日本新聞であった。

10年位前に元高等裁判所の長官であった先輩弁護士から、「君は、新聞は何紙読んでいるか。3紙ではだめだ。大会社の社長や役所の管理職はほとんど全紙を読んでいる。その読み方も朝日はこういっている。日経はこういっているという読み方ではなく、事実関係を複数紙から的確に把握し、自分はこの問題をどう考えるのかを模索するために読むのだ」と説教された。

私はそれまでは新聞はよく読んでいると自負していたが、この元長官の発言にいたく感銘を受けた。作家の故井上ひさし氏も多数新聞を丁寧に読んでおられることはエッセイで知っていた。

それから私は新聞の読み方を変えた。スポーツ欄は完全無視、社説は興味のある論点のみを読み、主張の論理構成を学ぶ。専ら事実確認（これは記者の力量の差が激しい）のための資料整理である。論文等は精読し、場合によってはスクラップにして再読する。

私が愛するのはエッセイである。エッセイには非常におもしろい視点から論述しているケースが多い。私は問題点を切り込む視点を学ぶために、エッセイ等を、懇切丁寧に読む。私が愛読しているのは日経新聞の「私の履歴

書」である。その人の生き様が切実に表現されていて非常に勉強になる。

⊠新聞は勉強の教材として最適

毎日、読売を含めて5紙を読んでいると記者の力量の差を感じる。私の専門分野である司法の記事でも、取材能力や勉強具合が記事に如実に反映されている。私の知り合いの記者が署名記事を書いていると、その成長過程がわかる。

近頃は新聞を読まずにインターネットで事件報道を見ている人が多いと聞いているが、やはり新聞紙で読むほうが記事の重要性が一目でわかり、読むスピードも速いと思う。

理解力も新聞が優っていると思うのは、パソコン嫌いのアナログ人間のひがみであろうか。新聞は現在購読者も広告収入も減少して、リストラが激しいと聞いているが、公器である新聞にはもっともっと頑張ってもらいたいと思う。しかし、若い人と新聞報道の件で議論をして読んでいないという人が多いのは、これで生活できるのであろうかと不安になる。新聞は勉強の教材としては最高、適格と思うがいかがであろうか。

ただ、長い間多数の新聞を読んでいると、新聞記者のレベルの低下を感じる。もっと深く調査して書くべきであり、勉強不足の記事をよく見かけるようになった。どの業界でも、人間の器がだんだんと小さくなっているように思える。私が年を取った故か。

●視点・論点●

・同じ事実でも、新聞によって見解は異なる。複数の新聞に目を通せば、より立体的に事実関係が把握できると思う
・活字媒体で知恵を創造する訓練をせよ

33

第1章 「人間力」の伸ばし方

⑰
読書は人格を形成する
【いかに習慣化するかで人間力につながる】

⊠読書は自己の仕事の向き合い方や人生哲学を構築する

　よく、1日1冊は読む、あるいは1時間で1冊を読む、と速読を誇示する人がいる。私が速読派の人に問いたいのは、「読書は何のためにするのか」ということである。

　つまらない本は、速読して「内容はあまり大したことはない」と判定するときにはよい。私もときどきそういう読み方をする場合がある。しかし、読書は基本的には自己の仕事の向き合い方や人生哲学を構築するためにあるのではないかと思う。人と話をしたり、議論するときは、その人の読書の成果が如実にみえる。多読派と称している人が薄っぺらな議論を展開すると、この人は読書で得た知識を自分の哲学に取り込んでいないのではないかと思う。読書は潜在的に自らの哲学を構築するのに日々自分の頭の引き出しに入れているものである。それが、思索の時や議論の場で顕在化して知識の整理や体系化に連なるものである。それが小説の場合であっても同様だ。

　私が教養の差を痛感したのは、東京で学生生活を送った時であった。私の友人は裕福な家庭で、海外生活も送った経験がある。雑談をしていても「それはグリム童話集に出てくるケースと同じじゃないか」とかよく童話を例示して説明した。それが別に気取って喋っているのでなく、家庭環境の育ちのよさから自然とでている言葉と理解できた。田舎育ちの私は、幼年時代そんなに童話等を読んでいなかったから、都会コンプレックスに陥ったものである。

⊠読書時間をとるにはそれぞれが工夫すればよい

　しかし、東京の友人と話してもそれが都会人共通の要素ではなく、読書が

34

形成した人格から発せられるものだと気づき、読書の重要性に目覚めたものである。

　それから私は読書に邁進した。私は気に入った作家は集中的に一挙に読む主義である。偏った読書傾向であることは自認するが、同時並行的にいろんなジャンルの本にも目を通す習性を身につけた。本の選択は専ら新聞の書評と本屋での立ち読みである。本屋で序文やあとがきや目次で大体本の内容を推察して、買う本か否かを選択する。この頃は絶版となる時期が早まっているから、少しでも読もうかなとひらめいた時に買っておかないとなかなか本は手元に届かなくなった。

　私の読書時間は、基本的には出張する時の交通機関の中である。友人、知人が近くにいても、「悪いが読書時間だから」と言って隣に座らないようにしている。司馬遼太郎著『坂の上の雲』はアメリカ、中国、ドイツに旅行中に、飛行機の中やホテルで読了した。

　旅行には、常時7〜10冊の本を持参して読了するようにしている。私が毎日携帯している鞄の中には3冊の本を入れて、気分次第でどの本を読むか選択している。事務所や自宅ではなかなか読書時間を作れないから、私が編み出した知恵である。

●視点・論点●

・読書は人格を形成する。あらゆる分野の、できる限り多くの書物を読まれることを推奨する
・読書時間を積極的に確保し、自己の知恵や知識の糧とせよ

第1章 「人間力」の伸ばし方

⑱ 互譲こそ紛争解決の基本

【和解の交渉力には人間性が問われる】

▨民事事件は基本的に和解で解決すべき

民事事件では和解で解決することが多い。

私は、民事事件は基本的に和解で解決したほうが、紛争解決の仕方としてはベターだと思っている。紛争解決は、互いにしこりを残さずに、街で出会っても挨拶できる程度に互いに譲り合って解決するべきである。

法律家はある程度、法の観念が理解できれば、皆、和解で民事解決を図るように努力する。ところが法学を少し学んだ人間は、若い法律家も同様であるが、法律万能主義というか、民法〇条でこうなっているからこうあるべきだと生半可な知識を振り回す。

特に本人訴訟の場合、その傾向が強い。世間の人は、和解の場合、弁護士である代理人の間で依頼者の意向を無視して勝手に談合をやっているのではないかと疑惑をもっている場合がある。私が知っている限りではそういう事実はない。私は依頼者に変な誤解を招かないように、裁判の経過報告書としてその都度文書で報告するようにして、訴訟が実際どのような展開になっているかを理解してもらっている。

▨民事紛争は弁護士と依頼者の協同作業で解決すべき

そして、和解の場合は、依頼者に和解の場に出席してもらい、文書報告で微妙なニュアンスが理解できないので、その雰囲気を体験してもらっている。いわば依頼者に私が談合していない事実を現認してもらっているのだ。いかに自分の主張が相手方や第三者である裁判官を説得できないかを現認してもらう。そうすると裁判官の説得にも否応なしに耳を傾けざるを得なくなる状況になる。勿論、私は依頼者の意向を代弁するが、ガス抜きを兼ねて依頼者

36

に、裁判官に直接、あなたの心情をぶっつけなさいとけしかける。そうすると裁判官の厚い壁にぶつかり、私は依頼者に「ほら、私が打ち合わせの時に言った通りのことを裁判官は言っているでしょう。再考した方がいいじゃないの」と引き取る。こういう綱引きをやっていると、依頼者は相手方の主張にも耳を傾けて解決方法を自分で探すことになる。勿論、その解決方法を弁護士である私はアドバイスをする。

民事紛争は、弁護士と依頼者の協同作業で解決しないと、後日、弁護士と依頼者間の紛争となるのだ。それを極力避けるために弁護士は自己の法哲学を構築して、場合によっては裁判官を利用してでも依頼者の意向を尊重しながら民事紛争を解決しているのだ。

弁護士の中には依頼者の代弁者に過ぎず、依頼者を説得する作業を避ける人もいる。しかし、それは自己の法哲学を構築していない弁護士として軽蔑の対象しかなり得ない。和解の交渉術は弁護士の人間性、交渉力等の総合力が問われる。そのために確固たる自己の法哲学を構築するしかない。

10数年前までは、福岡地方裁判所の裁判官が転勤するにあたり「福岡の弁護士の協力に感謝する。東京地裁では10回くらい和解協議を経ないと和解成立に至らないのが、福岡では2～3回で和解に至る」と述懐していた。

当時の福岡の弁護士村では、「依頼者の話を30分聞いたら事件の落ち着き先が見えてくる。見えないのは間違って司法試験に合格した奴だ」というのが定説であった。それ故、事件の落ち着き先を目指して自己の依頼者を説得していた。

●視点・論点●

・弁護士は依頼者の代弁者ではない。互いの立場でもって協力し合って紛争解決を目指すのが望ましい
・紛争解決には、互いにしこりを残さず、双方納得の結論に導くことがベターである

第1章 「人間力」の伸ばし方

⑲ 知識と知恵の違い

【人間の情や機微が理解できてこそ真の弁護士】

◈年をとってわかる人間の弱さと業

若い頃は、老人の話や諺などは、古いし不合理極まりないとして馬鹿にする。私も若い頃はそうであった。人間は頭脳明晰であるのだから、心はハート（意思、情熱）で勝負するのが人間力ではないかと思っていた。

若き頃、遠藤周作のエッセイでイスラエルの教会で巡礼に来ていた老人が礼拝中に人の物を窃取しているのを目撃したというものがあり、遠藤氏は「これもキリスト者なんだ」と書いていたが、それを読んだ時は意味がわからなかった。キリスト者ならば「汝、人の物を盗むなかれ」はモーゼの十戒に違反するのではないかとの疑問であった。

しかし、年をとって遠藤氏のその文章を想起すると、「キリスト者も所詮人間にすぎないし、人間は信仰生活の中でも悪事を働くこともあるさ、それも人間だ」と達観していたのだ。「それは仏教でいう『人間の業』だと遠藤氏は言っていたのではないか」と、はたと気付いたのである。「人間は弱き存在である」という言葉は若い頃も観念的には理解できたとしても、得心の境地まではいっていないのだ。人間の弱さや業はある程度年をとらないとわからないものだ。

◈世の中は知識より知恵のある者が強い

刑事弁護をしていても、悪事をはたらいた被告人の生歴を捜査記録や本人の言葉から見聞きすると、思わず「あなたも苦労した人生だったね」としみじみと被告人に言える。思わず被告人に同情して法廷で絶句したこともある。これは人間の情や機微がわからないと気付かないし、発言できないセリフだ。

私は老人の素朴な述懐に、はたと感動することがある。同時に昔から知っ

38

ていたあるいは学んでいた諺が、腹の中にストンと落ちてやっと理解できるようになった。昔の人は人間の業や知恵を、単純明解にこの短い言葉でこの諺を言っていたのかと気付くのである。これも年をとらないと得心ができないのだと気付くのだ。

　とかく若い頃は頭でっかちで物事をすべて観念的に、そして知識に偏りがちである。知識と知恵の違いも気付かない。世の中や人生の中で幅をきかせるのは、知識ではなく、知恵なのだ。世の中「知恵者」が影響力を行使する。知識万能であれば、学校時代の成績がものをいうはずだが、世の中はそうなっていない。世の中では知恵者が強い影響力を行使する。学校時代までは知識、社会に出れば知恵が幅を利かせる。

　私はとりわけ、学歴のない創業者オーナーの話に深い哲学を感じる。自分の苦労した人生で自分の頭で考えた自分の言葉で喋られると、思わず私は「社長、それはドイツの哲学者のカントが同じ事を言っていますよ」と相槌を打つ。社長は「カントが私を真似たのですね」と言われるが、老人の自分の頭で考えて自分の言葉を発するのに、心から尊敬の念を抱けるようになった。

●視点・論点●

・年を重ね経験を積んだ者でないと言えない言葉は、そうでない者が使うと空々しい
・人間の厚みや深みは、長年の経験と、自分の頭で考え、想像したものの蓄積から成るものである

第1章 「人間力」の伸ばし方

20 人の気持をおもんばかることこそ大切

【「お天道様が見ている」という言葉に込められる「信用第一」】

▨世の中は合理的言動が正しくはない場合が多い

「信用第一」という言葉は、昔から商道徳上第一に大事にしなければならない言葉である。若い頃は観念的には理解していたものの、実感としては理解していなかったと思う。ビジネスでは利益が出ればいいだろうというホリエモンの発言と同じレベルの理解だった。村上ファンド元代表の村上世彰が「金儲けしてどこが悪いですか」とあっけらかんと発言すると、世の中の人と同様に私は違和感を覚えた。

40数年前、母が好きだったTBSの東芝日曜劇場を、母と一緒にテレビを見た。そのドラマは杉村春子が材木店の店主、吉永小百合がその娘の配役で、取引先が倒産したため、小百合は売掛金回収に迅速に動こうとしたところ、杉村春子扮する母が、「人が弱い立場に立っている状況でそんなあこぎな事はするな」と制止する場面を未だに鮮明に覚えている。それは、私は小百合さんの言動に債権回収を図るのは当然ではないかと思っていたのに、なぜ杉村母はそれを制止するのか深い疑問として残っていたからであろう。

今になってみると杉村母の言動は得心がいく。世の中すべて合理的言動が正しいのではない。不合理の中に正義や情があるのだということもわかる。現実に私の弁護士業務の中で、顧問会社の社長が債権回収の大詰めにきた時にストップをかけた。「倒産したオーナーが首つり自殺をしようとする時に足を引っ張るのは、永年の取引歴からみて人道に反する」という理由だ。私は清々しい気持で快諾して債権回収を止めたことがある。

40

⊠ちょっとした言動が一瞬にして信用を失遂する

　世間は、人や会社の言動を注視している。特に相手方が弱い立場に陥った
ときに、どういう言動をするかで人はその人の人間性や企業文化を推し量る
ものだ。暖簾を大事にするのも同じ意味だ。殴った人は忘れるが、殴られた
人は一生覚えている。殴られた人はいつか殴った人に仕返しをするチャンス
をうかがっている。それ故、平常の時も異常の時も暖簾を大事にして、信用
毀損しないようにしなければならない。ましてや現代はインターネットの発
達した情報化時代である。あの雪印食品が、社長の「俺は昨夜は一睡もして
いないのだ」と怒鳴った一声で一夜にして老舗会社が倒産するというのは、
30年前には考えられなかったことである。

　信用第一という言葉は、自己あるいは会社のブランドを大事にするのに連
なるものである。近江商人の「売り手よし、買い手よし、世間よし」の三方
よしの精神は信用第一を言い換えたものである。昔の人は、常に世間が自分
や自社を見ている、お天道様は常に見ておられるという戒めで、「信用第一」
をモットーにして、今日まで商業道徳ばかりでなく、人の歩むべき道を示し
ているのである。

　私は、倒産会社の経営者にいつも言う。「倒産すると今までの人間関係が
明白になる。いつもすり寄ってきた人が手のひらを返す。冷たいと思ってい
た人が援助の手を差し伸べる。よく人間を見ておけ」と。倒産会社の社長は、
「先生が言われた通りの人間模様を見ました」と異口同音に言う。人間性の
問題だが。

●視点・論点●

・発言や行いは常に見られていると意識すべし

・相手が弱い立場に陥ったときに、自分がそうなったらと想像せよ

第1章 「人間力」の伸ばし方

21

ビジネスで守るべき原理・原則は何か

【正しい人間の生き方の指針は「義理と人情」】

▧義理と人情は世界に共通する道徳律である

「義理と人情」という言葉を聞くと我々の世代は、高倉健さんの「昭和残侠伝」や「網走番外地」等のヤクザ映画を想起する。しかし、義理と人情は必ずしもヤクザの世界における倫理ではない。日本、いや世界における普遍的な原理原則でないかと思う。

私はよく、経営の要諦は何かと尋ねられると、それは「義理と人情に尽きる」と言う。「義理は対外的に信用第一を意味し、人情は従業員を十分かわいがる。従業員に、会社のためなら、社長のためなら火の中、水の中にでも飛び込んでいく気概をもたせるには、従業員をかわいがることだ。かわいがらなくてどうしてそんな気概が芽生えるもんか」と答える。

よくエッセイで見られる「あの時お世話になった御恩は一生忘れない」という経済人等の言葉は、日本人ばかりでなく、世界の人々が言っている言葉である。義理と人情を古いと軽蔑するのは明らかに間違っている。人情の機微を察してさりげなく手を差し伸べ、また、嘘はつかない、約束を守るという小学生時代に学んだ道徳律は、古からの人間が編み出した知恵だったのである。そこには日本だけではなく、世界の人々に共通する道徳律である。それを端的に「義理と人情」という表現にしているに過ぎないのである。私も司法哲学や弁護士道のモットーは、「義理と人情」を規範としていれば間違いないと確信している。

▧弱者をいじめたり泣かせることをしない

私は女性や子供の涙には弱い。弱者をいじめることや泣かせることは決してしない方針だ。私が顧問している損保会社の尊敬する所長から指導を受け

42

た言葉に、「可哀想な人にはどんとお金を出せ。横着な人には筋を通せ」がある。これは私の九州男児の気概や弁護士道にも合致するので、我が意を得たりと思って30年間交通事故の処理にあたってきた。決して「損保会社の犬」にはならないし、人にも言わせまいと努力してきた。可哀想な人にはこういう領収書はないかとアドバイスして示談金額を上乗せしたりして、その場で損害賠償額の計算をして計算書を示して示談書を締結してきた。何百件の示談をしても決して相手の無知に付け込んだりはしなかった。それ故、「あの示談は萬年に騙された」という文句は一切言わせなかったし、現にそういうクレームは今までにない。

　私は、示談が成立すると損保会社に示談成立の報告書を毎回書いている。所長から「今回の示談は甘いじゃないか」と批判を受けると、私は「可哀想な被害者だった」と返答する。所長は苦笑いしながら「今度だけよ」と言って私を育ててくれた。こういう師弟関係が人間力を育てていく。

　いつか悪事は白日に暴露されることになる。そういう積み重ねを一歩一歩築き上げ、かつての相手方が私の依頼者になり、その輪が広がって、依頼者、顧問会社が増加してきた。私はすべての職業いや人間の生き方の指針として、「義理と人情」をモットーにしていけば間違った道は歩まないと思っている。

●視点・論点●

・義理と人情を大切にせよ。現代に通ずる道徳律である
・小学生時代に学んだ道徳律は、一生通用するものである

43

第1章 「人間力」の伸ばし方

㉒

紛争解決には人間の器が問われる

【示談交渉での鍛錬が人間力形成に最適】

⊠人間の器を見て戦略戦術を考える

人間の器とは何であろうか。

単に小心者か、肝が据わっているかの二分だけではなかろう。マニュアル人間か、自分の頭で考えて自分の言葉で喋っているかだけでもなかろう。決断力があるかないか、部下を信頼して仕事を任せるか否か、物事を大局的にみるか、細部にこだわるか等、人間力を判断する基準はいくらでもある。おそらく人間の器とは、それらを総合してこの人の人間力はいかほどかという意味で言われているのであろう。

私も交渉したり、相談を受けたりしているとき、相手の人間の器を考える機会は多い。特に一定の年齢に達すると、相手の人間の器をみて戦略戦術を講じるようになる。若い頃は、とかく相手方は自分に真実を述べているのだろうかということにばかり注視するが、年をとるとその発言する真の意図や人間性をも視野に入れて発言の吟味をすることになる。人間の器の小さい人に何を言っても無駄だという諦観も覚える。逆に人間の器の大きい人には感服することも多い。自分も同様に相手方から人間の器の大きさを吟味されている。人と交渉するときは自ら真剣勝負にならざるを得ないのだ。

⊠示談交渉には役者的演技も時には必要である

私は人間の器は一体どこから形成されるのだろうかと考えていた。刑法学者の団藤重光先生が、刑事責任とは何かとの命題に対して「人格形成責任論」を体系的に構築された。私は、人間の器の形成にはこの団藤理論の「人格形成責任論」を応用できるのではないかと思う。一口で言えば、人間の生まれと育ちが人間の器の形成に寄与するということだ。生まれという先天的

44

要素と育ちという後天的な家庭、教育、職場環境の複合的要素がミックスして形成されるのではないかと思う。一卵性双生児の研究で生まれも育ちも同一であるにもかかわらずに、違った人間性、人間の器が形成されることも、複雑な要素が組み合わされることからもわかるであろう。同じ兄弟であっても然りである。

　人間の器の大小でもってどう対処すべきか。器の小さい人にいくら説明しても無駄だと思うと物事の交渉は進まない。それなりの対応策を講じなければならない。それは単にマニュアルなんかない。その人に器によってまさにTPOを考えて戦略戦術を練るしかない。

　私は交通事故の示談交渉で実に鍛えられた。交通事故の被害者と示談するには、被害者の主張に謙虚に耳を傾け、無理な主張には強く反論したり、なだめたり、泣き言を言ったりしてまさに弁護士は役者みたいに演ずる必要を痛感した。示談交渉は人間力を形成するのに最適だ。だから私は新人弁護士の教育には、示談交渉で鍛えることにしている。

　昔、アメリカの弁護士は弁護士資格を取得すると演技学校に入学して、役者的演技を学ぶと聞いたことがある。やはり弁護士は役者的演技も必要なのである。人間力を鍛えて、あらゆるシーンに対応可能であるべきだ。

●視点・論点●

・交渉において、相手の器の小ささゆえ、その許容範囲を超える部分が理解してもらえないことは、仕方がない
・相手の器に合わせ、戦略戦術を練る必要がある。それには自分にもそれなりの器が要求される

第1章 「人間力」の伸ばし方

23

銀行員は経営者の人間力を判断せよ

【目利き能力を磨き公共的使命に応えよ】

⊠いつの時代でも銀行の公共的使命は同じである

　本屋大賞を受賞した百田尚樹著『海賊とよばれた男』（講談社刊）を読ん
だ。これは出光興産の創業者出光佐三をモデルにした小説であり、異端の石
油会社「国岡商店」を率いる国岡鐵造の、石油を武器に換えて世界、同業者、
官僚と闘った男の物語である。久し振りに一気呵成に読ませる経済小説であ
った。

　私が興味をもったのは、昔は、この小説に登場する日田重太郎みたいに、
これはと思った男のために私財を投げ打って起業を助ける器の大きい人がい
たという点である。そんな人もいたのかと感心した。

　そしてもう一点は、国岡こと出光佐三が苦境に陥った時に融資を決定、実
行した銀行の目利き能力のすごさである。石油業界で異端児であった出光を、
メジャー、同業者、そして日本の官僚が押し潰そうとし、その策略により窮
地に陥った国岡商店に銀行が融資を決定し実行した経緯について、興味深く
読んだ。国岡の信念—日本国、取引先、従業員のために全力を注入している
国岡の生き様や信念に感銘を受けた銀行の融資担当者が融資を決断するくだ
りは、目利き能力が高いとともに銀行の公共的使命をわきまえた決断に感銘
を受けた。これは江上剛著『我、弁明せず』（PHP刊）で池田成彬の世界と
同じだと感じた。

　銀行は、企業を育成し、発展させる公共的使命があり、それでもって日本
経済を維持発展させ、日本国民の生活を確保するものである。いわば産業資
本主義の血液が銀行の役割であり、ファンドに象徴される金融資本主義は邪
道である。

46

23　銀行員は経営者の人間力を判断せよ

⊠現在の銀行のあり様では目利き能力はつかない

　この本の銀行の担当者や池田成彬に共通するのは、融資先のトップの話を
じっくり聞いて、即断即決する点である。いわば目利き能力があるから、即
断即決できるのだ。

　翻って現代の銀行員の目利き能力はどうか。マニュアル主義に毒されて、
冒険的な斬新な融資決断ができない現況とは隔世の感がある。

　現在の銀行は、債権回収はサービサーに、担保評価は子会社の担保評価会
社にすべて委任していれば、銀行員の目利き能力がなくなるのは当然であろ
う。銀行に入行しても預金集めと投資信託の販売と住宅ローンのみで、企業
への融資は本店集中型では、銀行員に「目利き力を鍛えろ」と言っても無理
であろう。

　銀行員の目利き能力は、取引先の経営の実態、将来性、経営者の経営哲学
や人間性、情熱を総合して決算書の数字を見る能力があるか否かである。単
に決算書の数字だけで判断するのではない。やはり取引先の経営者の人間力
を判断できるか否かである。

　国岡の人間力に感銘を受けた銀行担当者が即断即決したのは、目利き能力
があると同時に、銀行の公共的使命は何かを常に感じていたからであろう。

　この本は、単に出光佐三の人間力を描いているばかりではなく、銀行、官
僚のあり方も問うている。

●視点・論点●

・公共的使命を担う銀行員に、目利き能力は必須であり、日々磨くこと
　も怠ってはならない
・すべての職業に使命がある。それぞれがその使命を、今一度、自覚す
　べし

47

第1章 「人間力」の伸ばし方

24

職業人としての仁義の守り方

【相手の立場に立った行動ができる器量をもて】

⊠仁義破りが目立つようになった現代社会

　どの職業の分野でも仁義はある。我々法曹界でも法曹仁義、あるいは弁護士仁義はある。しかしこの頃は、時代の潮流のせいか、あるいは人間の器の小さくなったせいか、仁義破りが目につくようになった。

　ある新聞記者がメールを間違って送信したことを、他のマスコミが問題だと翌朝の新聞に報道して、その記者や責任者が責任を問われる事件があった。人間誰しも間違いを起こす。私はその報道に接して、マスコミ界にはマスコミ仁義がないのかと思った。特ダネ競争があることは認める。しかし、他社のミスを大きく報道することに私は強い違和感を覚えた。マスコミ仁義で、他人のミスを公にする必要はないだろうとの思いだ。私はミスをした新聞社の幹部に「マスコミ仁義はもやは喪失したのか」と尋ねたら、その幹部はもはや喪失したと嘆いていた。

　法曹界でも裁判所や検察庁や弁護士の不祥事が発生する。人間は弱い生き物で弱さ故に間違いを起こすのであるから、そういう不祥事が発生するのは致し方なかろう。しかし、私は仁義として、その不祥事について公的発言はしないようにしている。それを声高に批判する人間をみると、その人の器の大小を見る思いである。「貴方、そんなことを言っていいの。貴方はそういうミスを惹起しないと絶対的に言えるの」と冷ややかに思う次第である。

⊠相手の立場を尊重すれば互いに誠意は通じる

　私は、一貫して人間は弱いもので間違いを起こすものであるから、相手方の立場や役割を尊重する必要は大きいと思っている。たとえば私の場合、警察の留置管理官や拘置所の職員との間で、被告人・被疑者との接見で規則に

48

縛られていろいろ文句を言われることがあるが、私はなるべく彼らと喧嘩しないで私の目的を達するように努力している。そうすると逆に相手が私に便宜を図ってくれることが多々あるのである。互いの役割の分担があるのだから、相手は組織人として組織のルールに従って処置していくしかない。私は相手が誠実に組織のルールに従っていると思えば、私の信念に基づいて相手を説得する。そうすれば、なんとか私の誠意が通じて便宜を図ってくれるものだ。そもそも対人交渉の仁義をわきまえていれば、互いの誠意は通じ合えるということではないのか。

　私は過去、警察署の留置管理官からこんなに便宜を図ってもらっていいのかと思った経験もある。夜中の午前2時に接見を認めてもらったのである。その時は私と留置管理官は互いに相手の立場を理解して言動していたから、そういう便宜を図ってくれたと思っている。仁義とは、必ずしも同業者のみのものではない。相手方に対しても仁義を貫いていれば、互いが理解してもらえて便宜を図ってもらえるということだ。

　私はつい最近、福岡県弁護士会で「弁護士仁義」というテーマで若い弁護士に講演した。福岡でもだんだん弁護士仁義が薄れてきたから、もう一度、弁護士仁義を復活させたいという執行部の願いだった。

　この10数年前までは、弁護士の徒弟教育は事務所内だけでなく、先輩弁護士が後輩弁護士に、法廷内外で指導してくれた。そこまで指導してもらっていいのかと思うほどお世話になったこともある。この良き伝統は絶やすことはできないはずだが。

●視点・論点●

・自分の立場をわきまえ、そして相手の立場を尊重せよ
・「お互い様」であると思うこと

第1章 「人間力」の伸ばし方

25

実力のある人ほど謙虚で腰が低い

【常に「人のふり見て我がふり直せ」の心を大切に】

⊠電話で相手を予断してはいけないという教訓

実力のある人ほど腰が低いと思う。

昔、弁護士会の役員に就任して挨拶回りをした時に、有力な財界人が、言葉遣いが丁寧かつ低姿勢で、しかもエレベーターの所まで見送りに来られて、驚いたことがある。

さらに、実力者ほど腰が低いと実感したのは、現職最高裁判事の出現によってである。その最高裁判事が検事時代、私は2回その検事と遭遇した。

私が被疑者と接見するために警察に赴いた時に、留置管理官から担当検事の了解を取ってくださいと言われて架電した。その際、検事は「私は福岡に赴いて間もないから福岡の文化は知らないが、接見切符が必要なら検事の所まで取りに来てくれませんか」と低姿勢に言われた。その言葉を聞いて新米検事を思い浮かべた私は、強く抗議した。

その後、警察のはからいで被疑者と接見できた。そして被疑者の起訴猶予処分を求めて検察庁に行ったところ、その担当検事は公安部長だったとわかり、驚いた。

2回目は暴力団の親分が逮捕された時である。私が「誰を恐喝したのか」と尋ねたところ、被疑事実はなんと恐喝ではなく「詐欺罪」と言う。私は即座に親分に「本件は無罪だ。貴方には人を欺せるほどの頭の良さはない」と言って、起訴前弁護のオンパレードを行った。

勾留してはならないとの上申書、勾留の準抗告、勾留の再延長をしてはならないとの上申書、再勾留の準抗告、勾留理由開示の申立て、これらを次々と実施して、あと残されたのは警察署長宛ての内容証明郵便であった。「万

50

一被疑者が自白した場合は、それは偽計や約束による自白であり、取調官を法廷で徹底的に弾劾するからその覚悟をせよ」という内容であったが、さすがに親分からその郵便は出してくれるなと言われ、発送するのは止めた。

結局、処分は不起訴であった。親分は「自分は14、5回逮捕されたが不起訴処分は今回が初めてだ」と感謝し、私は親分に「私の実力がわかったか」と言った。

⊠実力者は決断も早い

しかし、検察庁とは派手に喧嘩したので、けじめとして検察庁に「お騒がせしました」と頭を下げに行った。応対されたのは刑事部長で、私が以前新米検事と誤解した元公安部長だったのである。

刑事部長は私に質問された。「萬年君、この事件はどう思うか」。私がすかさず「無罪です」と答えると、刑事部長は即座に「私も無罪だと思う。部下の取調検事に、なぜ萬年弁護士はここまで争うのかと尋ねると、2〜3の問題点を指摘したので、万一無罪判決がでた場合、君は責任をとれと言って、不起訴処分にしたよ」と言われた。私はそこまで言われる刑事部長に驚いたが、敬服した。

数年後、新聞に掲載された新任の最高裁判事の顔写真を見ると、あの時の刑事部長ではないか。やはりあの検事は実力があるのだと思った。そして実力のある人ほど謙虚で腰が低いのだと痛感した。

私も謙虚に腰を低くしなければと自戒している。

●視点・論点●

・真の実力者というものは、実力を感じさせない態度でいて、余計に実力者として印象に残る
・相手が誰であっても同じ態度で接することが大切

第1章 「人間力」の伸ばし方

26

提案力こそ迅速な事件解決の源泉

【短時間で事件の落とし所が見えないのは】
無能な証拠

⊠事件解決の提案力が劣化した若手弁護士

　若い弁護士と引き合いになってみると、今の若い弁護士は事件処理のあり方をどう考えているのかと不思議に思うことが多くなった。示談交渉でも、自己主張して相手方に積極的に事件解決のための提案や解決策を提示することもなく、相手の出方待ちである。早期解決を図ろうとする意思が果たしてあるのか。当方が新提案をしても、自己の依頼者のメッセンジャーボーイよろしく深く考えずに「それはダメです」と言うのみで、それじゃ貴方の提案はと問うと積極的な回答は返ってこない。

　これは私だけの思いかと疑問に思っていると、裁判官も私同様に「この頃の弁護士は裁判所が提案しない限り弁護士の方から解決策を提案することがない」と嘆いていた。

　私が若い頃は、依頼者から相談があると、本件事件の落とし所、解決策はこうだろうと考えた。相手方の弁護士も同様に、事件の落とし所を考えて交渉すると、だいたい結論は一致した。互いに依頼者がいるので、自分の依頼者を説得するのに全力を注いだ。どうしても自分の依頼者が応じないと、裁判官も巻き込んで事件解決に邁進していた。

⊠依頼者を説得できて一人前の法曹人

　法律家は、事件の内容を聞いて30分ないし60分で事件の落ち着き先が見えないのは無能の証拠と言われていた。弁護士同士の信頼感もあった。私の依頼者が私の言うことを聞かないときは、次回の裁判期日前に裁判官に架電して、裁判官から私の依頼者を説得してくれと要請し、次回期日に依頼者を同

52

行し、裁判官が私の依頼者を強く説得する。すると私の依頼者は私に救いの顔を向けるが私は横を向く。裁判が終わった後、私の事務所に依頼者を同行して「ほら、裁判官も私と同じことを言っているじゃないか。私の言う通りにした方がいいよ」と説得して次回和解成立の運びとする。相手方弁護士も、私と同様の説得を自分の依頼者にしていた。これは弁護士同士の談合ではない。まともな弁護士なら、前述した如く事件の落ち着き先が見えない奴は無能であり、信用失墜するというのが法曹村の常識だったのである。

裁判官も、福岡地裁から転勤する際の挨拶で「東京地裁では和解がまとまるのに10数回の期日を重ねていたが、福岡では2、3回で和解がまとまる。弁護士の協力に感謝する」と必ず言っていた。それは法曹全体が互いに信頼関係があり、互いに相手の梯子を外さないというルールがあったからだ。

今は弁護士気質も変わった。交渉中も隠しテープを平気で録り、先輩後輩の礼儀もなくなりつつあり、自己の依頼者のメッセンジャーボーイに堕している。やはりここで、自分はなぜ法律家になったのかとの原点に帰るべきではないかと思う。

昨今は、弁護士が裁判官との保釈交渉を隠しテープで録り、保釈却下決定が出ると、そのテープを拘置所の被告人に聴かせて、自分はこんなに努力しているのだと強調していると聞いたことがある。当然、裁判官は弁護士との交渉に警戒して発言が慎重になる。

昔はオフレコであっても、裁判官が若い弁護士に、将来のために教育する目的でいろんな指導をしてくれた。こういう機会も喪失させる弁護士の変化は実に嘆かわしい。

●視点・論点●

・弁護士は事件解決のために知識を駆使し知恵を絞り出せ
・ときには当事者・関係者の協力が必要である

第1章 「人間力」の伸ばし方

27

文章力は人間力に通ず

【無能な弁護士ほど文章が長く無駄が多い】

⌧優秀な弁護士ほど無駄な文章を書かない

　今時の若い弁護士の準備書面は長い。それはパソコン等のネット社会の反映でもあろう。ネットで判例や学説を調べ、それを切り貼りして文書を書くから必然的に長くなる。

　それを読む裁判官も辛いことだろう。ときどき裁判官からその愚痴を聞く。30数年前の、私の司法修習生時代、朝10時の裁判で、裁判官が代理人にこの点はどうなっているかと釈明を求めると、その弁護士は午後一番に3～4行の準備書面で回答をしていた。私は裁判官に、「こんな回答でいいのですか」と尋ねると、裁判官は「福岡で優秀な弁護士は皆こんなものだ。忙しいから要点のみを書いて回答する。ポイントは全部押さえているじゃないか。閑な弁護士ほど、枝葉末節にこだわって長い文章を書くものだ」と言われて驚いた記憶がある。

　また、法曹の先輩から「東京の弁護士は一般的に文章が長い。それは、文書1枚にいくら、という手数料をもらうからだよ」と言われ、仕事が忙しい地方の弁護士ほど、ポイントをついて簡潔な文書を書くのだよとよく言われたものである。

　私も弁護士の部下をもって似たような感想をもつ。優秀な弁護士ほど文章は簡潔で無駄なことは書かない。無能な弁護士ほど文章が長い。

⌧優秀な人間は事前・事後の「報連相」を頻繁に行う

　私は部下には、「本件事件の論点はこうであり、この論点に関して私の事務所には10冊以上の参考文献がある。そこから10冊以上の文献を読んで、それをA4用紙に問題の所在、結論、判例、学説、私の結論の項目を1枚で

まとめろ。読んだ本の表紙と本文をコピーしてポイントにマークをつけて私に提出しろ」と命令するのが常である。

この調査能力と弁護士の実力は比例する。無能な奴ほど、文献を読まずネットで調べる。私はネット調査は信用しないから、もう一度やり直せと突っ返す。この繰り返しをやっていれば、若い弁護士は真面目に取り組む限り、調査能力が向上していくのが如実にわかる。

また、報告、連絡、相談の「報連相」を頻繁にやる部下ほど優秀である。これはどこの世界でも同じだろう。優秀な部下は、要所要所に報連相をするので、私は即断即決ができ、2、3分の立ったままの報連相と決裁で終わる。

私は部下の作成した文書はたとえ手紙でも事前の報連相を求め、かつ、事後の報連相も求める。私の依頼者はすべて私に事件依頼をしているのだから、私が事件の内容と進行状況を把握していない限り、その一発で逃げることを知っているからそうしているのだ。無能な部下ほど、事後の報連相になり、軌道修正ができない状況に陥る危険性がある。

これらに注視して部下を指導するが、結局、文章力の向上については、本人の実力次第である。

文章の長短でその人の実力がわかる。どの世界でも同じだと思う。

文章にはその人の知性、教養、人間力が反映される。いいポイントをついていると思っても、あまりにも攻撃的な文章なら、「少し押さえた文章に書き直せ」と指示する。逆に押しの弱い文章なら、「もっと強気の文章に訂正しろ」と指示する。やはり文章には、その人がその事件にどれほどの理解と共感をしているかが如実に反映されるのだ。

●視点・論点●

・ネット上の検索や引用に頼っていては、文章力も調査力も上達しない

・長く無駄が多い文章は、自己満足でしかない

第1章 「人間力」の伸ばし方

28 人間の本性を判断するのは難しい

【人事採用に女性の直観力を活かす】

▨酒を飲ませれば人間の本性が現れる

入社試験において、企業はどういう基準で採用しているのであろうか。

従業員7000人を超す顧問会社の人事部長と話をして、意気投合したことがある。その人事部長曰く「いくら募集に金をかけても無駄ですよ。一番効率的なのは入社試験の受験者に酒を飲ませて、その酔態から人間性を見るに尽きる。それが一番安上がりで確実ですよ」。そう言われて、私が日頃考えている人事考課と同じだと思った。

酔態にはその人の人間性が如実に現れる。いわば本性が発揮される。

私の場合も新人弁護士を採用するにあたって、書類選考を経た人は必ず飲み会に誘う。そしてその酔態を見てその人間性を観察する。その観察者はとりわけ女性が適任である。私の事務所の人事部長には、女性弁護士を担当させていた。「女性特有の直感で人を見ろ」と指示し、翌朝、その報告を聞いていた。そしてその報告を聞くと、やはり、女性は特有の鋭い感覚で人を見ているものだと感心することが多々あった。

私はそれほど評価しなかったが、その女性人事部長が「私が責任もちますからＡ君を採用してください」と言われたので、採用したところ、やはり素晴らしい弁護士であった。私は女性の第六感は鋭いと感心したものである。

私はこの話を、顧問会社の人事部関係者によくする。すると顧問会社の中には人事部に女性を配置したところがあった。飲み会には必ず女性担当者を同席させ、翌朝その女性担当者から意見を聞くようにしていると報告された。私には嬉しい報告であった。

56

⊠採用には女性の人事部要員が大きな戦力になる

　人は酔うとその人の本性が出るものだ。その本性をみて我が社にとって有用でかつ戦力になるかどうかを判断するのは重要である。ペーパーテストや素面の面接ではその人の本当の姿は見えない。その人の本性を見るのは酔態が一番理解しやすいのである。本当に酒の強い人は常に仮面をかぶっている可能性が高いが、大多数は酔態で本性を示すものである。

　しかし、人の本性を見分けるのは本当に難しい。出身大学やペーパーテストの成績だけでは本当の人間性はわからないものだ。人間性はその人の生い立ち、育ちという環境も多分に影響している。

　とはいえ、社会に出れば知識よりも知恵の勝負である。いくら有名大学卒でも知恵や人間力がない者は戦力にはならない。人生の勝負は結局人間力如何による。その人の人間力を見極めるのは非常に難しいものだ。その見極めに、その人の酔態が人間力を表現していると考えてもよいと思う。そのためには女性の人事部要員が多大なる戦力になると思う。

　私は、秘書は女性しか採用しない。女性は責任感が強く指示された仕事を真面目に遂行する。少子高齢化時代にはもっと女性力を活用するしかない。その秘書の採用面接でも、男と女の採用基準が異なることに気づいた。男は美人には弱いが女はクールな視点で同性を見ている。私は、秘書の採用には女性秘書全員を面接官にしている。

●視点・論点●

・女性の直観力は大いに活用すべし
・女性目線と男性目線の意見の相違にも目をつけ判断すべし

57

第2章
「交渉力」、「営業力」の伸ばし方

嘘はつかない、約束を守れば信用はついてくる

第2章 「交渉力」、「営業力」の伸ばし方

29

お客様第一こそ銀行の社会的使命

【今日では銀行の選択権が顧客にあることを】 【肝に銘ぜよ】

⊠支店長もあきれる電話を取らない銀行員

電話は呼び出し音が鳴って3回以内に受話器を取るのが礼儀であり、人間の我慢の限界ではないだろうか。ある銀行では10数回呼び出し音を鳴らしてもなかなか受話器を取らないケースがある。早くても6回くらいである。

ある日、私は意地になって呼び出し音を鳴らし続けて、出た行員に「電話を取るのが遅い、お宅の営業店では電話を取る基準はどうなっているのだ。皆、様子を見て誰も取らないから1人が取るというシステムを取っているのでないか」と怒鳴ったことがある。後日、その支店長に苦情を言ったら、その支店長も「自分の営業店に電話しても、なかなかつながらないので、イライラします」と言っていたくらいである。

そうはいっても、一向に改善の気配はない。私の部下が営業時間内に何回も電話をしてもつながらず、午後5時過ぎにやっとつながり、用件を言うと、銀行員は「そんな話は営業時間内に電話してください」と返事をしたという。私はこの報告を聞いて、この銀行は何を考えているのかと思った。

⊠サービス業の本質を忘れた銀行のおごり

当時、金融機関は、大企業が直接金融に走っていたことから、中小企業や個人への融資に必死だった。客の神経を逆なでにして誰がその銀行と取引をするのか、今や大銀行ですら倒産する時代である。銀行は、本質的にはサービス業であるから、サービス業の本質を忘れたら、衰退化するのは必定である。今日の不況を克服する手段として人員合理化し、行員を減らして利益確保に走っている。しかし、行員を減らして過重な労働をさせて本来のサービ

60

スを低下させるというのでは、本末転倒ではないか。

　バブル経済が破綻し、失われた10年を経た2005年ごろから2008年秋の「リーマンショック」が起きる前まで、確かに好況が続いたといえよう。しかし私は、真の日本経済の回復だとは思っていなかった。リストラして経費を削減して利益を生み出していただけではないかと深い疑問を持っていたのである。私は銀行員に講義をしていたとき、「銀行員が床柱を背にして接待を受けていた時代から、これからは客を床柱側に座らせて銀行が客を接待する時代になるのだ。銀行は種々の情報を取引先に提供し続けないと銀行の冬の時代を克服できない」と強調してきた。

▧過去に大喧嘩した銀行はすべてなくなった

　私は過去、金融機関と種々交渉してきたが、私が大喧嘩した金融機関は、都銀を含めて全部倒産か吸収合併された。「貧すれば鈍する」という言葉どおりである。体力が弱化すると、こうも品位がなくなるのかと思う。逆に業績が良くなると天狗になり、客を客と見ない高慢な態度にでる。私の顧問先でも「お前の所だけが銀行ではない」と啖呵を切って、メイン銀行を変えた会社が多数ある。銀行もサービス業の本質を忘れたら、選択権を持つ客から見放される時代となったのだ。

　「雨が降ったら傘を取り上げ、晴天のときに傘を貸す」と銀行を揶揄する言葉がある。

　銀行もサービス業であることを忘れたら困る。そして、銀行は資本主義社会において経済の潤滑油であり、産業や企業を育成、発展させるという公共的使命がある。それを忘れているのでないか。その典型が電話の取り方に現れるのだ。

●視点・論点●

・銀行員を人材派遣業会社から派遣された人間でまかなおうとする姿勢が、そもそもサービスの低下に連なることになる

第2章　「交渉力」、「営業力」の伸ばし方

㉚
労働紛争解決にはバランス感覚が重要だ
【相手のメンツを立てることも大切な交渉術】

⊠好奇心から団交に応じた社長の軽率

　解雇された女子社員がユニオン労組に駆け込み、解雇した会社が団体交渉の申入れを受けた。社長は団交の経験はないが、一度は経験したいと思っていたことから、あっさりと団交を快諾してしまった。

　社長は団交の席上で、当社の経営方針をとうとうと喋り、女子社員の解雇は正当であると主張した。ユニオン労組は、社長の言葉じりをつかまえて反撃してくる。3、4回の団交を繰り返すと、さすがの社長も音をあげた。

　私は、ある銀行の主催で労働問題を講演したことがあるが、その聴衆の1人に本件会社の社長夫人がいた。その会社の顧問弁護士は、「女子社員の解雇は不当解雇だ」と言って、「解雇撤回をせよ」と逆に社長に迫っていた。

　社長と常務が私のところに相談に来た。私は、「なぜ軽率に社長が団交に出席するのか、常務が団交に出席するべきでないか」と批判し、「労組をなめてはいけない」と、たしなめた。私は常務に、「社長に代わって、あと2回くらい団交に応ぜよ。それでけりがつかないときは、私が会社の代理人である旨通告せよ」と指示した。経営者たるもの、好奇心で軽率に団交に臨むと火傷をする。

⊠解雇理由を明らかにしユニオン労組の書記長と本音の交渉

　当然のことながら、団交は決裂し、ユニオン労組の書記長から私に電話があった。

　早速、書記長と会った。私は司法試験で労働法を専攻していたことから、労働問題についてはある程度の知識はある。しかし、私の学生時代の総評、

62

同盟の労働情勢から今日の労働情勢は一変しており、ユニオン労組が昔の総評か同盟か、全くわからない。書記長は私の身元を洗ってきていたが、私も書記長の身元を洗うことにした。

「あなたは、書記長になる前はどこの労組か」と聞き、今の労働情勢を教えてもらった。私は話を変え、「ところでもし、あなたの部下である女子社員が、男女兼用の便所で扉を開けたまま小用をしたり、洗面台の布の手拭きで口をふく姿を目撃したら、あなたはどう思うかね。ワープロもよく打てず、計算ミスは多く、人事考課は最低だよ。私が上司だったら、即刻、解雇だね」というと、書記長は、「そんな事実があったのですか」と驚いたことは言うまでもない。「そうだよ。解雇は当然だ。しかし、書記長の顔もあるだろう。本件は金銭解決が妥当と思うが」と言うと、書記長も納得した。

▨円満解決によってつくられた書記長との信頼関係

書記長には彼女の要求額を聞かせ、当方は会社の経理処理ができるように、会計費目ごとに積み上げて、示談書には解決金の合計額のみを書いて、双方にどうとでも言い訳ができるように処理した。解決金も、当方の予定していた金額に少し色をつけただけであった。この書記長は、人間的に尊敬できる人で、以後も何回か交渉したが、すべての事件を本音で交渉し、円満に解決している。そして、私の知人が解雇された時は、その書記長に紹介した。

私は団体交渉には使用者側として出席するようにしている。労働者側の生の意見を聞いて、経営側に私が指導すべきか否かを判断するためである。その際、組合側の身元を洗い、戦略戦術を講じる。私も昔は労働運動家になろうかと思っていたから、組合側の運動の思考や論理は理解しているつもりだったが、昨今の労働組合の情勢は昔日の思いである。

●視点・論点●

・私の団交の基本的スタンスは、労働者を不合理な理由で泣かせないという姿勢だ

63

第2章 「交渉力」、「営業力」の伸ばし方

㉛

示談交渉は一気呵成に進めること

【交渉の要諦は人間性の勝負に尽きる】

⊠人間力が問われる交通事故の示談交渉

　交通事故の示談交渉は、まさに人間性が問われるし、また、人間性がでる。駆け引きする人や感情をぶつけてくる人とさまざまである。駆け引きにも全体の総額で勝負するか、1つひとつの損害項目ごとに駆け引きするか、まちまちである。

　私は損保会社に関係しているせいか、交通事故の示談交渉は、優に数百回は経験している。示談交渉の当初、相手方の主張を聞くだけで、今回はA型できたな、B型できたなと思い、早速、その対応策を練る。

⊠積み上げ方式によるネチネチ交渉を一気に攻める

　ある中年女性が交通事故の被害者となり、彼女から呼び出されて自宅に赴いた。その女性は交通費の計算方法はどうするのかなどと、1つひとつの損害項目の計算方法を私に聞いてきて、いわゆる損害の積み上げ方式の交渉術で迫ってきた。私は、こういうネチネチした交渉は嫌いである。

　私は質問に応じ、交通費、入院雑費等の各損害項目を1つひとつ答えていたが、途中で嫌気がさし、私は彼女の面前で損害額全部を算定し、そのメモを見せた。「これで何が不満か」と、逆に私が彼女に迫ったのである。それまで彼女は、隠し玉とでもいうべき領収書をそろりそろりと出していたが、それらの領収書全部をテーブルの上に置いてもらって、彼女の主張したいところを読みとって、一気呵成に損害額を計算したのだ。

　あとは、彼女がメモを見ながら質問するのに回答する方法をとった。そうすると、もはや私のペースとなり、彼女のネチネチ交渉は行き詰まったのである。彼女が思案顔となったところで、私は一気に、「私の計算でどうです

64

か」と、たたみかけた。彼女は、ああだこうだと文句を言うが、「私は駆け引きは嫌いなので、私の計算では駆け引きをしていないから、これ以上積み上げはしない」と強硬に主張すると、彼女はやっと私の計算に納得した。

　私はその場で示談書を一気に手書きして、彼女の署名捺印をもらった。これで示談は成立したのである。

🗶示談交渉のコツは一気呵成に進めること

　私は、示談交渉に臨むにあたり、駆け引きはしない。損害額を事前に、あるいは本人の面前で一気に計算してメモを見せて示談を迫る方法をとる。そして電話交渉は極力避けて、直接会って交渉することにしている。相手の顔の表情を見ながら、一気に示談するのだ。

　私の若い頃は、示談が成立するまで帰らなかったし、帰さなかった。示談交渉を何度しても時間の無駄だからだ。しかし、私も年をとってくると気長になったせいか、相手が理不尽な要求を繰り返せば、「今日の示談交渉はこれまで」といって示談交渉を打ち切るようになった。頭を冷やしてもらうためである。

　私は相手方から「欺されて示談させられた」と言われたことはない。示談交渉はいかに相手方を説得するのか、まさに人間性の勝負なのである。

　交渉というものは、実に人間性そのものが如実に出る。そして、交渉は正にドラマの展開である。弁護士も役者やシナリオライターよろしく、メリハリをつけて喜怒哀楽の表情を演じて役者の真似事をする。

●視点・論点●

・法律家は基本的に短気である

・理論だけで相手を説得することなどできない

・正に法律家の人間性でもって相手を説得するしかない

第2章 「交渉力」、「営業力」の伸ばし方

32

従業員に騙され給料を二重払い

【サラ金からの取立訴訟における和解交渉の 効果的方法とは】

⊠給料の二重払いの危険にさらされた会社

社員の給料に対して債権差押命令書が届いた。人事担当者は、この債務者である社員を呼んで事情を聞いた。

債権者はサラ金である。社員は、「私が責任をもってサラ金と交渉して会社に迷惑をかけないから、私の給料は全額、私に支払ってください」と言う。社長も、「何とか社員のために尽力したい。給料はサラ金より従業員に支払ったほうがよい」と思っている。従業員思いの社長としては、当然の措置であった。

社長は、社員に「1日も早くサラ金と交渉しろ」と指示して、債権差押命令書に同封されていた陳述書を無視して裁判所に提出しなかった。そして、給与は全額、従業員に支払っていた。

ところが6カ月後に、今度は、会社にサラ金が申し立てた「取立訴訟」の訴状が届いたのである。この段階で社長は、事の重大性に気づき、あわてて私の所に訴状を持って来たのだった。

⊠従業員を信頼したばかりに、うなだれる社長

訴状には、サラ金が社員に貸し付けた貸金と利息と遅延損害金全額が記載されている。社員は、3カ月前に突然会社を辞めて、現在は所在不明となっている。

給与差押えの対象は、原則として手取額の4分の1、44万円以上の場合は33万円を超えた金額となる。しかし、債権差押命令を無視して、差押債権者に1円も支払わなかった場合は、差押債権者（サラ金）は、第三債務者（会

66

社）に損害賠償として全額請求できる。これが取立訴訟である。

　私は、社長に「なぜ債権差押命令がきたときに相談に来なかったか」と大声で叱責すると、社長は「社員が善処するとの一言を信頼していた」とうなだれるだけである。

▨「即金で支払う」、これが萬年流和解だ

　私は、この取立訴訟で、利息制限法に引き直して改めて利息を計算したり、差押命令の３カ月後に社員が辞めた以上、３カ月分しか支払わないとの抗弁をして、和解のタイミングを見定めていた。

　サラ金のほうも焦れてきたので、裁判所は和解勧告をしてきた。私はこのあたりが潮時とみて、強引に「請求額の３分の１なら、即金で支払う」と言って和解を進めた。すでに和解の席上に社長に３分の１相当分の現金を持参させていた。

　私は、この現金を和解のテーブルにおいて、「これで和解してくれ。人のいい社長が法律の無知で社員のしりぬぐいを全額するのはおかしいだろう」とサラ金担当者を強く説得した。

　サラ金の社員は、あわただしく会社に電話して、和解条件を取り付けている。担当社員も当方に同情的で、会社を強く説得しているようである。現金を和解の席に帯同しているのが効果的であったらしく、和解の当日に貸付金を現金で回収できるということで、私の和解案で和解がまとまった。そして、会社はその余の請求を放棄するという条項を約束させた。

　しかし、会社としては、従業員を信頼したばかりの損失の発生である。

　私は、常日頃から「債権差押命令がきたときは、直ちに弁護士に相談すべきだ」と強く、顧問先に指導している。

●視点・論点●

・裁判所から書類が届いたときは、必ず弁護士に相談すべし

第2章 「交渉力」、「営業力」の伸ばし方

33

和解交渉は欲望との闘い

【弁護士には双方の心理を瞬時に見分ける能力が問われる】

◾️被害者も債権者もよく知る人物

交通事故の被害者が街金から借金をしていた。その被害者は、この際、長期入院して、その示談金で借金返済しようと考えた。

損保会社から交通事故の示談依頼がきたが、この被害者も街金も私がよく知っている人物だった。この被害者は、金銭に執着心が強く、元暴力団員であったことから、金の取り方は十分心得ている。

街金は街金なりに貸金回収を虎視耽々と狙っている。示談交渉中に街金は、被害者を債務者、加害者の加入している損保会社を第三債務者として債権差押えをしてきた。

加害者の方は、従来どおりの示談交渉をして示談金を確定し、その支払先を注意すればよいのである。つまり、被害者と街金の分配率に注意すればよい。

私は、本件事故の態様からみた治療の相当期間を判断し、損害賠償額を定めた。それを提示すると、それは被害者の要求額（希望額）の半分であった。この男の性格をよく知っているので、何回も示談交渉をしても無駄だと思い、事故後1年を過ぎた頃に、加害者から被害者相手に「債務不存在確認訴訟」を提起した。

裁判所には、「当事者間で示談をし、将来、この訴えを取り下げる予定であるから、場所だけを貸してくれ」と言って、実質上の審理には入らなかった。

被害者は、街金の債権差押範囲の減縮申立てをして対抗している。「休業

損害は、実質給料と同じである。(当時の差押制度である)給与の21万円以上は差押えの対象となるとしても、21万円は除外すべきである」と申し立てたところ、その申立ては認容された。

被害者が相談した弁護士が私に、「示談交渉の用意があるか」と電話してきたが、私はその若い弁護士に、「この男は君の背中に鉄砲を撃ってくる可能性が強いので、本件事件は受任しないほうがよい」とアドバイスしていたことから、先の減縮の申立ては、司法書士を通じて行った。

▨両当事者に業を煮やす

それでも街金と被害者との間では分配率の協定ができない。私は業を煮やして、双方に「私の提案額で承諾しないなら、すでに提訴している訴訟で徹底的抗戦をし、1円も支払わない」と手紙を書いた。これに驚いた被害者と街金の2人が私の事務所に飛んできて、私の面前で分配率を五分五分で協定した。

私の提案額は、2人が相談した弁護士も「この数字はよく出している数字だよ」と言っていたが、被害者が「あと20万円上乗せしてくれ」と執拗に頼んだことから、20万円上乗せした金額で示談がまとまり、三者間で示談が成立した。

そして、街金の債権差押命令の取下書が第三債務者に届いたのを確認してから、被害者と街金に損害賠償金を二分して振り込み送金したのだった。

交通事故の被害者や街金との交渉は、彼らの人間性や欲望が如実に出る。

弁護士は、これを瞬時に見分ける能力が問われる。これは交渉のすべてに通じることであるが、事件ごと、交渉ごとに戦略戦術を常に講じてなすべきである。

そのためには、人間の欲望や心理を理解することが重要である。

---●視点・論点●---

・自分が相手方の立場だったらどういう言動をするかを考えたら、比較的に容易に相手の心理を分析できる

第2章 「交渉力」、「営業力」の伸ばし方

㉞ 円満に解決できた抵当物件 無断解体事件

【交渉の要諦は相互の信頼と信用が基礎】

⊠ 抵当物件を勝手に解体した暢気な依頼者

「先生の依頼者が抵当物件を解体しているようですが、この物件は現在競売手続中ですよ」と、裁判所の書記官から私に電話があった。

私は驚いて、すぐに依頼者に確認の電話を入れた。依頼者は、「それは空家であるし、土地には抵当権がまだついているし、抵当権者も競売は本意でないし、任意売却の方針といっているから、いいじゃないですか」と暢気にかまえている。

私は一喝して、「抵当家屋は、あなたの名義であるとしても、抵当権を設定した以上、抵当権者の利益のためにあなたの処分は禁止されているんだ。抵当権者に無断で解体したら、建造物損壊罪で懲役5年以下の罰を受けるよ。まして本件家屋は競売中でもあるから、裁判所の信用失墜を防止するため裁判所は刑事告発するよ」と怒鳴った。

初めて依頼者は、問題の重大性に気付いたようである。家屋の解体はその日に終了したようであり、私は早速、抵当権者2社に電話をした。

抵当権者も、解体の事実を私の電話で初めて知ったようである。この2社の抵当権者と私は信頼関係があったので、互いに苦笑し、後始末の善後策を講じることにした。

解決策は、抵当権者から刑事告訴権を放棄してもらう代わりに、抵当物件の価値相当の代償金を支払うしかない。問題はその金額をいくらにするかである。

70

⊠一括弁済を回避できたのは互いの信頼関係

　普通ならば、ここで抵当権者は刑事告訴権を武器にして、一括返済を求めたり、解決金を不当に要求したりする。しかし、私は再建型任意整理中ということもあり、その再建のために抵当権者には、約定した返済金はきちんと約束どおり支払っていた。この実績が物を言って、私が、「第1順位抵当権者に300万円、第2順位抵当権者に100万円の解決金を支払うので、それらはいずれも元本に充当してくれ」と要請したところ、快諾を得た。ここで“嘘はつかない、約束は守る”という小学生の教訓が実社会では信用の基礎であると痛感した。互いに苦笑しながらの電話示談で終了したのは、互いの信用の結果であった。

　その後、再び別の抵当物件の解体問題が生じた。この場合は、私の依頼者も前の事件を教訓として、事前に私に抵当権者との交渉を依頼してきた。

　私は抵当権者に「前回の基準で、解体の同意をしてくれないか」と打診したところ、抵当権者は、「当行の担保評価は1,000万円となっているから、300万円の一括払いで解体工事に着工し、残700万円については1年間の分割払いにしてくれ。先生と駆け引きするつもりはない」と言ってきた。

　私は社長と協議した結果、その提案を受諾することにした。無事、建物の滅失登記を終えた。

　つくづく交渉は互いの信用を基礎にした信頼関係がよい結果を生むということを痛感した一件であった。

●視点・論点●

・世間では信用がものをいう。信用とは「嘘をつかない、約束を守る」のひと言に尽きる

第2章 「交渉力」、「営業力」の伸ばし方

35
土地の境界確定訴訟は法律家泣かせ
【隣人訴訟は双方とも説得が難しい】

▣新しい境界線を引いたほうが安くつく

土地の境界確定訴訟は、法律家泣かせの事件である。

私が弁護士になりたてのころ、一審で敗訴した事件の控訴審を受任した。係争土地は、山の中の墓地付近で、その境界確定訴訟であった。

境界線が双方の主張では1メートルほど異なり、その係争面積は10坪にも満たないもので、時価でも数千円程度の価値である。

第三者の私からみると、係争地の中央を新たに境界線にしたほうがよいのではないか。そのほうが裁判の費用や労力を使わずにすむ。

これは、時間と費用を考える法律家であれば、誰でもが思う事柄なのである。しかし、土地境界問題は、金銭の問題でなく感情問題である。必ず最高裁までいく事件なのである。事件の当事者は、かつての学校の教師と教え子の関係だった。

現場に何回も足を運び、江戸時代からの地籍図や絵図等の古文書も判読しなければならない。依頼者と何回も打ち合わせをし、古文書の読み方も教えてもらった。控訴審の争点は、係争地がかつて墓であったか否かになった。

裁判所の事実上の検証として、係争土地の土掘りをすることになった。人骨が出ればそれはかつての墓であり、そうであるなら私の依頼者の敗訴となる。

▣どうしても和解に応じない依頼者

関係当事者と裁判所関係者が立ち会って、実際、土掘りをした。2時間くらいで、2～3メートルの掘り下げをしてみたが、人骨らしきものは全然出てこない。裁判所は「これくらいでいいでしょう」という。土掘りしても人

72

骨は出土しなかったと判定した。すぐ現場で和解勧告があり、私は和解するように強力に依頼者を説得した。

しかし、頑として和解に応じない。人骨がでてこなかった以上、自分の主張が認められて勝訴すると確信したのである。その根底には、元教師として、かつての教え子に負けるわけにはいかないという感情が強くある。

私は、裁判所での和解に席を移してもらった。裁判官は、「あなたは一審で敗訴しているから、勝訴的和解をするチャンスではないか」とさかんに言う。それでも依頼者は、「絶対和解しない」と言う。

相手方は、人骨がでてこなくてしょんぼりしている。私も若かったし、依頼者を説得するに足りる迫力が欠けていたこともあり、とうとう依頼者に和解を説得できなかった。

結果は敗訴であった。「上告してくれ」と言われて、イソ弁の辛いところで上告したが、上告棄却で敗訴が確定した。私は、依頼者に「なぜ控訴審で和解しなかったのですか」と批判したが、時すでに遅かった。

依頼者は裁判費用に約100万円を費消し、そのうえ、長い年月裁判にかけるエネルギーを費やしての敗訴である。

私は後味が悪く、その後は土地境界確定訴訟はなるべく受任しないようにしている。感情問題が強く反映する事件は、本当に法律家泣かせである。隣人訴訟はなるべくしないほうが賢明である。

●視点・論点●

・弁護士の実力は、自己の依頼者をいかに説得するかにかかる

・相手方には理論で勝負すれば簡単であるが、依頼者は理論だけでは納得しない

・相隣関係や土地境界問題は、相手方弁護士に対しても依頼者と同様に感情的にならずにクールに淡々と仕事をし、なるべく和解や示談交渉で解決を図るように努力するべし

第2章 「交渉力」、「営業力」の伸ばし方

㊱

電話で任意売却交渉などもってのほか

【交渉は額に汗して熱意をもって相手方に足を運べ】

◪電話だけで任意売却を交渉する銀行

　私が任意整理をしていると、抵当権者である銀行から「抵当物件を任意売却してくれないか」と電話があった。落ち着いた声で私に要請するので、営業店の次長クラスかなと思って、応対していた。その任意整理は、社長が蒸発してしまい、私は留守家族を守るために債権者との対応に忙殺されていたのである。留守家族が細々と営業をやっており、不要な不動産は処分する方針であった。問屋も留守家族に同情をして、現金取引で商品を卸してくれていた。

　その担当者は、電話での要求のみで1度も私に面談に来ない。他の債権者は私に面談して、善後策を論じあっていた。担当者の銀行は、2番抵当権者であった。1番抵当権者の銀行とは交渉して、水面下で互いに任意売却の事務を進めていた。私はそのことは伏せており、しかも2番抵当権者の担当者が電話のみの交渉で横着な奴だなと思っていたので、無視をしていたのである。

◪余りの横着さにとうとう怒鳴ってしまった

　ところが5回くらい交渉だけの電話がかかってくると、私の堪忍袋も切れてしまい、その担当者に「1度くらい、私の事務所に来た方がいいのではないか」と言った。その担当者の顔を見て私は驚いた。私が想像していたのは、40歳前後の次長クラスだったのに、何と25〜6歳くらいの平行員である。私は、「君は入行して何年か、若造の分際で、仕事をすべて電話で済まそうとする了見は許せない。なぜ、早く弁護士のところに来て、方針の打ち合わせをしないのだ。そんな横着な態度では、銀行で出世もしないぞ」と怒鳴った。

74

担当者は、それでも「任意売却してくれ」の一点張りであった。私はとうとう立腹して「お前のために任意売却なんかするもんか、競売の申立てをしろ、その配当金があると思うのか１度試してみろ」と言って追い返した。

担当者は担当者で頭にきたらしく、早速競売の申立てをしたが、２番抵当権の悲しさから、無剰余ということで競売の取消決定が出そうになり、今度は１番抵当権者に泣きついて、１番抵当権者が改めて競売申立てをしてくれと頼んだようである。その情報はすべて１番抵当権者から得ていたが、任意売却もうまくいかず、１番抵当権者も競売の申立てをした。競落の結果、２番抵当者への配当までは届かなかった。ざまあみやがれと思った。

私は、若いうちは電話で商売をしてはいけないと思う。足を運んで相手方と交渉すれば、その人の熱意に打たれて協力する姿勢となる。

私は、面識がない人が電話で請求してくる場合は、適当にあしらうことにしている。このことは、銀行員に対して講義するときは強調する。手抜きをして、楽をして仕事が成就する時代はもはや終わった。電話セールスがうまくいかないのは、同じ理由である。

電話交渉は難しい。相手の顔が見えないし、声だけではその人の人間性はなかなか判別しにくい。電話交渉で激しい文句を言われると、一瞬、ヤクザかと思って会うと、実に気が小さい男だったということがある。

●視点・論点●

・交渉は面談に尽きる
・若い頃から電話交渉で仕事をしていたら、人間や世間が見えなくなる
・やはり、相手方に足を運ぶ努力をするべし

第2章 「交渉力」、「営業力」の伸ばし方

37

相手の誠意を感じれば協力できる

【電話一本で事をすませようとする銀行員が多い】

⊠誠実な銀行員には誠実に対応

ある会社が倒産した。破産の準備をする中で、予納金の準備がどれくらいできるかにつき、社長と打ち合わせをした。

会社破産の場合は、必ず破産管財人が就任する。そうすると破産予納金として、最低でも100万円くらいは必要になる。社長や役員たちの自己破産もする必要があるから、予納金の手当てをしなければならない。

社長は、銀行からの借入れについては連帯保証をしているから、絶対に自己破産の申立てをする必要がある。会社も破産申立てをするほうが一番きれいな形となるが、予納金の手当てができない以上、倒産会社は放置処分にして、休眠会社とし、法務局の職権抹消で会社を消滅させる方法しかない。

私は、社長と役員ら3人の自己破産申立てをした。社長は自宅がある以上、破産管財人が就任するだろう。これで私の仕事も一段落したのではないかと思っていたところ、ある銀行から、「社長の自宅の抵当権の極度額を確定するのに、確定登記の登記委任状に押印してくれないか」と電話があった。

今までこういう要請を受けたことはなかった。私は「破産決定が近日中に出るから、それまで待てばいいじゃないか」と返事した。しかし、その担当者は誠実な男性らしく、一生懸命私に「お願いします」と繰り返すのみであった。私は、その担当者に「明日、依頼者が来るから、その時間にあなたも来なさい」と告げた。

私は「なぜ確定登記をする必要があるのか」と尋ねると、「保証協会から代位弁済を受けるのに確定登記が必要です」とマニュアルを見ながら、一生懸命説明する。

76

しかし、それでも私には理解できない。依頼者も、「もし私が夜逃げしていたら、どうするのか」と素朴な疑問を発した。私はそのマニュアルを見せてもらっても、今ひとつピンとこなかった。

私はその銀行員に「保証協会に電話してくれ。私が代わって話をするから」と言って保証協会の担当者と話をすると、「いや必ずしも確定登記は必要ないが、それをすれば早く代位弁済を受けられます。それをしないと他の手続等の費用と時間がかかります」と説明してくれた。

私は理解して、依頼者に対して「銀行にさんざん迷惑をかけているから、確定登記くらい協力しなさい」といって登記委任状に署名押印させた。担当者もほっとしていた。

✖電話一本で済ませようとする銀行員には協力しない

翌日、別の銀行から、「保証協会から聞いたが、当行にも極度額の確定登記に協力してくれ」と電話があった。私は立腹して、「あの銀行は、担当者が何度も電話してきて、私の事務所に来て一生懸命説明した熱意と誠意に感動したから協力した。君は電話一本で協力せよというのは、甘いよ」と言って拒絶した。

近頃、こういう若い銀行員が増えた。取引先が倒産したら、必ず足を運んで状況を把握して、適切な方法を選択して協力を求めるべきであり、弁護士はその誠意に何とか協力したいと思うものである。もちろん、協力にも限度があるが。

●視点・論点●

・仕事というものは、相手が一生懸命働いている姿を見て感動して成立する

第2章 「交渉力」、「営業力」の伸ばし方

38

弁護士には役者的要素が不可欠

【交渉には計算し尽くしたシナリオと演技で勝負】

⊠弁護士の仕事はさまざまな相手との戦い

弁護士の仕事はある意味では喧嘩商売である。交渉にしろ、裁判にしろ、必ず相手がおり、細心の注意をして発言をし、自分のペースに相手を巻き込むように努力する。相手は裁判官、弁護士であったり、一部上場会社、銀行からヤクザ、女性と千差万別である。当然、相手を見ながら口調を変えたり、話の程度を合わせたりとストーリー展開を考える。弁護士の仕事は、万事この繰り返しである。

⊠交渉相手に生まれてはじめてにらまれた公認会計士

あるオーナー社長の株式が相続財産であったが、その相続人は会社経営を承継したくないというので、株式をオーナー会社の現経営者に売却することになった。株価の計算は、当然税理士か公認会計士の仕事である。私の提携している公認会計士に株価の計算をしてもらい、一緒にオーナー会社の経営陣に交渉に行った。

私は、定石どおりに経営陣に株式売買の交渉をし、この株式は現経営陣が購入したほうが関係者全員ハッピーであると強調した。

争点は1株当たりの株価である。公認会計士にその計算式と根拠を順々に説明してもらった。現経営陣の社長は、説明する公認会計士の顔を厳しい顔でにらみながら聞いていた。私はそれは当然の光景と思ってみていた。私も必ず相手の目を見ながら話すようにしているから、別に不思議な光景とは思わなかった。

しかし、会談後、公認会計士は私に「先生、相手の社長は会談中、ずっと私をにらんでいたましたよ」と驚いた様子で話をされた。驚いたのは私であ

78

る。「先生、交渉ですから相手が私たちをにらむことがあるのは当たり前じゃないですか」と言うと、公認会計士は「いや、私は生まれて初めて1時間以上もにらまれましたよ」と述懐された。

▨これが弁護士と公認会計士の業務の違い

この言葉で私は、これは弁護士と公認会計士の仕事内容が異なることによるのだとはたと気付いた。公認会計士は、ほとんど依頼者と打ち合わせ、交渉をする。弁護士は、依頼者は勿論のこと相手方と交渉するのが仕事である。怒鳴り合いになるのは日常茶飯事である。場合によっては、演技的に怒鳴る必要がある。弁護士には役者の要素がなければならない。頭を下げたり、怒鳴ったり、哀願したりと交渉のシナリオ展開を考えながら、計算して演技をしていく。

しかし、私は交渉時に嘘をつくことはしないし、駆け引きをするのは好まない。相手が駆け引きをしてくると本当に不愉快になり、私が怒鳴ることになる。交渉というものは本当に人間性の勝負なのである。人間性で勝負しながら、計算された演技をするのが交渉術の要諦であると思う。

▨裁判員制度を迎えて

アメリカでは陪審員制度を採用しているから、弁護士はロースクールを卒業すると、俳優学校に行って陪審員を説得する話術や演技を勉強するという。私も欧米に視察して、弁護士と会合を持った際、陪審法廷での弁論をこの場で展開してくれないかと頼んだら、本当に法廷映画の世界を再現してくれた。

●視点・論点●

・交渉は人間性の勝負である
・裁判員制度が始まり、弁護士には、裁判員を説得する技術が必要となった
・これからの弁護士は、ますます役者にならなければならない

第2章 「交渉力」、「営業力」の伸ばし方

㊴ 信用を維持するために激しい交渉をする

【嘘をつかない、約束を守ることが信用構築の基本】

▨小学生時代の道徳訓が、今、問われる

「信用を築くには10年を要するが、信用を失墜するには一瞬で足りる」。この昔からの言い伝えには味わい深い含蓄があり、真理だと思う。信用は、よくビジネスの世界で大事にされている言葉であるが、それは人間の生きる過程で全分野において必要な道徳訓でないかと思う。我々、弁護士の業界も信用第一の世界である。信用がなければ、弁護士の仕事はできない。信用を構築するにはどうしたらよいか。それはある意味では簡単なことだ。「嘘をつかない」、「約束を守る」という、小学生時代の道徳訓を大人になっても実行すれば足りる。

私は近頃、企業再建の仕事が多くなった。当然、債権者との交渉が多くなる。その中で一番のポイントは、やはり信用力である。特に金融機関との交渉では、信用――約束を守る、嘘をつかない――を構築し、維持するのに精一杯努力する。

そのためには債権者の過大な要求に対しては断固拒否し、当方の主張を貫く。無理な約束をしても履行できないから、結果的には約束不履行になるし、信用が喪失するからである。そのために激しい交渉をする。それが結果的に信用を維持することになるのである。しかし、この頃の金融機関も体力がないところは、行儀作法が悪く、逆に金融機関のほうが約束を破るケースが出てきた。「貧すれば鈍する」ということはこういうことかと思う場面に何回も遭遇する。

80

◯和解条件を不履行にされるのではと不吉な予感

ある依頼者の事件で和解が成立した。どうも私は私の依頼者が和解条件を履行しないのではないかという予感がした。それは基本的に私の依頼者は金銭的にケチであり、和解条件は納得したとしても、何か問題を起こすのではないかという危惧があったのである。そこで和解金の支払期日の前日に、私は依頼者に「明日の和解金の支払準備はできているか」と電話した。

依頼者は、案の定「先生、相手が横着だから、わざと支払期日の翌日に支払おうと思います」と言った。私は「そうだろうと思って、今日電話をした。裁判所で男の約束をしたのであるから、明日必ず支払え」と怒鳴った。「先生は、私を信用できないのですか」と反論するので、私は「信用できないから電話しているのではないか。和解契約には私も立ち会っているので、私の信用問題も関わっている。何がなんでも支払え」と怒鳴って電話を切った。

どうもこういう不吉な予感は当たるものである。私も若い頃、依頼者が和解不履行して、相手の弁護士に必死になって謝罪したことがある。まるで私自身が約束不履行したみたいで、本当にばつが悪かった。世間はよく人を見ている。世間は信用がない人を、本能的に見抜いてその人を相手にしないのだ。

この世の中で生き抜く生活の知恵は「信用第一」である。これはあらゆる業界に通用する普遍的原理である。

私も金融村では「喧嘩萬年」と呼ばれているが、それは条件交渉の際に約束を守るためには絶対に約束不履行になる事態を招来しないために、できることしか約束しないことによる。そのために激しい交渉をする。しかし、一旦、約束したら依頼者に何がなんでも約束を履行しろと強要する。

●視点・論点●

・金融村が、私を「喧嘩萬年」と呼びながら私と交渉してくれるのは、私が約束不履行の実績がないことを知っているからだろう

第2章 「交渉力」、「営業力」の伸ばし方

40

元ヤクザとの交渉は男と男との真剣勝負

【どんなに難しい事件でも示談の落とし所がある】

元ヤクザの男の意地と矜持とは何か

その男は、「俺はヤクザをやめても男を捨ててない」と言う。

ある家屋退去事件での示談交渉中の、「男のプライドを傷つけられたら、男の意地、矜持をもって相手方に攻撃を加える」という宣言である。

その男は、かつては大きな暴力団の組長であり、度胸も座っていて、頭も切れるタイプだった。その男の自宅を私の依頼者が買い取ったのであるが、男が期限が来ても退去しないので、私の依頼者は明渡し訴訟を提訴した。この事件は私の事務所のイソ弁が担当していたが、担当裁判官から「被告の正体を知っているのか、貴方では位負けするからボスに担当してもらえ」と言われてしまった。私は、裁判の側面からイソ弁を援助する方針で、被告と法廷外で示談交渉を続けた。男は、「自宅を売った覚えはない。不動産売買に関する公正証書も自分に無断で妻や子分どもが作成したのであるから、売買契約は無効である」と主張する。

命の危険があるので証人尋問はピストルを持参すると言う

この自宅の売買に関しては複雑な背景事実があり、その売買の実質的な男の代理人として動いたのは、男の兄貴分であった。兄貴分は、かつて1,500人の子分がいたという男である。現在は堅気になっている兄貴分から、私は何回も事実関係を聞いた。男の主張には無理がある。私の依頼者にも軽率なところがあったというのが、私の率直な感想であった。私の依頼者は兄貴分を裁判の証人に呼んでくれという。兄貴分は「仮に証人になったとしても、私は貝になるしかない。命を取られる可能性も強いからピストル持参です

82

な」とまで言う。兄貴分が証人になったら、男と兄貴分の義兄弟関係は離縁することになろう。こんな事件でそういう関係を発生させるのはどうか、と私は考えた。

私は男と5〜6回交渉し、ほとんど聞き役に徹した。すると男が焦れてきて「先生の解決案は何ですか」と尋ねてきた。要するに、立退金をいくら出すかの質問である。私は依頼者に立退金の支払限度額を確認した。依頼者は感情的になっていたが、私は「月夜の晩ばかりではないのだから、この際、相当な立退金を支払うべきだ」と説得した。

さらに私は男に「あなたを相当な男と見込んでいるから失礼な金額は言わないし、私は駆け引きも好きでない。一本だ」というと、男は「先生と会わなければよかった」と、にやりとして帰った。これで話はまとまり、示談書および和解書を作成して調印式を待つばかりになった。ところが、その組に抗争事件が発生し、調印式の日に男が私の事務所に来るときに殺傷事件でも発生したら困るので、裁判所の和解の席上で話をまとめた。ここでもごねられたが、まさに裁判官の面前で男と男の勝負で一発で和解をまとめた。男は約束どおり自宅から退去して一件落着となった。

しかし、「俺はヤクザをやめても男を捨ててない」という言葉には、凄みがあった。

▧和解の成立には裁判官の器が物を言う

この和解を主宰した裁判官も大きな器の人であった。私のイソ弁に「おまえでは位負けするからボスに出てもらえ」と言い、また、男との和解条項で一抹の不安のある条項もあった中での交渉である。私は決断を迫られたが、裁判官は「この男は約束を守って不義理はしないでしょう」と言って、私に決断を促したのだった。

●視点・論点●

・和解がまとまるか否かも裁判官のリードがものをいう
・法律家も、人間の器を大きくすることが問われる

㊶

知人同士の争いの介入は避けるべし

【世間が広がれば「世間が狭くなる」と心得るべし】

☒知人同士の紛争には介入しないのが原則

ある程度の期間、弁護士をやっていると、友人、知人、顧問会社が増してくる。そうすると、どうしても知人同士の紛争に介入することになる。私の事務所では顧問会社間の争いも増加した。その場合は、私が両方の顧問会社の仲裁に入って、交渉がまとまらないときは、私は双方とも代理人にならずに、「他の弁護士に依頼してくれ」と言うことにしている。

☒事件の関係者すべてが知り合いという不思議

ところが、こんな事件があった。顧問先が遊休不動産を売却しようとしたところ、隣地所有者が4cm位越境していることが判明した。その隣地所有者は、私の顧問会社の役員であることが判明した。その遊休不動産の買主もまた、私の顧問会社だった。結局、この事件の関係者はすべて私の知り合いであったことになる。私は遊休不動産を所有する顧問会社に、越境されている土地4cmを隣地所有者に売却すれば三方ともうまく円満に解決するのでないかと提案した。しかし、その会社は官僚的体質の会社であったから、なかなか私の忠告を聞かない。

次に隣地所有者と交渉すると、彼は「こんな小さな事件を先生が担当するのはおかしいじゃないですか。他の弁護士だったら、徹底抗戦しますよ。私は本件土地を購入して20年以上誰からも文句を言われたことがないのですから、時効取得の主張が立つでしょう。先生と喧嘩しませんから、越境部分を含めて10cmの幅で売ってください」と言う。これが常識ある解決の方法である。私は早速、顧問会社に10cm幅を分筆登記して隣接所有者に時価で売却しろと強く説得した。やっと了解をとりつけて、幅10cmの土地を分筆し

て売買契約を締結することができた。

　私はこの事件を通じて、弁護士も、1つひとつの事件について、常に誠実にフェアに解決しておかないと信用は生まれない、相手方に嘘をついたり約束不履行をしたりして信用失墜をしていれば、いつか将来、はしごを外されるものだと痛感したものである。

⊠できない約束は絶対にしない

　私は今まで、示談交渉した相手方からクレームをつけられたことはない。示談成立までは、激しい交渉をしても、いったん示談交渉がまとまれば、依頼者には絶対に履行させることをモットーにしているからである。自分の依頼者がどうも約束不履行しそうな不吉な予感がするときもある。そんなときは、相手にとっては不利な条件でも相手方を説得して、「私が責任をもてるのはこの範囲だ」と言って、話をまとめることにしている。和解で自分の依頼者が不履行すると、あたかも自分が債務不履行したかの如く罪悪感に陥ることがあった。その場合、相手方の弁護士から「お互い様だよ」と慰められたが、私は、あの屈辱感と罪悪感だけは2度と味わいたくないと痛感したものである。

　その時の教訓は、1つひとつの事件処理は誠実にフェアにやらなければならないということだ。年を重ねると「世間が広くなる」という。友人、知人が増加するからだ。しかし、私は友人、知人が増加すれば、逆に「世間は狭くなる」と痛感する。友人、知人が増加すれば、フェアに処理しないと説得できない。逆に私がアンフェアな解決をしていたら、その人は私を忘れない。

●視点・論点●

・「殴った人は忘れるが、殴られた人は一生忘れない」という諺がある
・人間は日々の仕事を真面目にこつこつとフェアにやって、信用第一をモットーにしていくべし

42

示談書を作成しなくても紛争は解決できる

【文書以上に言葉に責任を負うのがヤクザの世界】

ヤクザまがいのクレーマーとの交渉

示談交渉して示談が成立したら、示談書を取り交わすのが通常である。本件では示談が成立したにもかかわらず、示談書を作成しなかった。

依頼者は私の顧問会社で、一部上場企業。電化製品を売り渡したが、10回前後のクレーム処理で、現場は大変な思いで対応していた。たまりかねて本社の担当部長がそのクレーマーに会うことになり、事前に私と打ち合わせた。本件問題は、本社の副社長にも既に報告済みの事案であって、九州の幹部を交えて戦略戦術を練った。大勢としては、ある程度の金銭で解決する方向に決まった。

相手方がヤクザまがいの男であるとの情報により、アメリカン・フットボールをやっている社員をボディガードにして、本社の担当部長は、相手方と対峙することになった。５時間の交渉でもらちがあかず、いよいよ顧問弁護士の出番となった。

部長は私に空港から電話してきて、「30万円で示談をまとめてくれ」と言う。私も相手方にどういう戦術で対応しようかと思案していたところ、現場所長の意見を聞いていないことに気付いた。早速私は現場所長に電話して、「本社は30万円で示談交渉をしろといっているがどう思うか」と尋ねた。所長は、即座に「金銭解決は絶対反対です。何のために私が今まで苦労していたのか」と反対した。私は、やはりそうだったかと思い、相手方に電話した。

私は相手方に「あなたは、現場所長を信頼しているだろう。所長は、もう１回電化製品の故障を修理するとあなたと約束しているだろう。それでどう

だ」といった。相手は、「それでよい。俺は所長を男として信用しているし、所長はよくやってくれている」という。私はすかさず、「あなたと所長と私の男の約束に二言はないね。これで一件落着と考えてよいか」と念を押すと、相手は「二言はない」という。

⊠ヤクザと約束をして裏切られたことはない

私は、直ちに担当部長の携帯に電話し、右の報告をし、かつ「示談書は、もはや取り交わしはしない。その代わり私が部長あてに報告書を作成するから、それを示談書代わりに副社長に報告したらどうですか」と提案した。部長には「私の経験上、ヤクザと約束して裏切られた経験は1回もない。ヤクザは発言には文書以上の責任を負うと自覚している人種である。相手はヤクザではないが、ヤクザ的性格だから、私の経験則上、問題はない」と口添えして部長の決裁をもらった。私は一気に報告書を書いて、翌朝一番に本社にFAXをした。私の予想どおり、その後、相手方からは何の連絡もなく、一件落着となった。1年後、現場所長が福岡に転勤になり、初めて会った。なかなかの面構えの良い男だった。

私はヤクザとの交渉で裏切られたことはないが、請負代金請求訴訟で地場のペーパー会社が元請けで、上場会社の土木会社が下請けのいわゆる「上請け」のケースで、おもしろい経験をした。

請負契約を締結していながら、元請けは勝手払いをし、あげくに法廷で「契約書がなんだ、俺たちの業界は談合の世界だから、契約書は無効だ」と啖呵を切ったので、裁判官が怒って、私の依頼者の下請け会社に勝訴判決を下した。提訴から最高裁判決までにたったの1年半でケリがつき、私は元請けの請負代金を差押えして、全額回収したケースがある。

●視点・論点●

・交渉でも常にTPOを貫くべし

87

第2章 「交渉力」、「営業力」の伸ばし方

㊸ 交通事故の示談交渉の要諦はフェア で誠実に

【弁護士にもリサーチ報告書の分析能力が問われる】

⊠リサーチ会社の効用

　損害保険会社や生命保険会社は、リサーチ会社をよく利用する。リサーチ会社とは、いわゆる私立探偵である。利用目的は、交通事故の発生状況や被害者の休業損害（収入調査）の調査である。このリサーチ調査は、弁護士への依頼前に損保や生保自身で調査を入れることが多いが、弁護士事案になってからは、弁護士が自らの判断でリサーチを入れることもある。事故報告は単純であることから、リサーチマンの最初の修行みたいなものである。主たる業務は、事故当事者からの聞き取りや警察の実況見分調査書の閲覧、事故現場の写真撮影報告書の作成である。今や弁護士も、検察庁で実況見分調書をコピーできるから、リサーチ会社を介在させるメリットも薄れてきた。

⊠収入調査の難しさ

　問題は収入調査である。休業損害（収入）調査では、リサーチマンの実力が如実に反映される。相手方の売り上げ、経費や収入を、どれだけ迅速に正確に調査できるかの能力が問われるのだ。自営業者は裏帳簿を作成していることが多く、収入調査では裏帳簿が真実だと主張することが多い。問題はリサーチマンに、その裏帳簿の分析能力があるか否かである。被害者は必死になって裏帳簿の正当性を主張してくる。リサーチマンが、その裏帳簿をそっくりそのまま信用して困るのは、弁護士である。

⊠スナックのママとの対決

　私が、あるスナックのママである交通事故の被害者と対峙したとき、裏帳簿が真実だと認定したリサーチ報告書に出会った。私は、どうもその報告書

88

の分析が甘いと思って、スナックのママに売上伝票と仕入伝票を持参させて、私の秘書を総動員して一覧表を作成させた。そのうえで私が会計の分析をすることにした。スナックのママも近況視察をかねておにぎりの差し入れまで持ってきた。交渉の相手方から差し入れをもらうのは弁護士倫理に違反するものだが、手作りのおにぎりの受け取りを拒否したら、ママの真心を拒否することになる。私はありがたくおにぎりをいただいた。もちろん、ママに、「このおにぎりとは別に、会計監査は公明正大に実施するよ」と釘は刺した。

伝票一覧表を精査すると、やっぱり、リサーチ報告書の分析が甘いことが判明した。私は伝票、その一覧表を前にしてママと交渉した。私の分析を説明すると、ママは、「先生に一生懸命伝票を分析していただいたから、それで結構です」と言って、一発で解決した。

私は、ママが欲を出したら表帳簿でつっぱろうと考えていた。「税務署と弁護士への帳簿の使い分けは、世間では二枚舌と言うんだぞ」と宣告する予定だった。しかし、スナックのママは、私が伝票を1枚1枚チェックして一覧表を作っているのを現認していたから、私の誠実さを理解してくれたのであろう。示談交渉は常にフェアに誠実にやるべきだと思わせる事件であった。

▨私のリサーチマン利用法

私は担当するリサーチマンを指名して、リサーチの目的、方法を指示して、リサーチ報告書を分析することにしている。その結果、リサーチ報告書を無視して、私が最初からリサーチすることもある。特に収入調査をリサーチすることは、その報告書が一人歩きすることが多いから要注意である。

●視点・論点●

・リサーチ報告は、担当するリサーチマンの能力如何による

・リサーチ会社が大きい会社でもあてにならない

・弁護士にも、リサーチ報告書を分析する能力が問われる

第2章 「交渉力」、「営業力」の伸ばし方

44

和解交渉で弁護士の力量が問われる

【弁護士の能力の優劣は依頼者の利益の最大化】
【だけではない】

▨勝ち筋の事件でこそ弁護士の力量が問われる

　和解は双方が互譲して円満解決を図るのを目的とする。私は、民事事件は基本的に和解で解決すべきであると思っている。民事事件では双方に言い分がある。たとえそれが法律的主張として無理であっても、感情的な主張としては理解できることも多い。そこで問題は、和解に臨んで法律家としての司法哲学あるいは品位が問われることである。特に勝ち筋事件の時の代理人の言動が問われる。

　たとえば、貸金請求事件では原告としては満額回収するのがベストであるが、被告には、手元不如意などで満額を支払えない事情がある。特に金融機関などでは金融庁の監視の下、元本カットになかなか応じないケースがある。その場合に判決をもらって強制執行しても、はたして満額回収できるかが問題となる。裁判で勝訴しても、債権回収できなければ、判決は単なる紙切れとなる。

　だから、私は依頼者に必ず相手方に資力はあるかと聞く。「相手に資力がなければ、私は着手金をもらうが貴方は単なる紙切れをもらって、弁護士丸儲けで貴方は損をする。そうすると貴方と私の喧嘩になるよ」と忠告することにしている。損金処理のうえで債務名義が必要な場合は、着手金を低額にして提訴することにしている。

　要するに、債権回収というものは、いくら回収するかが問われるのだ。そこで金融機関等ではよく和解条項で請求の趣旨を認めたうえで、一部支払ったらその余は債権放棄するという和解をすることが多い。被告に約束した金

90

員を支払えば債権の一部免除の利益で和解を完全履行する利益を与えるのだ。

⊠請求の趣旨が和解条件だという弁護士に驚く

　サービサーから貸金請求事件を起こされた。私は被告代理人として、これは和解事案と判断し、金融機関の債権譲渡書類等も証拠上問題ないと回答し、早急に和解手続に入るよう請求した。サービサーは、譲受債権額を額面額で購入することはない。安価に買ってその上乗せ金額がサービサーの利益となるのである。そういうわけで、私は双方の痛み分けで残元本の半額を一括支払いという和解条件を出した。

　ところが驚いたことにサービサーの代理人は、請求の趣旨が和解条件だという。私は思わず、「それは和解ではなく、認諾じゃないか！　弁護士として依頼者の言いなりになるのでなく、もう少し弁護士としての見識をもって和解条件を出せ」と怒鳴った。サービサーは金融機関の不良債権を購入して金融機関を救済するシステムにすぎないのに、満額回収しようとするその姿勢に、私は思わず、この弁護士の司法哲学は何かと疑問をもったのである。

　私は駆け引きを望まない。駆け引きをするのもされるのも不快極まるのだ。その弁護士が負け筋の事件を受任したときどういう反応と対応をするのか見ものだ。

　弁護士は、依頼者の利益の最大化を図るだけが能ではない。やはり、紛争解決は常識的解決が問われる。

───────●視点・論点●───────

・サービサーの目的・機能は、①金融機関の無税損金処理、②債務者の再生のいずれも協力する、ことにある
・安価に債権を購入して、債権を満額回収するのは暴利行為にも等しい
・サービサー（今やファンドも）は、債権取得額にいくらかの利益を上乗せした金額を取得すれば満足するべし
・事件解決の内容を見ると、代理人たる弁護士の司法哲学と品格が正に問われる

第2章 「交渉力」、「営業力」の伸ばし方

45

和解は裁判官の能力に負うところが大きい

【和解の上手な裁判官ほどよい判決を書く】

⊠職権和解を勧める裁判官には3つのタイプがある

　裁判官も民事事件は基本的に和解で解決したほうがよいと思っている。ただ裁判官が職権和解勧告をする理由には2通りあるから要注意である。

　ひとつは、判決を書きたくないから和解で一件落着を図るタイプ。もうひとつは、真に本件事案は和解事案であり、和解で解決すべきであると信念をもって和解勧告をするタイプである。

　さらに和解において、自ら裁判官の役割をどう考えているかによって裁判官のタイプが分けられる。ひとつは、原告と被告の主張を単に伝言するだけで調整しないタイプ。もうひとつは、和解解決に向けて、裁判官が和解の主導権を握るタイプ。また、和解交渉で双方に貴方の方が敗訴しますと恫喝して調整するタイプ。もうひとつは、自分の心証を開示して、判決になったらこうしますよと明示して和解を強引に進めるタイプ。これらの組み合わせで和解交渉の場は錯綜する。私は代理人として和解事案と思ったら、私の方から率直に、「本件は和解事案であるから職権和解勧告をしてくれ」と明確に依頼するようにしている。若い頃は、和解してくれと先に言ったほうが弱腰と見られると警戒したが、今や法律家としては和解事案か判決事案かは一目瞭然でないか、という信念の下に明示することにしている。

⊠和解の上手な裁判官は司法哲学がしっかりしている

　一番困る裁判官は、当事者双方の利害を調整もせずに双方の意見を伝達するだけの場合である。「相手はこう言っています」と言うだけなのだ。そうすると双方が相手の意見を斟酌して次々と条件変更することになる。私もこ

92

ういう和解の場面に遭遇して、思わず「裁判官は本件事案をどう見ているの
だ。心証を開示してもう少し主体的に和解の調整をしたらどうだ」と怒鳴っ
たことがある。こういう状況では何回も和解期日を重ねるのみである。勿論、
代理人の立場でいろんな思惑があって和解交渉を長期化するケースはある。
裁判官はそれを察知して主体的に和解の調整することが求められると思うの
だ。私の知っている裁判官で非常に和解のうまい人がいる。判決よりも和解
で解決する数が圧倒的に多い。それは事件の筋をよく見たうえで、ある程度
のはったりをきかせながら、双方の意見調整をしている。私は思わず裁判官
に「あなたは和解がうまいね」と驚嘆したことがある。

　やはり裁判官もきちんとした司法哲学をもって和解に臨むなら、和解の成
立率は高くなるはずである。そこには裁判官としての司法哲学や人間性が問
われる。和解のうまい裁判官ほど、よい判決を書く。反対に、和解調整がう
まくない裁判官ほど、納得できない判決書を書く傾向が強いと思われる。法
律家はどの地位につこうが自らの司法哲学が問われているのである。

　私が経験した和解事案のひとつを紹介しよう。

　裁判官は午前中に私に電話してきて、「原告の請求金額は1億2,000万円で
あるが、8,000万円で和解はどうか」と打診してきた。私は「桁が一桁違う
だろう」といって和解を拒否した。すると、その日の午後に、再び裁判官が
私に電話してきて「原告は1,200万円で和解 OK といっているから、これで
和解はどうか」と言ってきた。私は半日でこんなに和解金額が異なるかと思
った。しかし裁判官は、午前中に私の和解の感触を調べて、原告に「貴方の
負け事件だから」といって、強力に敗訴判決をにおわせて、譲歩を迫ったの
であろう。私は依頼者を説得して、1,200万円で和解をまとめた。

──────●視点・論点●──────

・相当に理論的展開をして、勝訴判決を楽しみにしていた事件であって
　も、担当裁判官の和解にかける熱意に思わず拍手して、依頼者を説得
　し和解をまとめることもある

第2章 「交渉力」、「営業力」の伸ばし方

46

クラブ活動中の死亡事故の示談交渉に学ぶ

【理事長と被害者生徒代理人弁護士の教育者魂に感銘する】

⊠理事長の心に教育者魂をみた

　ある私立高校で柔道クラブの練習中、生徒が柔道の技で投げ飛ばしたところ、打ち所が悪かったのか、それが原因で投げ飛ばされた生徒が死亡した。私は学校側の代理人として死亡生徒の遺族と示談交渉した。遺族の悲しみと怒りは理解できるが、投げ飛ばした柔道部員もこんな死亡事故が発生するとは夢想だにしなかったはずである。

　学校側と打ち合わせの際、私はスポーツの場合、まず違法性があるか否かの問題点があるし、万一、違法で不注意であったとしても死亡生徒にも過失があったので過失相殺の主張をすることも可能であると一般論を言った。すると、理事長は「減額交渉はしないでください。私は教育者として生徒を死亡に至らしめたことに責任を感じています。私学共済の保険金も全部出して、万一、不足する場合は、私のポケットマネーからでも出します」と言われた。私はこの理事長の発言に本当の教育者の姿を見た思いであった。私は理事長の意を汲んで、誠実に遺族と交渉しようと決意した。

⊠被害者代理人弁護士の心に感銘を受ける

　遺族に弁護士が代理人として就任した。その弁護士も優しい方であり、当事者が高校生同士であったから、生き残った生徒の人生を真剣に考えてくれた。遺族には「これは裁判してはいけません。示談交渉でマスコミにもわからないように交渉をまとめるのが、双方の生徒に必要です」と説得された。私もこの弁護士の姿勢に感銘を受けて、駆け引きはしてはいけないと思った。

94

私は損害額をきっちりと計算して遺族の代理人に提示した。代理人はこの損害額でいいだろうと承諾されたが、遺族が納得しない。わが子を死亡させられたのであるから、それが仮に１億円の賠償金であったとしても親は納得しないであろう。わが子の命を金銭で解決するのは親としては子供への背信行為と映るのであり、心理的に納得できないのである。

遺族代理人は時間をかけて遺族を説得された。「あなたは子供のために多額の金をとるために私を代理人として頼んだのですか。正当な賠償金をとって本件事故のケジメをつけるというのが依頼の趣旨じゃなかったのではないですか。交渉が長引けば、生き残った生徒が可哀想じゃないですか。あなたの子供さんもそれを望んではいないですよ。裁判するなら、私は代理人を辞任します」とまで言って遺族を説得した。これを漏れ聞いた私は、遺族代理人弁護士のあり方についていたく感銘を受けた。

代理人、学校の理事長の教育者魂をみた思いで無事示談は成就した。本件事故は子供同士の事故の処理であったが、やはり子供の心を真剣に考えて、子供のために何が一番よいかを考えて処理すべきであるという教訓を得たのである。

●視点・論点●

・本件は、紛争の解決はどうあるべきかの模範的回答である
・加害者の痛み、被害者の痛みを代理人弁護士はどう理解し、双方がどうすれば納得するのか、それが社会常識に合致するのかを常に模索すべし
・加害者、被害者が未成年の場合は、特段の配慮をするべし
・未成年者は可塑性に富んでおり事故で十分に重い十字架を背負っているのだから、それ以上の十字架を負わせる必要はない
・紛争解決では単なる権利の主張の調整ばかりではなく、当事者の今後の人生を見据えた解決策を講じるべし

第2章 「交渉力」、「営業力」の伸ばし方

47

人的ネットワークの構築こそ 弁護士の力量

【依頼先との雑談の中にも重要な情報がある】

❎ネットワークを駆使して判決先の情報を収集

ある銀行員がふらりと私の事務所に来て、「先生が顧問をしている損保会社は訴訟に負けて4億円位の支払義務がありますよ」という。私は、私の顧問会社が、私に任せないからそんな惨めな敗訴をするのだと怒りを覚え、私が関係しているセンターに電話をしまくり、どの敗訴か確認した。ところが、どのセンターも該当なしと言う。そこで新種保険を扱っている課でないかと思い、架電すると、「うちはまだ係属中で敗けてはいませんよ。敗けたのは生保ですよ」と言う。

私は現在生保15社の依頼を受けて訴訟中であるから、大概の生保の給付金課課長は知っている。敗訴した生保はどこかを聞いて、私は、一番仲の良い生保の課長に架電し、「お宅はつい最近、敗訴事件があるだろう」と尋ねると、「先生、よく知っていますね。どこで知りましたか。当社は近日中に支払い手続をします」と言う。私は、「支払いはちょっと待て。今からその保険金に仮差押えをするから、できる限り支払いを延ばしてくれ。悪人に支払うより善良なる債権者に支払ったほうが貴社もいいだろう」と言って、判決文をファクスしてもらった。

❎溜っていた不良債権を迅速な仮差押えで全額回収

保険金の受取人に対して不良債権を持っている銀行に、私は「問答無用、直ちに仮差押え手続をする。上司の決裁には、この判決文を見せろ」と指示した。また、私は、この受取人相手に1年前に訴状を書いていたが、債権の回収の見込みがないと思って保留している事件があった。私は、この債権者

96

にも直ちに架電して、「問答無用、債権回収できるから供託金の準備と委任状を持って来い」と指示した。

2人の弁護士と手分けして翌日に2件とも仮差押手続をした。生保の資格証明書は大阪や東京の弁護士に手配して、速達便で送付してもらった（登記所の全国コンピューター化以前である1997年）。第三債務者である生保には迷惑をかけてはいけないから、分散して第三債務者になってもらった。

生保からは、「仮差押えの決定はまだですか」と督促の電話がかかってくる。私は、裁判官に面会して、「本件仮差押えは急を要するから、供託金はいくらでもいいから早く決定を出せ」と迫った。危機一髪で仮差押えは成功した。

私の依頼者は2社とも、遅延損害金まで目一杯計算しての仮差押えの成功である。あとは、本訴を起こしてゆっくり回収すればよい。銀行員のたまたまの茶飲み話から不良債権1億円が2、3日後には回収の見込みがついたのだ。それもすべて私のネットワークの情報の賜物だ。

担当者も社長も、私のネットワークの広さには驚いていた。弁護士も経験を積むとだんだん人的ネットワークが広がる。それが仕事に活用できた一例である。このお陰で、銀行は、私の請求金額以上の成功報酬を支払ってくれた。

●視点・論点●

・電話やメールの利便性に頼るのはよいが、相手との対面を心がけたほうが、ネットワーク構築はより強固なものとなる
・人脈を侮るなかれ。利益はどこから得られるか知れない

第2章 「交渉力」、「営業力」の伸ばし方

48

弁護士の交渉責任とは何か

【専門職は身の丈に合った責任ある行動をすべし】

☒契約交渉にあたった弁護士には交渉者としての責任があるか

弁護士は代理人として交渉することが多い。交渉して契約が成約となったが、その契約についての債務不履行となった場合、その弁護士は交渉者としていかなる責任を負うべきか。これが正に問題となったケースにぶつかった。

銀行の不良債権を譲り受けたが、債権譲渡代金を決済しなかったのである。その弁護士は債権譲受人の代理人であった。私は銀行の顧問弁護士として裏方として参謀の役割を担って相談を受けていた。

通常、弁護士は依頼者から相談を受けた場合、依頼事項の履行が本当にできるのかを常に吟味して交渉する。企業再建にはいろんな手法がある。本件不良債権の会社は、銀行の永年の取引先であったが、債務過剰となり、銀行としてはもはや支えることはできなくなった。そこでスポンサーとして白馬の騎士として登場したのがA社であった。

銀行の担当者は当初、A社にM&Aをもちかけた。しかし、A社はM&Aを拒否し、債権を譲り受け、それも債務を圧縮したうえでの債権譲渡の手法を強硬に主張した。そうすると争点は債権譲渡金額となった。紆余曲折があったが、譲渡金額は両者で合意に達した。

A社は東証一部上場会社であったが、債権譲渡の受皿会社はA社の指定するペーパー会社にしたいと言ってきた。銀行としては、M&Aや企業再建では第二会社方式を採用するケースが多いので、本件もその一環であり、まさかA社が債務不履行はしないだろうし、A社が資金手当も責任をもってやるだろうと銀行は考えた。私もそう思った。

98

◪身の丈に合わない仕事をすると失敗しやすい

　しかし、Ａ社が指名したＢ社は決済間近になると決済の延期を求めてきた。そこで銀行はＢ社の身元を洗うと、完全な休眠会社であり、本件譲受けのために買収した会社であり、その資金手当もＡ社はノータッチであり、Ｂ社がいかがわしい金融ブローカーに依頼している事実までもが判明した。

　問題は、Ａ社とＢ社の代理人である弁護士は、Ａ社とＢ社の関係、つまりＢ社の資金手当まで配慮して交渉すべきかである。私ならその資金手当の目途がつかない限り、前に進むべきではないと思う。弁護士には資金手当の能力はない。依頼者に資金手当は大丈夫かと常に情報を蒐集して、譲渡人に情報を与えるべきであると思う。この弁護士は本件取引についてはしゃぎすぎて、身の丈に合わない大きな仕事をしたのだ。

　結局、この決済は不履行となり、銀行はその後に登場したファンドに安価に債権譲渡をする羽目となった。この弁護士と一緒にデューデリジェンス（会社の資産内容の調査）をやった公認会計士は、つい最近監督官庁から別件で行政処分を受けた。

　銀行は本件問題について非常に立腹して、この交渉を進めてきたＡ社とＢ社の担当者と弁護士を相手に損害賠償請求訴訟をした。

　私は弁護士仁義として、同僚弁護士を被告とすることを拒否したが、その弁護士は証人喚問に出頭せず、裁判所の勧告でその弁護士も被告にした。被告になった弁護士は、当方が知りたい事項を主張立証したから、再び裁判所の勧告で訴えを取り下げた。専門職は、常にその仕事には身の丈に合った責任ある言動をすべきだと思った事件であった。

●視点・論点●

・弁護士は、依頼者の現状を把握すべく、情報収集を怠るべからず

・身の丈に合った仕事を知るには自分の器量も知ること

第 2 章 「交渉力」、「営業力」の伸ばし方

㊾

大人の交渉術を学ぶ

【交渉を成功させるにはあ・うんの呼吸が必要】

⊠相手の立場を理解すれば胸の内が見えてくる

　私も企業再建の仕事が増加してくると、私のノウハウを部下の弁護士に教授する年齢となった。

　私の部下の女性弁護士に、ある企業再建の仕事を主任として任せた。その弁護士は、「某銀行の部長が私を小娘と思って小馬鹿にしている」と私に珍しく愚痴をこぼした。私はかわいい部下を小馬鹿にされたら許せない。私は、その部下の弁護士に命じてその部長に面会のアポをとらせた。

　私は部下の弁護士と一緒に銀行の本店に乗り込んで行った。その部長は私が面識のある人であった。部長は開口一番、「これはこれは、大先生自らご登場とは何事ですか」と冷やかす。私は、「私のかわいい姫をいじめたのは貴方か」と一喝すると、部長は冷静に「とんでもありません。今から私の独り言を言います。私は先生のスキーム通り、本件債権はサービサーに売る予定です。これは私の独り言ですよ」と言った。

　私は部長の独り言がよく理解できた。「部長のご配慮に感謝します。これで私の用件は済みました」と言って 5 分で席を立った。私の部下の女性弁護士はぽかんとしている。

　私は帰りの車中で部下に説明した。「あれが大人の交渉だ。部長が独り言と言ったのは銀行の機関決定をしていないから、部長の私案の意味で言ったのであり、機関決定の提案にはサービサーに本件債権を売却する予定と提案するつもりだ、ということだ。だから、万一、部長の提案が機関決定にならなくても私を責めないでくださいよ、というメッセージだ。だから私もそれ以上部長に言質をとる言動をしなかったのだよ。後日、あの部長に発言責任

100

を問うてはいけない」と。

▨大人の交渉にはあ・うんの呼吸が求められる

実は、私には学生時代に似たような経験があった。私が大学生協の常務理事をやっていたとき、大学当局と交渉をした。大学当局の理事が「大学生協の立場は理解している。悪いようにはしないよ」と回答したので、私は再確認のために発言しようとした。すると私の恩師である大学生協の理事長の教授はすかさず、「ありがとうございます。大学当局のご配慮に感謝します」と言って私の発言を阻止したのである。後日、恩師は私に、「あれが大人の交渉だ」と言って血気盛んな私をたしなめたのである。私も大人の交渉とはあ・うんの呼吸でやるべきものだとここで勉強したのである。

さて、銀行は部長の言う通り本件債権をサービサーに売却した。部長は機関決定をしてくれたのである。弁護士の交渉はこういう大人の交渉が必要である。私のかわいい姫弁護士もこれで一皮むけたであろう。交渉は常に真剣勝負で大人の要素が問われるのだ。

特に企業再建の場合、銀行との交渉が多い。その場合、銀行や担当者の品格をみて、交渉しなければならない。品格のない場合はこちらも喧嘩腰で論争するが、品格のある場合は、再建に協力してもらうためにはこちらも品格ある交渉態度で臨むべきである。同時に大人の交渉術を身につけて、あ・うんの呼吸が必要である。

●視点・論点●

・若年者には、大人の交渉の場を見せて経験を積ませよ
・相手の立場や状況を理解し、想像力を働かせて、交渉に臨むべし

101

第2章 「交渉力」、「営業力」の伸ばし方

50
交渉場所の選定にも常識がある

【先輩を立て礼儀作法を守るのが弁護士仁義】

⊠礼儀作法がしっかりしていれば信頼を生む

交渉はどこの場所でするかは問題である。特に双方に弁護士が代理人に就いているときは、どちらの代理人事務所でするか。一般的に言えば債務者が債権者の所に赴くというのが通常であろう。

しかし、弁護士間ではそう簡単には言えない。私は原則として、私の依頼者であろうが、債務者であろうが、相手弁護士が私より法曹歴が長いか短いかによって区別している（法曹界ではいつ法曹界にデビューしたかで第〇期と言っている）。私より期が上なら私が出向く。相手方が私より後輩なら私の事務所に来てもらう。

弁護士の職務内容や経験年数は関係ない。弁護士の仕事は法律の解釈論の主張であるし、背後に依頼者がいるから、法廷の場や交渉の場でもきちんと自己主張すべきである。しかし、弁護士界も人間社会であるから世間の常識が問われる。いわゆる先輩を立てるという流儀である。私も恩師から、法廷では先輩といえども徹底的に自己主張し、一歩法廷の外に出たら、相手弁護士に「先ほどは言葉が過ぎました」と頭を下げるべきだと教えられ、一貫して実行している。

いまや故人となられた長老弁護士は、頑固で絶対に和解をしないので有名であった。私は法廷ではその長老弁護士に、「自賠責保険も使用させないとは言語道断だ」と強く主張した。長老は憮然としておられたが、翌日から私はその長老を道でみかけると、100m手前と50m手前、すれ違うときの3回にわたって会釈をしていた。すると次の裁判の時に「和解してもいいよ」と言われ、私も裁判官も一瞬耳を疑った。長老には、私が筋を通すが礼儀作法

102

ではきちんと長老を立てていると評価されて、和解していただいた。和解もほぼ私の主張に沿った解決であった。

⊠弁護士仁義がわからない人間が多くなった

それ以来、私は弁護士仁義として自己主張と社会常識、特に礼儀は重視すべきと痛感した。私のほうがいくら事件の筋がよくても、私のほうから先輩弁護士のほうへ赴くようにしている。先輩弁護士が、「私のほうが君に頼むのだから私が赴くよ」と言われても、「何をおっしゃいますか。後輩の私が先生のほうに赴くのが筋です」と強く主張すると、先輩弁護士は「そうかね」と言って気持よく交渉に応じていただく。このように交渉の仕方は単に筋論だけでなく、相手方の心理や気持を忖度して考えるべきである。交渉の場所も交渉術の一要素として重要視すべきである。

私はこのように弁護士仁義を大事にしているが、この仁義が通用しなくなりつつある。私が、後輩弁護士が当然私の事務所に来るものと思って待っていても、約束の時間に来ないので架電すると、私が後輩事務所に来るものと思っていたと言う。勿論、私は大声で「弁護士仁義で君が私の所に来るのだ」と叱責した。

先輩弁護士から、「萬年君、この頃は若い弁護士と交渉している途中ににこにこしていると、なぜ笑うのですかと怒られるよ」と言われた時、私は絶句した。私が若い頃は、先輩弁護士が笑顔で交渉してくれて、後輩の私に配慮してもらっていると感謝の念をもっていたが、近頃はこういう配慮も理解不能となったのか。

●視点・論点●

・どの世界でも、礼儀作法は重視すべきである

・先輩を立てることは、相手を慮ることでもある

第2章 「交渉力」、「営業力」の伸ばし方

51

戦略戦術家としての弁護士の役割

【当事者間同士の交渉を操る参謀役も解決の早道】

⊠家事事件を早期解決させるには弁護士は参謀に徹すること

司法改革の弁護士増員の結果、弁護士が1人もいない、いわゆる「無弁地区」はほぼ解消された。これは司法改革の成果と言える。

しかし、日本では弁護士の敷居はまだまだ高いと思われる。それは「裁判沙汰」と言われるように、日本文化では、裁判してでも紛争解決する気風はまだまだない。

大正時代の抵当権抹消登記請求訴訟でも、当然抵当権の消滅時効で勝ち目はないにもかかわらず、「私は被告呼ばわりされて、これで娘は嫁に行けぬ身になった」と法律相談に来られ、弁護士が「いや被告はいわば呼称で、あなたという意味にすぎず、犯罪者の被告人とは違います」と力説してもなかなか理解してもらえない、こういったケースが多い。

そして、弁護士に相談するのは一生のうち1回あるかないかが通常人のあり方であろう。私も友人、知人には「私の所に遊びに来るのはいいが、仕事としてはあまり来ないほうがいいよ」と冗談っぽく言っている。この理は、私は離婚や相続などの家事事件をたくさん扱ってきたことにある。私も若い頃は、事件の相談があれば着手金稼ぎの一環として「それは私に任せよ」と言っていた。しかし、家事事件で相手方に弁護士がつけば、他方では身構える。弁護士には通常人は身構えるのである。そして、なかなか解決しないこともあることに私は気付いた。それ故、私は今頃の家事事件では、まず弁護士の役割を「参謀」と位置づけ、背後で戦略戦術を講じて、「次にああせよ、こう言え」と指導して、できる限り本人に交渉させるようにしている。そして本人間交渉でどうしてもうまくいきそうもない場合に、初めて弁護士とし

104

て私が登場するようにしている。

⊠従業員をうまく使えば社員教育にも通じる

　この理は大企業等の法律相談にも応用している。相談者が頭のいい人間と判断したときは、「貴方は頭がいいからこれらの契約書や文章は書けるだろう。自分で起案して私にメールかFAXせよ。私がチェックするから」と言っておだてて、それらの訂正文書をもう一度メールやFAXで私の指示通りに実行しているか否かを確認して、OKの返事を出す。企業は一刻を争って紛争解決を願っている。弁護士が起案したほうが手っ取り早くて手数料をもらえるにもかかわらず、私はそうしている。それはそのほうが早く、かつ、従業員教育にもなるからだ。だから私はその企業の社長に、「私が貴社の従業員教育をしているじゃないか」と冗談を言っている。一時の損は永い目で見れば得するのだ。

　現に東証一部上場会社を20年以上顧問しているが、顧問料以外に手数料をもらっていない会社も多数ある。むしろ相手方が気遣ってどうでもよい事件を訴訟して、「先生もこれで少しは手数料稼ぎしてください」と言ってくれる。私は弁護士の敷居が高い日本的文化を逆に利用して、紛争解決の策を講じることにしている。このほうが永く信頼関係は保てるのだ。

●視点・論点●

・本人間の交渉で解決できることもあり、できるならそれに越したことはない

・弁護士の敷居の高さが紛争解決に良くも悪くも作用する

第 2 章 「交渉力」、「営業力」の伸ばし方

52

示談交渉は人間性を読め

【紛争の原因には生まれと育ちが深く影響する】

生まれと育ちは所作から垣間見える

私も年をとったせいか「生まれと育ち」を考えるようになった。

若い頃は、人間は皆平等であり生まれで差別するのは憲法14条違反でない
かと単純に考えていた。皆、若い頃は観念的であるから、生まれと育ちの地
（人間性）は極力出さないようにしているが、年をとってくると言動の端々
に人の生まれと育ちの地が垣間見えてくる。

こちらも年をとったせいで見えてきたのであろう。旧家出身の人はいかに
も育ちがよいのがみえ、家に行っても築何十年で質素なたたずまいである。
家具や什器備品も古いものであり、しかしよく見ると高級品である。食事も
服装も質素であり、しかし、冠婚葬祭等の行事の時はぱりっとした服装で決
め、やはり旧家出身の人だと感ずる。

他方、成金は自宅も豪華で家具や服装も派手であり、食事も御馳走である。
昔は旧家であったが、時代の流れに乗れずに没落している家が多い。

私が生まれと育ちを感じるのは、示談交渉をしている際に、その人の地
（人間性）を垣間見て、この人はどういう家で生まれ、育ったのだろうかと
思うときである。

紛争を解決するには人間性が影響する

紛争は種々の原因で発生する。その原因を探っていくと、その人がなぜそ
ういう発想や考えをもつのかを深く考えたその先に、生まれと育ちにたどり
着く。それは丁度刑事責任の本質は何かとの哲学的命題に対して、故・団藤
重光先生が「人格形成責任論」を主張されたのと同一問題である。人格形成
責任論は私の言葉で言えば、刑事責任は犯罪者の行為は勿論として、その人

106

の生まれと育ちが影響しているということだ。特に相続問題は「棚からぼたもち」だから、その人の社会的地位や学歴は関係なく、まさに人間性が如実に出てくる。そのときに私はこの人間性はどこから発生するのかと考えるのだ。

人間は欲が深い。しかし、それを表に出すか出さないかはその人の人間性如何である。

私は数多くの人と交渉してきて、依頼者と相手方の人間性を深く考えるようになった。依頼者といえども私の説得に耳を傾けずに、自己主張ばかりし、それも手前勝手に欲が深い。そんな人に会うと私もさすがに嫌になってしまう。相手方がそういう人なら、裁判をして白黒をつければ簡単で、裁判官に説得してもらう手もある。私も若い頃は理路整然と相手方を説得し、社会正義と人権尊重の観念に合致する解決策を求めてきた。しかし、年をとってくると人間性を見て、これ以上理屈を言ってもこの人は耳を傾けず、また、私の説得に応じないと判断するようになった。これも年をとって初めてわかることかとこの頃思う。

同様に、代理人である弁護士の人間性にも問題が生じる。大局を見て紛争解決の着地点を見いだしているのか、枝葉末節にこだわって重箱の隅を突くような議論を展開するか、短時間の交渉や法廷の弁論を聞いてすぐわかる。私もなるべく民事は和解解決を意図するが、そういう弁護士には時間の無駄だと思い判決をもらうようにしている。

●**視点・論点**●

・紛争解決には、当事者の人間性に応じた方法をとる必要がある
・人間性をよく読めば、紛争の原因がみえてくる。それが解決の糸口になる

第3章
弁護士の役割とは何か

依頼者には言うべきことは言い、恨まれても筋を通す

第3章　弁護士の役割とは何か

53

時にはヤクザ弁護士と呼ばれることもある

【被害者の痛みを理解するから激昂もする】

⊠萬年弁護士、暴力団と言われる

依頼者の母親が、「先生、すみません。ある弁護士から、『あなたは暴力団を使って100万円の賠償金をとったらしいね』と言われました。（萬年）先生は暴力団と言われています」とすまなそうに電話してきた。私は、その報告を聞いて苦笑いをした。

その事件は、中学2年生の女の子が不良少女10人くらいから「不良少女のグループに加入しろ」と取り囲まれ、それを拒否すると、全員から殴る蹴るの暴行を受けて頭蓋骨陥没の重傷を負ったというものだった。私はその被害者から相談を受けた。私が許せないと思ったことは、被害者を不良少女たちに手引きしたのが22歳の男であったことである。

被害者の母は、その男を喫茶店に呼び出して、激昂のあまり、男を殴ったり足蹴りして損害賠償金200万円を要求し、代理人は私であると言ったのである。その男から私に電話があった。「200万円は高いじゃないですか」と言う。私は、母親には「100万円くらいが相場じゃないか」とアドバイスしたのだが、請求金額が2倍にふくれ上がっているのを、その時初めて知った。

私は男に「君は妹がいるか、いないなら女の従妹はいるか。彼女たちが被害者になったら、君はどう思うか。私には娘がいるが、私の娘をそういう被害にあわせたら、その手引き者である君を半殺しにするであろう。200万円支払え」と強く怒鳴った。

その男は驚いて弁護士の事務所に駆け込んだ。その駆け込んだ先は私の親しい弁護士で、娘3人の父親である。その弁護士は「先生、私も依頼者に

110

『私の娘が被害者であったら、君を半殺しにする』と言った。しかし、200万円は高いじゃないか。100万円の現金を用意させるから、それで示談しよう」と提案してきた。

私は母親に100万円で示談することを説得し、残りは加害者である不良中学生の両親から取ろうと説得した。母親が承諾したので、その男とは100万円で示談し、私が示談書を作成した。

私の友人弁護士は現金を持参して、にやにやしながら、「先生、私の依頼者は先生を『ヤクザ弁護士』と言って、先生の電話の口調を非常に恐れていたよ。まあ、自分も依頼者を半殺しにするといったから同類かな」とおもしろそうに言った。

▨被害者の気持を理解すれば弁護士だって激昂するときもある

弁護士も依頼者の身を思うと同じ痛みを感じ、弁護士という立場を忘れて激昂することもあるのだ。私はそれでよいと思っている。人からヤクザ弁護士と言われても、被害者の痛みを理解して共に泣き、怒るのが弁護士ではないか。クールな法律家は、私には向かない。

不良少女たちは警察に逮捕され、今度は附添人となった弁護士が私の依頼者に被害弁償したいと電話してきた。私は母親に「双方の弁護士が作成した示談書をその弁護士に見せろ。『私の弁護士はヤクザ弁護士かもしれないが、私の心情を理解しています』と言え」と、アドバイスした。その後、相手の弁護士からは、私に何の連絡もなかった。

弁護士の依頼者への基本的スタンスは、依頼者の気持を共感できるか否かにあると思う。共感できないなら、受任を断る。共感したら依頼者の思いを相手方に徹底的に伝えることが必要である。私のこの思いは、犯罪被害者の支援をいかにすべきかに連なった。

●視点・論点●

・弁護士は依頼者と共に泣き、喜び、怒ることができなくなったら、廃業すべし

第3章　弁護士の役割とは何か

54

怪しいと感じたら弱腰や妥協は禁物

【とことん真実を究明するのも弁護士の使命】

⊠宅配便で送った宝石が紛失した

「宝石を宅配便で送ったが、その宅配便が紛失している。その宝石は2,000万円で仕入れたから、損害賠償しろ」と、運送会社に請求があった。宅配便を受け付けるときは、運送会社は、荷送人に「中身は何ですか。貴重品ですか」とは聞くが、荷物を開けて中身を確認することはない。荷送人の申し出をそのまま信じるしかない。

運送会社の担当者が青ざめて相談にきた。私は担当者と対応策を練ったが、妙案は浮かばない。発送人の身元を調査すると、どうも怪しい。発送人は仲間を連れて連日の如く押し掛けてきており、運送会社に早く損害賠償するように請求する。私は、なぜ宅配便が途中で紛失したのか疑問だった。運転手が停車して配達している隙をみて誰かが宅配便を持ち出したのか、運転手と共謀しているのか二者択一であった。

⊠仕組まれた罠だった

私は運転手の身元を洗い、サラ金等の借金があるか否かを調査しても、その事実はない。運転手との共謀の線はないとすると、仕組まれた罠しかない。

宅配便の中身が本当に宝石なのかは確認しようがないので、こちらから債務不存在確認訴訟をしようとも思ったが、その訴訟は非常手段的に提訴するべきである。

私は、冗談で担当者に「あなたが発送人から殴られて、傷害罪で刑事告訴すると、宅配便の中身の正体が判明するけど」と言った。担当者は、苦笑いをしていたが、発送人らは別件で逮捕された。私は担当者を通じてこちらが恐喝にあっているから、その事実も捜査してくれるよう警察に頼んだ。私は、

112

捜査検察官に電話して、同様に捜査をお願いした。

検察官は犯罪の匂いを感じて本件宅配便の件も捜査してくれた。「先生、宅配便の中身は何だと思います？　コーラの空きビンでしたよ」とにやにやしながら言った。

私は「それじゃ、詐欺未遂じゃないですか。厳重に処罰してください」

「まぁ、別件もあるので、今回はお説教で不処分にします」

「いいですが、２度と私の顧問の運送会社に近づかず、今回の損害賠償も放棄するよう厳重な注意処分をするように」と、お願いして、本件問題は解決した。

宅配便の紛失以来２週間近くの間、この事件に振り回されたが、担当者と「殴られずに解決してよかったね」と肩を叩き合って、事件解決を喜んだ。宅配便の紛失は時々ある。貴重品と告げられれば、運送保険に加入するように勧めるが、そうでない場合、運送約款で高価品特則で一定の損害賠償しか運送会社に責任はない。これからもこういう詐欺事件は頻発することだろう。

運送会社の顧問をしていると、さまざまな事件、事故に遭遇する。本件もその一例であるが、疑問に思ったことは徹底的に究明する姿勢が効果を生む。相手の攻勢が激しいと、つい妥協策を講じたくなるが、ここでひるんではいけない。あらゆる方策を講じて真相究明し、運送会社が悪ければ損害を賠償し、相手方が悪ければ、相手方の要求を断固拒否する姿勢が大切だ。

●視点・論点●

・相手の強硬な対応に弱腰や妥協する姿勢を示せば、世間にすぐ伝播するということを肝に命じるべし

第3章　弁護士の役割とは何か

55

顧問会社のダーティーワークを担うのも仕事

【専務に代わって担当者に懲戒解雇を申し渡す】

⊠顧問先社員に懲戒解雇を申し渡す

「お前を懲戒解雇する」

「なぜ、自分は会社からではなくて、顧問弁護士から懲戒解雇されなければならないのだ」

「お前は社長の親族だが、会社に1億5,000万円の損害を与えたのであるから、当然懲戒解雇だ。会社のトップの決断だ」と言って、私は顧問会社の社員を懲戒解雇したことがある。

石油販売会社では、業者間の取引で、あっという間に月商取引が1億円を超すことがよくある。この会社の社長は、親会社の社長が兼任していたが、実質上は、子会社の専務が経営を担当していた。A社との取引を担当していたのは社長の親族で、専務は月商5,000万円程度に押さえるように指示していた。

ところが、専務が気付いた時には、A社との取引は2億円の売掛金が残っていた。専務は驚いて担当者に詰問すると、「ずるずると取引をしているうち、いつの間にか2億円の取引残高となってしまった」と弁明した。

専務は、担当者に売掛残を回収するのと同時にA社との取引を停止するよう指示した。担当者も必死になって回収に努めたが、回収は遅々として進まない。専務は、この担当者がA社からリベートをもらっていたのではないかと疑って、私の事務所に相談に来たのである。

⊠売掛先の女社長から5,000万円を回収

私は早速A社の社長に面会を求めた。A社の社長は70歳の女社長で、やり

114

手である。石油会社はどこもＡ社へ石油を販売しなくなっており、取引が残っているのは当社のみであった。「取引の継続をしてもらえないと売掛金の支払いはできない」と言って泣きながら頼む。私は専務と相談して、少しずつ取引をして売掛金を回収する方針を立て、5,000万円は回収した。

ところが、Ａ社社長の子供が、このままではＡ社の財産を全部取り上げられると思って、Ａ社の所有ビルに放火したのである。私は直ちに、火災保険金を抵当権に基づく物上代位で差し押さえたが、同業他社も３億円の売掛金が残っていたので、同様に物上代位による差押えをした。

警察は、私の顧問先にも事情聴取をしに来た。専務はこれ幸いと、「担当者に背任の事実がないかついでに捜査してください」と頼んだのである。警察の捜査の結果、担当者に背任の事実はなかったが、Ａ社長にうまくだまされていた事実が判明した。

⊠損害賠償義務を免除したのは武士の情け

私と専務は、相談した結果、専務の指示を無視して会社に１億5,000万円の損害を与えた事実について、信賞必罰する必要があるという結論に達した。

専務も社長の親族であるが、担当者も社長の甥に当たることから、専務からの解雇の申し入れはしにくい。そこで、私が専務に代わって懲戒解雇を申し渡したのである。担当者には、１億5,000万円の損害賠償義務を免除した。せめてもの武士の情けであった。

私はこの取引先のある市内の全金融機関の全支店に、取引先の預金の仮差押手続をした。各支店ごとに仮差押債権額10万円として、預金取引先がない銀行は直ちに取り下げ、預金が10万円以上の銀行はさらに債権仮差押手続をし、加えて火災保険金の債権仮差押手続をした。

●視点・論点●

・顧問弁護士は、顧問会社のダーティワークをなすべきであり、この懲戒解雇の宣告もその一例である

115

第3章　弁護士の役割とは何か

56

筋を通せばヤクザでも解決は早い

【借金を踏み倒し夜逃げした元ヤクザと】
【大親分との示談に成功】

▣12年ぶりに成功報酬をもらう

　私が不起訴処分をとったにもかかわらず、成功報酬も支払わずに私に不義理をしたヤクザがいた。そのヤクザから12年ぶりに電話があった。

　「10年前にある組長から借金していたが、借金が返せずに夜逃げして、ある県でヤクザから足を洗い真面目に土建業をやっていた。そこへ従前の子分が自分を頼って来たので助けてやっていたが、その男が自分が不義理している親分の所に密告して、私が羽振りがいいと嘘を言っている。そのかつての子分を殺しに来たが、ふっと先生の顔が浮かんだ」と言う。

　私は冗談で「不義理をしていて、よく私の所に顔を出せたなぁ」とからかうと、「12年前のお礼です」と言って、10万円を支払った。

　そのヤクザも、当時は20歳代でありながら、組長として一家をかまえ、可愛がってくれた大親分に組の運営資金のための借金をした。ところが、高金利であるから返金してもなかなか元金が減らない。ヤクザの世界では、金の返済をしないというのは不義理として重大問題となる。

▣大親分との和解交渉

　私は、相手の大親分とは面識がなかったが、関係者から連絡先を教えてもらい、早速その大親分に電話した。2日後に大親分が来て、「残元本は800万円。10年くらい利息の延滞があるから、数千万円はあるな」と言う。

　私は「ここに500万円の現金があるから、このお金で堪忍してくれませんか」と頼んだ。相手は「先生、あいつは自分が目をかけて命も助けてやったんだ。10年間あいつの出方をじっと見ていたが、ヤクザの風上にもおけな

116

い」と怒る。

「だから、彼がヤクザの足を洗い、真面目に堅気の生活をして作った金が500万円あるから、これで堪忍してよ」と頼んでもらちがあかない。2、3回交渉しているうちに、私に大型倒産事件の依頼がきて、この事件のことを忘れていた。

ある日、裁判所から電話があった。「貸金訴訟があるが、先生は被告の代理人に就かれていますか」との問い合わせである。事情を聞くと公示送達の申立てをしている。大親分は、私の依頼者の住所を知らないのだ。大親分は、正直に、私と交渉していたということを裁判官に伝えたのである。私は、「本件は和解で解決する」と言って2〜3回ほど裁判に出たが、らちがあかないので消滅時効の主張をした。

▨元金のみ返済して示談で決着

大親分はこの予想された主張に激怒し、その兄貴分に相談したが、この兄貴分には私が10数年前にその子分を助けた貸しがある。その兄弟分は丁寧に「元金だけはせめて返すようにしてください」と頼んできた。

そこで私は依頼者に「あと300万円金策できるか」と尋ねたら、「子供の保険等を解約して金を作る」といって合計800万円を持参した。私はこの800万円で大親分と示談し、大親分の要望で私の依頼者を呼び、大親分に謝罪させた。これで一件落着である。

裁判所には訴えの取下書を出させ、裁判所も「よく示談ができましたね」と驚いていた。兄貴分からもお礼の電話があった。ヤクザの世界も、話がまとまると後腐れはないものである。

●視点・論点●

・ヤクザも侠客だったら、筋を通せば話し合いで解決できる
・しかし、侠客のヤクザが本当に減って、今や成金主義の暴力団や極道が増えた

第3章　弁護士の役割とは何か

57

法律家であれば司法哲学に磨きをかけるべし

【紛争解決の本質が理解できない裁判官が多い】

⊠「被告」とは業界用語で「あなた」というにすぎません

　人間は考える葦といわれている。つまり、人間は哲学的人間であるべきである。とりわけ法律家は、自己の司法哲学をもっていないと悪しき法学の輩と批判される。裁判至上主義がその悪しき典型である。まずは話し合いをして、それが決裂した場合に裁判の手続をすればよいのに、いきなり裁判をすれば、解決すべき事案も解決しなくなる。法律は紛争解決の道具にすぎないのだから、自ら紛争解決の手段、場をも同時に配慮しなければならない。

　日本人に裁判アレルギーがあるのは否めない。そのため、「被告」呼ばわりされただけでも反発が強い。

　特に大正時代の抵当権登記が残っている場合、これをどう処理するかは問題である。法律的にいえば抵当権自体の消滅時効の援用で、その登記は不実な登記で無効となる。

　本来ならば、抵当権者の相続人が任意に抹消登記に応ずるなら問題はないが、比較的楽な措置としては、抵当権者の相続人全員を被告として、抵当権抹消登記手続請求訴訟を提起して裁判するのが一番手っ取り早い。しかし、相続人は、「私を被告呼ばわりした。これで娘は結婚できない」と怒り、法律相談に来る。私は「『被告』は、裁判用語で『あなた』と同じ意味ですよ」と説明しても、刑事被告人と同じであるとの誤解を解くのにひと苦労する。

　この場合も、事前に相続人たちに、「こういう次第で提訴しますが、あなたには金銭的負担は一切させないし、また、応訴されてもあなたが敗訴しま

118

すから、裁判に出頭されなくても結構です」と、一筆手紙を書いておけば無用な混乱と反発は生じないのである。

◈紛争解決の本質が見えない裁判官

また、現在の裁判官が多忙を極めて記録もよく検討せずに判決を書く傾向が強いので、私の回りではなるべく裁判にかけずに、自分の手で紛争解決する手続をとる弁護士が増えてきた。裁判無用論、裁判官不信感の現れである。

裁判官の判決に納得できないケースが増加してきた。判決書では一応論理的展開はしているものの、本当の紛争の実体を直視せずに、表面上の論理構成で終始し、結局、紛争の根本的解決策を考えていない。この判決で、本当に紛争解決するのかという疑問がどうしても払拭できないのである。とかくエリート意識の強い裁判官ほどそういう判決をする傾向が強い。

裁判官の訴訟指揮をみても、本当に紛争の根本的解決を考えているか、いないかは如実にわかる。判決一本書いて一件落着とする裁判官の訴訟指揮をみると、この裁判官には私の依頼者の紛争解決を任せられない。これは自分の手法と哲学で解決するしかないとの思いがますます強くなる。

法律家は所詮、紛争解決のための代理人と判定者にすぎないのであるから、各人の司法哲学がますます問われる時代となったのである。単に法律の条文を適用するのであるなら、今日のIT社会では、コンピューターが解決してくれるであろう。しかし、コンピューターははたして人間の感情を理解できまい。

紛争の本質を十分に洞察して、己の司法哲学をもって解決手段を講じるべきであろう。そのためには、法律家は、単に法律解釈に長じるだけではなく、文学、映画、経済、哲学等を総合して、己の司法哲学を磨いていくしかない。

●**視点・論点**●

・法律家に問われるのは、司法哲学である
・法律家たるもの紛争の本質は何か、当事者の感情問題をどのように処理したら当事者は納得するのかを模索しなければならない

119

第3章　弁護士の役割とは何か

58

銀行はすべてに品位が問われる

【老元経営者の保証責任追及をめぐる】
【銀行担当者の誠意】

⊠97歳の元社長を助けたい

　ある会社の元社長は97歳である。社長時代の銀行取引約定書に基づいて、銀行に保証責任を負っている。

　元社長が現役の頃は、その会社の経営も順調に推移しており、黒字決算であった。しかし、社長を退くこと20年も経過すると、赤字決算どころではなく債務超過で、その会社はとうとう清算的任意整理をすることになった。

　その会社の配当率は1％未満である。問題は、前、元、現経営陣の保証責任の問題だ。保証人らはほとんど無資力である。唯一、97歳の元社長のみがマンションを3戸所有している。元社長は、正直に資産内容を私やメイン銀行に述べられた。

　私はメイン銀行と相談して、保証人団で3,000万円を用意して配当源資にし、会社、保証人の債務を一挙に解決しようと考えた。しかし、唯一私に資産を提供したのは97歳の元社長で、その500万円のみであった。元社長は家族はもはやなく、孤独な生活を営んでおられた。

　そこで私は、「余命いくばくもない97歳の老人に安心して死んでもらうために、すでに提供済みの500万円で保証責任を解除してくれ」と切々たる文章を書いて、債権者である金融機関の情に訴えた。債権者15行のうち12行は、私の要請に応えた。ある銀行の担当者は、「資産があるのになぜ保証責任を解除するのか」との上司の叱責にもめげずに、解除の決裁をとってくれた。

⊠意気に感じてくれた銀行担当者

　私が担当者にお礼の電話をすると、担当者は、「先生の切々たる文章に感

120

動した。自分も97歳の老人を野垂死にさせるような非人間的行動をとれない」と言ってくれた。私はこれらの担当者に感動した。銀行も品位が問われる。品位を失った金融機関は、街金やサラ金と同じである。

3行の担当者も私の事務所に来て、「どうしても上司の決裁が下りないが、私としてはこの元社長が居住しておられるマンションには強制執行をしたくないし、させません」と言う。現に2行はマンションに強制執行をしたが、元社長の居住するマンションの強制執行は避けていた。決裁がとれなかった銀行もそれなりの配慮をしていたのである。

元社長の遠縁の方から、強制執行の連絡を受けたが、私は「上記の配慮をしている以上、担当者の精一杯の誠意を汲むべきであり、それ以上苦情を言わないほうがいいですよ」となぐさめた。

その元社長は、「私の全財産は死後、ある市に遺贈する」と言っておられた。どうか長生きして余生を楽しんでくださいと私は祈っている。おそらく銀行の担当者も同じ想いであろう。

⊠金融取引に義理と人情は通用するか

私がある銀行員 OB に聞いた話である。年始に手形不渡りが確実に発生すると予測される取引先に、年末に1億円の融資実行をした。最後の楽しい正月をオーナーと従業員に経験させるためである。上司もそれを承知で決裁し、「あの取引先には長い取引で当行も随分儲けさせてもらったからなあ」と独り言を言いながらである。

誠実な取引先には、体力のある銀行はそういう義理人情路線の金融取引をしていたのである。

●視点・論点●

・銀行および銀行員にも品格が問われる
・銀行も貧すれば義理人情を失う

第3章　弁護士の役割とは何か

59

依頼者の利益のためには遠慮してはならない

【会社乗っ取り阻止のため自己破産の申立て費用を調達】

⊠騙されているのがわからない経営者

　レストラン経営者が事務所に駆け込んで来て、「私の会社が乗っ取られる。どうしたらよいでしょうか」と訴える。実はこの経営者は警察に相談したが、民事不介入の原則で私の所を紹介されて来たのである。話を聞いていると、乗っ取り屋は巧妙に運転資金を融資して、営業権や賃貸権の譲渡や担保権の設定手続をしている。しかし、経営者は今ひとつ乗っ取り屋の策略に気付いていない。私が大声で「あなたは騙されている」と言ってもピンとこない。売上金の一部を私に預けていたが、従業員の給料に使うと従業員に言われるままに渡したあげく、持ち逃げされる始末である。

　私は、この乗っ取り屋には誰か介在人がいるとにらみ、どうせ倒産するなら自己破産手続をして手続の透明化と公正化を図ったほうがよいと判断した。しかし、自己破産するのにもお金が全くない。私もこれが警察の紹介でなければ「破産費用を自分で調達せよ」と依頼者に言う。しかし、この乗っ取り屋の陰謀を打ち砕くには何がなんでも自己破産するしかない。私は、店舗の賃貸借契約を早期に解約して敷金を返金してもらい、それを自己破産費用にするしかないと考えた。敷金返還交渉をすると、早速、大家側の顧問弁護士が登場した。事情を説明して破産費用の調達のためできるだけ多くの敷金を返してくれと頼んだ。争点は、原状回復の範囲である。大家側の弁護士も趣旨を了解してくれて、大家を説得してできる限りの敷金を返還してくれた。この弁護士の厚意には本当に感謝し、弁護士仁義の尊さを想起した。

122

このお金で関係会社と経営陣の自己破産の申立てを直ちにし、裁判所には、事情を説明してなるべく予納金を安くしてくれるよう頼んだ。裁判所も私の意を汲んでくれ、かつ会社乗っ取りの不正義を糾す意図の下に安い予納金で申請を受理した。私も今まで多数の自己破産申立てをしているが、その申立て費用まで私が調達する羽目になったのは今回が初めてであった。

⊠愛すべき人柄が身を助ける

経営者の一家に無事免責の決定は下り、各人が新たに事業を始めた。私はその経営者に「あなたは取り巻きがあまりにも悪すぎた。あなたは周囲の人をよく観察してあなたが利用されていないかよく注意しなさい」と口を酸っぱくして言う。ほとんど会う度に私が怒鳴っているが、近頃ようやく私の発言の意味がわかってきてくれている。怒鳴られても、すぐにケロッとする性格ゆえのためか、また愛すべき人柄のゆえか、新事業を始めても周囲の人が援助して元気にやっている。私の忠告を聞いて新事業はうまくいっている。

会うたびに「自己破産申立ての費用調達までやったのは、あなたの事件が初めてだよ」と言うと、素直に感謝の気持を言われ、私もあの時立て替えてあげてよかったと思うのである。

私には乗っ取り事件で苦い経験がある。ある中小企業の社長が相談に来たが、話の途中で、社長は私の大学の先輩と判明した。そうすると、どうしても遠慮がちな物の言い方になる。私が社長に「彼は乗っ取り屋ですよ。彼のいうことを聞いてはいけません」と強く説得しても迫力がない。社長は「彼の息子が私の会社の社員ですよ。そんなことはあり得ません。万一、私が彼に騙されているとしても、地獄に落ちても悔いはありません」と言って、私から逃げていった。私の予測のとおり、会社は乗っ取りにあった。私は、社長にもっと強く説得すべきだったと後悔しても遅かった。

●**視点・論点**●

・依頼者の利益を守るためには、たとえ年長者であっても、大学の先輩であっても、怒鳴ってでも強く説得すべし

123

第3章　弁護士の役割とは何か

60

事件屋は若手弁護士を狙ってくる
【筋悪事件でも常識ある結論の和解に努力すべし】

⊠筋のよい事件ばかりではない

　法律家はよくこの事件は筋がいい、悪いという。事件の筋がよければ勝訴し、弁護士の仕事も楽である。事件の筋とは何か。それは依頼主の主張が、法律の主張に合致し、その主張を裏付ける証拠が揃っている場合をいう。

　たとえば、貸付金回収の事件では、借用書もあり、貸付金の領収書もある場合などが典型的である。この訴訟の場合は、いつ、いくら、利率いくら、弁済期はいつとの約定で貸し付けた主張をするだけでよい。借主は弁済したと主張するなら、貸主の領収書等を出さない限り、借主の負けである。

　しかし、弁護士のところにくる事件は、上記のような簡単な事件はそんなにない。事実が複雑にからみあい、感情問題に発展して、やっとの思いで相談するケースが多い。そんなケースほど、証拠がない。

⊠借用書のない貸金請求事件

　お金を貸したが友人だから借用書を取らずに金を貸した。弁済期も過ぎたので返済の請求をしたら、借主は「おまえが俺に貸したという証拠はあるか。裁判するならせい」と開き直る。貸主は、「友人が『子供の入学金がないから、何とかしてくれ』と土下座したから、貸してあげたのに、あの態度は許せない」と憤る。こうなると金の問題ではない。借主を法廷に呼び付けてぎゃふんといわせなければおさまらない。こういう証拠がない事件が困る。しかし、貸主の気持はわかる。何とかしてあげなければならない。

　「あなたは、その貸金は定期預金を解約して貸してあげたのではないですか。銀行に行けばその証拠が見つかるかもしれませんよ」というと、貸主の顔はぱっと明るくなった。私は訴状を書いて、貸主と借主の友人関係、貸主

124

の預金状況、借主の子供の入学状況等の間接事実をコツコツと立証していって、貸主の貸し出し状況を再現していった。借主は段々バツが悪くなったのか、顔の表情もさえなくなった。裁判官が、すかさず双方に和解勧告をした。和解の席で私は借主に「恩を仇で返すな。あなたの子供の入学のために、折角の定期預金を解約してあなたに貸したのに、あなたの態度は何だ。金がないならないと素直にいえ」と怒鳴った。

　借主は、「今金がないから返したくても返せない」と涙声で言う。私は依頼者の貸主に「借主も男の意地とメンツで嘘をついたのですから、許してあげましょう。長期分割にすれば、返済ごとに彼も謝罪していると思えばいいじゃないですか」といって説得した。貸主は、「借主が頭を下げればいいです」という。私は、まず借主に頭を下げさせて和解でまとめた。

⊠先輩弁護士の教え

　私はある先輩弁護士（故人）を今でも尊敬している。その弁護士は、ある時期から受任事件も多くなり、その事務所にはヤクザの出入りも多かった。しかし、若い弁護士にも決して横柄な態度をとらず、筋悪事件をねばり強く和解に持ち込んで、常識ある結論の和解をまとめられていた。

　ある時、その先輩弁護士が担当している事件の依頼者が、依頼を断って、私の所に事件の依頼をしてきた。私はその先輩弁護士に事情を聞くと同時に、弁護士仁義を切った。すると先輩弁護士は「あいつ（依頼者）は、詐欺師だ。若い君が受任してはいけない。私はあいつの事件を手弁当でやっている。これ以上、弁護士の犠牲者を出すべきではない」と懇切に指導してくれた。

●視点・論点●

・長老弁護士の次の言葉をかみしめよ。
　「若い頃は受任事件が本当に欲しい。しかし、事件屋は若い弁護士を狙ってやってくる。なぜベテラン弁護士ではなく、若い弁護士である自分の所に来るのかをよく考えろ。そういう場合、必ず事件本人を連れて来いと言いたまえ、必ず事件本人を連れて来ないよ」

第3章　弁護士の役割とは何か

61
紛争解決の視点は社会常識で
【法律とは紛争解決の道具に過ぎないと銘ぜよ】

⊠中坊公平弁護士の言葉

　かつて日弁連会長だった中坊公平氏は、常日頃から、「法律は道具にすぎない。大工さんが、のみやかんなを道具として使用するのと同じだ」と言っておられた。私も全く同感である。

　まず法律があるのではない。国家秩序や市民社会秩序の紛争解決の道具として法律が存在しているにすぎない。法律は、社会常識を規範化しているにすぎないので、法律万能主義は基本的に間違いである。法律を少々かじっている人に限って、とかく「法律はこうなっているから、あなたの主張は間違いである」と主張する。若い法律家にもよく見られる現象である。

⊠発想の原点は常識論である

　そもそも法律は紛争を解決する手段にすぎないのに、それを絶対化しがちである。紛争が生ずれば、まず常識的にみてどう解決すべきかと発想すべきである。その解決の発想や理論的展開として法律をみて解決すべきである。法律ですべてを規定できるわけがない。法律は人間が考えて制定したにすぎないからである。まずは、原理、原則——それは常識論であるが——から考えて、この紛争の落ち着き先はどこにあるかを見つけるのが先決である。

　私が、若い弁護士に常日頃指導していることは、「判例、通説の拘束から解放されろ。裁判官的発想を止めろ」ということである。「まず紛争の実態を見て、自分の頭で考える。自分の考えが間違っていないかを判例、通説で確認する。判例、通説と異なっていたら、それらの問題点を探求する。判例や通説もいつかは少数説に転化する可能性があるのだから、勇敢に理論化しろ」と言っている。

126

ただし、依頼者は、判例や通説はどうかの点については関心がない。「私は、裁判で勝ちますか」の一点にのみ関心があるから、その結論をいうのが先決であり、その際、判例や通説の見解と事件の見通しを伝えるべきである。

⊠ベテランと若手の違いは結論の立て方にある

私は、依頼者の話を聞いて、はじめに結論ありきで、後で理論化することが多い。「あなたのいうとおりの事実だったら、常識的にみて、あなたが勝つのが筋でしょう。その理由はこうである……」。そして法律や文献を示して説明する。

ベテラン法律家ほど、まず結論を出し、理由を聞かれてから理由を考える人が多い。若い法律家ほど、自分がいかに知識を有しているかを顕示するため、A説、B説、C説ととうとうと並べ立てたがる。

私も若い頃は、とうとうと知識を披瀝していた。しかし、ベテランの弁護士と共同受任すると、ベテランほど口数が少なく、説明も平易であり、かつ常識論の範囲内の説明である。私はいたく反省して、それ以降常識論で説明し、法律＝常識論＝紛争の道具論を展開している。

判例、通説であっても、それは異説、少数説、多数説、通説と変遷していることを銘記されたい。法律解釈は価値判断作業であるから、時代背景や歴史的推移で解釈も変遷してくる。法律解釈は必ずしも $1 + 1 = 2$ ではない。それは0かもしれないし1あるいは3かもしれない。法律家とは人格をかけて解釈作業をする存在なのだ。

●視点・論点●

・社会で幅をきかせるのは知識ではなく知恵である
・法律万能主義者は知識ですべてが解決できると思っているが、それが間違いのもと

第3章　弁護士の役割とは何か

62

ビジネスの王道は信頼づくりにあり

【弁護士の世界もこつこつと地道な仕事】
　振りが信頼を得る

◪いまだ接待の強要がまかり通る世界を嘆く

　顧問会社から、時々プロ野球や相撲、観劇の券をいただく。ある顧問会社がよくチケットをくれるので、ある日私は社長に「この券はよく手に入りましたね。感謝します。家族か秘書のために使わせていただきます」とお礼を言った。ところが社長から、「こんなのお安いご用ですよ。銀行や取引先から接待の強要を受けますので、福岡ドームの指定席や相撲の升席をあらかじめ予約しており、接待要請があったときに券を差し上げます。ひどいときは、佐賀や北九州のクラブで飲んでいる席から、今から来いと言われますよ」と言われて驚いた。

　私は社用族の言葉は知っていたが、銀行が融資先に平気でただ酒を強要していると聞いて怒りを覚えた。私は弱い者をいじめて、タダ酒を飲む人種は大嫌いである。取引に有利になるように接待をしたり、受けたりするのはビジネス社会では有用であるとは承知している。しかし接待の強要は許せぬ。

　私はその社長に、「その銀行の幹部を知っているから、何かの折に私が皮肉を言おうか」というと、社長は「そればかりはやめてください」と必死になって頼む。ゼネコンで元請けが下請けに接待を強要しているという噂は時々聞いていた。弁護士でも、手数料よりも接待費が高くつくと嘆いている依頼者の存在も聞いている。

　私は依頼者から接待を受けたときは、当初の2回は断るようにしている。「今夜、貴社の訴状を書こうと思っていたが、接待を受けたら訴状の提出日が遅れるよ」と言って断ると大概納得してもらえる。もっとも、この手は2

128

回目までであり、3回目になるとお高くとまっていると批判されるので、3回目の接待は時間をやりくりして応じることにしている。

しかし、接待を受けるのは、若い時は珍しくておいしい食事にありつけることから嬉しかったが、神経を使うから料理はまずいし、酒を飲むのに体力を要する。それよりも記録の読み書きの時間が奪われるのが一番困るのである。私はアンチゴルフ派であるからゴルフの接待も断るし、夜の飲食の接待も断る。接待で仕事が増えるというのはありえないと思っている。中洲で知り合った人からの事件の依頼は、この20年間のうちにはたして2〜3件あったであろうか。

⊠弁護士は広告よりも口コミのほうが大切

やはり、仕事を地道にこつこつとやって依頼者の信頼を得て、口コミや紹介で依頼者を増やしていくしかないと思っている。ビジネスの王道とは、やはりこつこつと仕事をやるしかない。私の顧問会社でも取引業者に接待を強要して左遷された人間を何人か知っている。私はその会社はまともな会社であると思っている。やはり弱い立場にいる人を結果的にいじめるのは、人間としては最低であると思っている。

弁護士にも広告が解禁された。しかし、私は広告をする意思はない。私は若い時に、マスコミに売れている弁護士に「マスコミ効果はありますか」と尋ねたことがある。その弁護士からは、「ないよ。あってもやってくるのは筋悪事件だよ」とマスコミ効果は期待するなと忠告を受けたことがある。広告をして顧客が本当に集まるのか。多重債務者対策では広告の効果はあるかもしれない。しかし、ほとんどの弁護士が広告を打ってないのは、何を意味しているのかよく考えればわかるはずだ。

●視点・論点●

・弁護士業務もビジネスの王道である口コミの宣伝効果が一番である

・弁護士も1つひとつの事件を誠実にやり、かつ、フェアな解決のため全力投球していくしかない

第3章　弁護士の役割とは何か

63

人に借りをつくると人生が窮屈になる

【接待を断ったからといって仕事に影響はない】

⊠接待には必ず理由がある

　私は若い頃、毎月、事務所の顧問会社に法律相談に行っていた。毎回昼食の接待付きである。当初は訳のわからないまま豪華な昼食の接待を受けていた。しかし、仕事が忙しくなると接待の時間がもったいなくなる。

　そこで、私はある日、昼食は自分で食べますから法律相談の時間開始時に貴社に伺いますと言ったところ、担当者は真顔で困るといって必死になって抵抗するのである。私は不思議に思って、事務所のボスに「接待を断ったら必死になって抵抗を受けましたが、そのような場合ボスはどう対処しておられますか」と尋ねた。

　ボスは「それは弁護士をだしにして、自分達もおいしい食事をしたいのであるから、付き合ってあげなさい。ただし私はカレーライスが好きだからと言って、いつもカレーライスを食べている」と教えてくれた。そこで初めて社用族の実態を知ったのである。

⊠貸し借りのない人生は居心地がよい

　また、私が弁護士になった時、指導弁護士から「弁護士はタダ酒を飲むな。接待を受けたら、二次会は必ず自分の行きつけの料亭、クラブ、スナック、小料理屋に連れていけ」と指導を受けた。若い頃は体力もあるし、依頼者を増やすためにできる限り接待には付き合うように努力した。

　しかし、自分がだんだん年をとってくると接待を受けるのにも体力勝負だと気づき、極力接待を断るようにしている。仕事が忙しくなったということもあるが、自分の人生が残り少なくなってくるとやることが多くなり、その時間の物理的制約も見えてくるので自分の時間をもつことが貴重になってく

130

るのである。また、私が神経を使っているのが破産管財人や会社更生管財人としての接待である。管財人は、この仕事については、みなし公務員として贈収賄罪の対象となる。

ある管財事件の時に、いきなりオーダーシャツが送付されてきたのに驚き、直ちに宅配便で送り返したこともある。また、酒食の接待の誘いを受けたこともある。私はいつも、「1万～2万の接待を受けて弁護士資格をはく奪されるのはいやだね」といって断っている。

しかし、中にはウマが合う債権者もいる。その場合は、私が逆に接待して、債権者の意思を聞くことにしている。私は基本的には貸し借りがない人生を送りたいと思っている。私が一方的に尊敬し慕う人には、「親分、ボス」といって私から近づき、酒食を共にして、教えを乞うことにしている。その場合でも基本的に割り勘で支払うのが一番気持がいい。今日の不況時代、社用族はめっきり減った。私の行きつけの店や知り合いの店も社用族の減少で閑古鳥が鳴いている。日本でいかに社用族が幅をきかせているのかを象徴している。はたしてこれでよいのであろうか。

私がかわいがっていた銀行員に、私がごちそうするから夕食を一緒に食べようと誘うと、その銀行員は「支店長の決裁を仰ぎます」と言っていた。私は驚いて、「何の決裁をもらうのと」尋ねると、私と飲酒することの決裁であると言う。私は驚いた。銀行員は特定の取引先と癒着しないように支店長が目を光らせているのに初めて気付いた。また、私はヤクザから高級なブランデーやウイスキーをもらっても、自分では絶対に飲まず、事務所に出入りする銀行員にそれを贈与していた。すると銀行員はそれを自分のものにせず、支店にプールして支店の飲み会のときに飲むと聞いて、さらに感心した。

●視点・論点●

・銀行は人間の弱さを知っていて銀行員を律している

・銀行員に限らず、人間皆自己を律するために過度な接待は避けるべし

第 3 章　弁護士の役割とは何か

64

群れずに果敢にひとりで闘う

【旗幟を鮮明にしなければならない労働】【弁護士の不思議】

☒旗幟を鮮明にしないと懲戒処分になるという不思議

　労働問題を取り扱う弁護士を通常「労働弁護士」という。労働弁護士の中で労働者側の代理人を狭義の「労働弁護士」と、経営側の代理人を「経営法曹弁護士」という。それぞれ「労働弁護団」と「経営法曹会議」という団体を結成している。私も労働問題を扱っているが、いずれの組織にも属していない。私は組織の拘束がいやで弁護士になったのであるから、わざわざ組織に加入して、徒党を組むのがいやだからである。一匹狼で弁護活動をするのが、本来の弁護士のあり方という思いも強くある。

　私は司法試験の受験科目が労働法であったことから、労働問題には強い興味があった。司法修習生のとき、指導弁護士が経営法曹のメンバーであったから、「私も労働弁護士になる」と言ったところ、すかさず「どっち側につくか」と聞かれた。

　私は、「友人が解雇されたら労働者側に、依頼者が会社であるなら会社側につくのが当然でないか」と返事した。恩師はすかさず「それでは弁護士倫理に違反して懲戒処分を受けるぞ」と一喝した。

　その時の私はその意味がわからず、労働者側弁護士に同じ質問をした。その弁護士もやはり「懲戒処分になるであろう」と言う。なぜ弁護士は旗幟を鮮明にしなければならないのかとずっと疑問に思っていた。

☒群れずにひとりで考えて果敢に闘う

　この20年間は労働問題が下火になり、私の事務所にも労働事件はあまり来なかった。

132

しかし、顧問会社が増加してくると、どうしても労働問題の相談が増加し、私のほうが強硬に解雇すべしとアドバイスするケースも増してきた。現に数件の労働問題の裁判を抱えている。

近頃思うことは、労働問題だけは、やはり労働者側か使用者側かの立場を鮮明にしないとダメだということだ。労使双方の依頼者がいると言ったら、おそらく依頼者自身がこの弁護士は本当に自分の代理人として信用してよいのかと不信感をもつだろうと思うようになった。しかし、私はそれでもどちらかの団体に加入するのを好きになれない。団体を結成しなければ問題の対処ができないのか。弁護士は群れるのを本質的に嫌う人種でないかと思うからである。

私も組織の影響力の大きさと気安さは十分評価するが、やはり私は弁護士はひとりで考えて果敢に闘う道を選択したいと思う。

私は、弁護士は逆立ちしても組織には勝てないと思っている。影響力が全然違うのである。弁護士は大きな事件や有名事件に勝訴すれば、数日間はマスコミにちやほやされるが、所詮線香花火でないかと思う。組織の影響は地味であるが、じわじわと社会全般に力を及ぼしていく。だから、私は依頼者が組織の一員であろうが、相手方が一員であろうが、「貴方は出世しなさい」と勧めている。組織で出世しない限り、影響力の行使はできないからである。弁護士という人種は、知り合いの組織人が出世したら、「私を顧問弁護士に迎えてよ」と冗談を言うくらいで、本当にライバル心はなく、知人・友人の出世を心から祝福できる人種である。

私は弁護士になった者は組織が嫌いでなった人種だと思っているから、群れるのは弁護士の本質に反するのではないかと思っているのだ。

●視点・論点●

・弁護士という人種は、組織になじまない
・しかし、弁護士は依頼者であれ相手方であれ、その人の出世を心から祝福できる人種でもある

第3章　弁護士の役割とは何か

65
法律万能主義者になってはならない

【法解釈とは「解釈者の価値判断」である】

▨弁護士が専門家たるゆえんは常識力にある

　世間の人は弁護士等の法律家は六法全書をすべて暗記していると誤解している。法律家は六法全書なんか暗記しておらず、必要に迫られてその都度、六法全書を見て確認している。

　知らない法律が大多数であり、むしろ業界法などは依頼者のほうが詳しい。私は「本件問題は何法の問題ですか」と素直に聞いて業界法を教えてもらい、その場で初めてその業界法を見ることがたびたびである。そしてその業界法を斜め読みして、その法律体系を頭に入れる。それからその関連の本を探して目次読みをして問題点を考えることにしている。

　法律家が専門家たるゆえんは、初めてその法律を見て、即座に体系化し、解釈論を展開できるかどうかであると思っている。しょせん、法律は常識である。一読して理解できない法律は悪法である。法律というのは、何度も指摘するが、結局のところ紛争解決の道具にすぎず、丁度それは大工ののみやのこぎりと同じようなものである。

▨法律万能主義者の弊害

　法律万能主義者は、「それは法律ではこうなっています」と回答しがちだが、それなら今日のコンピューター時代では、六法全書もすべてコンピューターに入っているのだから、この場合はどうしたらよいかとコンピューターに聞けば、コンピューターが回答して、弁護士等の法律家はいらないことになる。

　やはり紛争解決はコンピューターだけでは解決できないはずである。それは法律家の解釈作業が介在するからである。法律解釈は「解釈者の価値判

134

断」と「紛争の本質の実態把握」である。そこに法律家の人間性がまさに問われる。法律家が人間の機微や世間、経済を知りそして雑学の大家となれといわれるゆえんである。

依頼者とじっくり打ち合わせすることにより紛争の本質が見えてくる。法律万能主義の法律家を、私は「歩く六法全書」と言って軽蔑している。それはコンピューターに聞けばいいだろう。法律を教条主義的に適用して本当に紛争解決に連なるのかと疑問をもつのである。これは必ずしも弁護士だけではない。裁判官にもそういう人種は多数いる。

法の支配の概念とはちょっと違う。法の支配は、本来紛争解決は法律で解決すべきであるが、それはあくまで常識ある解決を企図しているのである。その常識を会得するのは日頃の鍛練と人間性を磨くことしかないと思う。

ある高裁裁判官とパーティーで話をしていたら、「あの事件は控訴も上告もすべき事件ではない」と言った。私はこの裁判官は人間の痛みや苦悩がわかっていないと思った。なぜ出費までして不服申立てをするのか。その思いを裁判官は何と思っているのか。そこには法律万能主義の考えが強くあるからそういう発言になるのだ。人間性をわかっていない。

そもそも法解釈というものは、解釈者の価値判断作業の結果である。法律万能主義者はこれが理解できていない。彼らは1＋1＝2と思い込んでいる。しかも、その解釈作業には、人間性、紛争の本質は何かということを常に念頭において、その人の価値判断分析が行われているか否かが、常に問われていることを銘記すべきである。

●視点・論点●

・法律は何のために存在するのか、法律の機能とは何かと問えば、その答えでその人の司法哲学がわかる
・法律は社会の秩序維持と紛争解決の道具的役割を果たすものにすぎない

第3章　弁護士の役割とは何か

66

知識を前提に知恵を絞って紛争解決する

【法律に振り回される法律家は物事の本質を理解していない】

▣知恵を生かした大岡裁きに学ぶ

　知識と知恵は異なる。勉強をすれば知識は増えるであろう。しかし、社会生活でものをいうのは、知識ではなく知恵である。知識を活用して、知恵を出す。知恵で物事の本質を見極めて、解決策を見出す。これが本当の勉強の成果であると思う。

　法律家も同様である。法律家は生涯勉強して知識を増す努力をするのは当然である。しかし、法律家は知識を前提にして知恵を絞って紛争解決をなすべきだと思う。知識に振り回されている法律家があまりにも多い。

　なぜ「大岡裁き」が日本国民に人気があるのかを考えればよくわかるはずである。大岡越前守は娘の親権者を決定するのに、産みの親と育ての親に娘を両方から引っ張らせて、娘の痛いという泣き叫ぶ姿を見て手を離した産みの親を親権者と認めたのである。この大岡裁きは、人間の知恵を生かした裁きである。そこには、本当の親なら、目先のことより娘の泣き叫ぶ姿にはっと我に返るはずだという思いがあり、これが、人間の本性を見極めた裁き、人間性、人間味のある裁きとして国民の喝采を浴びるのである。

▣法律を振り回す若き破産管財人を説得

　私が申立てをした破産者は種々問題のある人物であった。破産管財人の弁護士は、「私は法律や裁判所の意向を汲んで、この破産者の免責を認めません」と宣言した。

　私は、思わずこの破産管財人に対して、「あなたが破産免責不許可にして

136

喜ぶのは誰か。破産者の免責問題で徹底的に調査したら、破産者全員が免責不許可になるであろう。そもそも免責制度は、債務奴隷解放制度であろう。リンカーンの奴隷解放の債務奴隷版であろう。あなたが真面目にやるのははたして正しいのであろうか。弁護士は見て見ぬふりをする勇気も必要でないか。もう一度免責制度の立法趣旨をよく考えてみたらどうか」と説得した。

この議論に参加していた他の弁護士も私と同様の意見であった。その若い破産管財人は、私の発言にぽかんと口を開けて聞いていたが、今までの自分の考えが根底から覆っている心理状態であることは手に取るように私には理解できた。そこが知識と知恵の違いである。おそらくこの弁護士は、法律——知識がすべてであり、法解釈がすべての生活であったはずである。

しかし、法律というのは所詮、紛争解決の道具にすぎない。法律に振り回されているのは、真の法律家ではない。法律家は法律を武器にして知恵を出して、紛争の本質や立法趣旨を考えて事に対処するべきである。

私は、法律を金科玉条の如く振り回す法律家をみると、へどがでる思いである。そういう法律家を世間では「三百代言」や「悪しき隣人」と呼んで軽蔑するのだ。

法的思考というものは、紛争の本質をみて、それを社会常識に沿う解決をいかにするのかを自分の頭で考えるものと思う。法律は所詮社会常識の賜物である。法律を至上と考えるのは誤りである。

だからこそベテラン弁護士が20分から30分くらい相談者の話を聞いただけ、その場で「これは貴方の勝ち」「貴方の負け」と判断するのは、紛争の落ち着き先がわかるからなのだ。それは正に、知識ではなく今までの人生経験を踏まえて得た知恵の活用にほかならない。

●視点・論点●

・知識だけを振り回している弁護士があまりにも多い
・横文字をむやみやたらに使用したり、学説・判例を引用する人種は本当に法的思考ができているのであろうか

第3章　弁護士の役割とは何か

67

相手を説得できない議論は時間の無駄

【裁判官に対してはしつこく説得しないと理解してくれない】

▨説得できない議論は時間の無駄

　私は昔から議論が好きでよく議論していた。若い頃の私の議論のやり方は、相手を論破するまで徹底的にやり、論破する快感を求めていたのである。私の学生時代は、70年安保世代でかつ全共闘世代でもあったことから、毎日議論の連続であった。大学当局とは大衆団交をし、反対派とは議論をして説得活動を熱心にやっていた。その頃の学生は、相手を論破するためにいろんな本を読んでよく勉強したものである（大学の授業は当然ながらボイコットした）。

　弁護士になっても学生時代の延長で議論をしていたが、相手は同世代ばかりでなく、年長者も多数いる。若い頃、議論していた相手が急に黙り込むと自分が議論に勝って論破したと思っていた。しかし、自分がだんだんと年を重ねていくと、議論の途中で嫌になり、私のほうが沈黙することになった。「これ以上議論しても、相手はとうてい私の主張を理解するとは思えない。時間とエネルギーの無駄である」と思うようになったのである。

　昔、年配者から「君は若いねぇ。書生論だね」とニヤニヤしながら言われ、議論が中断したが、若い頃は、それは相手を論破したと錯覚していた。しかし今になって思えば、それは私の今の境地と同じで、こいつと議論しても時間の無駄として引導を渡されたのだと気付いたのである。そこが書生と年配者の生活の知恵の差である。私も相手の顔の表情や器をみて、議論を続けるべきか否かを常に考える年齢となったのである。

138

⊠相手が裁判官であればしつこく主張、説得が必要と心得よ

　私も妻から文句を言われたとき、「君がすべて正しい、誤りはすべて私にある」というと夫婦喧嘩にはならない。当然のことながら妻は私をおちょくっているとさらに怒り出す。過去の先輩との議論を振り返ると、賢い先輩はみな、急に黙ってしまったり、ニヤニヤしているだけであった。若い頃には見えない生活の知恵や賢い対処の仕方があるのだ。

　ところが裁判となると、相手方や裁判官を馬鹿だと思って議論の手抜きをすると、必ずといってよいほど敗訴する。裁判は裁判官に対する説得活動なのである。主張や立証活動に全力を注いでも裁判官の説得活動に失敗すれば敗訴する。元裁判官出身の弁護士の主張や立証は本当にしつこく、同じようなことを何度も聞いてダメ押しをしている。その理由を一度聞いたことがあるが、それに対し「これで裁判官は当方の主張を理解してくれたと思うのは早計であり、しつこく主張しないと裁判官は理解できないものだ」と言われたときは、唖然としたし、元裁判官でも裁判官への不信が根強いことに驚いたものである。議論も TPO に合わせて議論のやり方を変える必要があるのだ。

　人は年をとって初めてわかることや感じることがある。若い頃には諺や長老の言うことを古くさいものだと馬鹿にしていたが、齢を重ねるに従って、諺や長老の言葉が腹にストーンと落ちて理解できるようになる。人間やはり年をとらないと、理解あるいは見えてこないことがあるのをやっと理解するのだ。

　議論の仕方でも同じだ。論破したことが相手を説得したことではないということは、年をとって初めてわかるのだ。

　私も加齢とともに世間の知恵がわかり始めた。これは人間の性なのか。

●視点・論点●

・年を経てやっとわかることが、世の中には多い

・ただし、裁判官には、これでもかとしつこく主張、説得すべし

68

弁護士は万能でないと自覚せよ

【解決する戦略戦術がなければ安請け合いしない】

☒弁護士は万能であるとの世間の誤解

世間の人は、往々にして、弁護士の所に駆け込めば何とか自分の立場が有利になると思っている。それは錯覚にすぎない。自分で借金をしたり、連帯保証をして数千万、数億円の債務を負い、何とかしてくれと来る。自己破産や債務整理の解決金がある場合は、何とか方策を講じることができる。しかし、自己破産はイヤだし、解決金の用意もできないのでは、いくら有能な弁護士でも手の打ちようがない。その旨説明すると憤然として、「何でもできる弁護士と聞いてきたのに、できないのは無能弁護士でないか」と批判する。

しかし、弁護士は法の支配の下に法律に則って紛争解決するしかない。弁護士の武器は法律あるいは法の支配である。それを逸脱した場合は、事件屋、整理屋、暴力団と同じ地位に堕する。そして弁護士倫理の枠もある。そこを理解していない人は、とかく、弁護士は万能であり、何事も解決できると思いがちである。

☒若手弁護士は限界を知るべし

それは若い弁護士にもそういう錯覚、幻想がある。借金をして返済しないと風俗嬢に売られると聞いて、同情して何とかしましょうと安請け合いをした。彼に、救済する方針は何かと質問しても、方針はない。私は、若い弁護士に「確かに可哀想な事案であるが、解決する戦略戦術がないのでないか。弁護士は万能ではない。弁護士の限界をよく知ったうえで依頼者の相談に乗るものだ。安請け合いで何も依頼者の利益にならなければ、それは弁護士の着手金稼ぎといって非難されるよ。弁護士介入のメリット、デメリットを十分説明したうえで、依頼者がどうしてもといっても、紛争解決の戦略戦術が

定まらない場合は、依頼を断るべきである」と言って説教したことがある。

⊠依頼者との一定の距離感を保つことが必要

　世の中は正義感のみでは生きていけないのだ。正義感は弁護士の根底に常に存在すべきである。しかし、法律万能のみでは紛争解決には至らないのだ。紛争解決のキーワードはやはり常識である。法律、義理、人情を加味した常識でもって解決していくしかない。そして弁護士はあくまで代理人であるから、依頼者と同じ感情を持って紛争に臨んだのでは、代理人の役割を果たすことはできない。やはり、弁護士は依頼者と一定の距離を置いて、斜めに構えて依頼者の要求を妥当か否か線引きするべきである。

　私の線引きが依頼者に不利に引かれると、依頼者からどっちの味方かと批判される。これに対しては、「私は正義の味方だ」といって依頼者を説得することにしている。依頼者のあくなき要求に従う弁護士では、それは本当の弁護士ではないと思うからである。

　確かに、不条理、不正、人権侵害の事件に遭遇した場合、その原因と対策を講じる必要がある。しかし、まず私たち弁護士は現行法で救済できるのか否かを慎重に考えるべきである。現行法で救済できないときは、立法運動をして、救済措置を講じるように図るべきである。それは丁度、我々が被疑者国選弁護士制度を樹立したように、「当番弁護士制度運動」をし、その運動が一気に2年間で全国を制覇して、約18年後に被疑者国選弁護士制度を樹立することができたように。

●視点・論点●

・弁護士も身の丈を知るべきであり、身の丈の役割しかできないことを依頼者に説明すべし
・正義感に燃えるのは必要であるが、それが単に空振りに終わらないように見極めなければならない

第3章　弁護士の役割とは何か

69
専門性は依頼者や世間が評価するもの

【不得手の分野は他の専門家を紹介するのも】
【顧問弁護士の大切な役割】

⊠不得手なら他の弁護士を迅速に紹介する判断力が求められる

　私が担当した会社更生事件で顧問弁護士の役割を考えさせられた。顧問弁護士が、顧問会社の経営の危機に瀕した場合に適切なアドバイスと処置をしないと、倒産する事態に陥る。資金ショートするのは必定という場合に会社の倒産を防ぐにはどうするか、会社更生か民事再生か再建型任意整理かを選択するのは弁護士が経営者の意向を聞いて各メニューの長所、短所を教示して指導する必要がある。顧問弁護士が方針を決断することができない場合には、その分野に詳しい弁護士を紹介する必要がある。

　医者の世界では専門化が進んでおり（逆に現在では専門化が進みすぎてかえって弊害がでてきている、専門分野の再構成化が言われている）、内科の医者は外科の分野については外科医に転医を勧めるのが常識であり、かつ、転医が遅れた場合は、その過失責任が問われる。

　私も医者の子供だから、父が自分の専門分野外と判断した場合は、迅速に専門医に転医させていたのをよくみていた。転医先の医者がよく「転医があと少し遅れていたら死亡しただろう」と言っていたと患者さんから感謝の言葉を聞いていたので、私も専門分野以外の問題については、あまり抱え込まずにその道の専門弁護士に紹介することにしている。そのことで依頼者から無能弁護士と軽蔑されることはなく、むしろ感謝されることが多い。

⊠専門性を決めるのは自分ではなく世間が決めるもの

　私が弁護士3年目の時、商標権の事件を受任した。相手方の長老弁護士から「この問題は難しいのであるから、君でなくもっとベテランの先生を紹介

したらどうか」と言われたことがある。その時は、若輩者と小馬鹿にしてと立腹したが、その先生は「無知、不勉強では火傷をするよ」との私に対する親切な忠告をくれたのだと今では理解できるようになった。そこで、大企業では、総務、労働、債権取立て等と各分野ごとに顧問弁護士を採用しているのだ。

しかし、中小企業では何人も顧問弁護士を雇用する経済的余裕はない。経営が厳しくなると、経費削減の一環として顧問弁護士との契約を解約するのは日常茶飯事である。顧問弁護士も顧問先の経営状態を常に把握して、かつ、法律も勉強して自分の得意分野でない場合は、適切な弁護士も紹介する勇気をもつ必要があると考えさせられた。

他方では、事件の解決というものは常に未知の分野との遭遇の連続であるから、若い頃は得意・不得意という分野はあまりない。勉強して、知識、知恵を開拓するしかないのだ。私が尊敬する長老の弁護士から「たとえ自分がその分野に自信があったとしても、自分からはこの分野の専門を自称すべきではない。専門・得意というのは依頼者、世間が決めるのだ」と言われ、私はそれを肝に銘じて、日々こつこつと勉強するしかないと思っている。

医者の世界では、「専門医制度」がある。その学会に出席して一定の試験に合格すれば、専門医の認定を受ける。しかし、現在でははたして専門医制度は機能しているのかと議論されている。意外なことに、専門医は単なるペーパーテストではなく、実床例がものをいうのではないかとの疑問である。

弁護士界でも専門分野の標榜制度が議論されたことがある。その時の最大の問題点は、誰が専門と認定するかであった。特定の分野をこつこつと勉強し、かつ仕事に従事して、世間がその人は○○分野の専門家と認定するのだ。

●視点・論点●

・私は自称の専門家は信用しない
・専門家と認定するのは依頼者と世間だ

第3章　弁護士の役割とは何か

> ### 70
> # 破産会社を従業員持株会社にして再建
> ## 【従業員の雇用を確保するのも弁護士の使命】

❎取引先の全面支援をとりつける

　私の友人が顧問をしている会社が自己破産した。その会社は、全国に5カ所の工場と営業所がある。「従業員たちが各工場単位で会社を作りたいと言っているから相談に乗ってくれ」と言う。

　私は地元の工場長に早速会った。その工場は二部門あった。話を聞くと、一部門の責任者は余りやる気はない。私はその部門は棄てて、残る一部門を生かそうと提案した。工場長に「自分達の会社を設立せよ。出資金はたとえ1万円でもいいから、全員出資せよ」と指示した。

　工場長が社長に就任した。問題は会社の土地、建物と什器備品をどうするか、また、取引先をどうするかである。取引先は、この工場の出荷が止まると全国の製造過程がストップし、莫大な損を被るのだ。得意先は上場会社ばかりである。

　上場会社の取締役が私に、「何とか工場を再開してください」と頼む。私はこれ幸いと思い、従業員会社構想を説明した。得意先はこれに賛成するばかりか、「材料を供給するから手間賃稼ぎを当分の間すればいいじゃないか」とまで逆提案してきた。従業員の一部には、倒産すると暴力団が介入してくるのではないかと不安を訴える者がいて、私と得意先が説得することになった。

❎従業員のやる気さえあれば会社の再建はできる

　私は得意先の取締役の立ち合いのうえで、工場に全従業員を集めて、ゲキを飛ばした。「今までは皆さんは従業員であった。明日からは皆さんの会社

144

を作り、皆さんがオーナーである。幸いこの得意先の大会社の取締役も皆さんを応援すると言っておられる。取締役、間違いないですね」と従業員の前で尋ねると、「間違いありません」と答えた。「ほら、この通りだ。皆さん、自分達の会社のために頑張りましょう」と激しくアジ演説を30分にわたって行った。

「工場や機械は、破産管財人が何か言ってくるまで無料で使え、ただし、将来、管財人に使用料を支払うため利益をストックしておけ」と指示した。管財人は東京の弁護士であるから、九州の工場まですぐには来ないとの計算である。

私が九州工場を指揮しているのを管財人は知っていた。3カ月後に管財人と会い、土地建物の賃貸借契約書および機械等の賃貸借契約書を締結した。その間に相当の内部蓄積ができており、何とか支払える目途がついたのである。

得意先も工場の確保ができたので、新規製品の発注もしてきて、材料屋も掛け売りをしてくれるようになり、経営のスタートは順調に滑り出した。各工場はもたもたしていたが、従業員会社の支店や工場となった。

私は時々社長から営業報告を聞き、経営が順調にいっているのを確認している。従業員の脱落者もなく、私は「この工場の敷地も買え」と今はゲキを飛ばしているのである。

●視点・論点●

・会社再建において、従業員の不安を取り除き、やる気を起こさせるのも、弁護士の重要な任務である
・従業員が一致団結し意欲が高まれば、会社再建に希望が見える。再建の一端を担う弁護士には喜ばしい限りである

第3章　弁護士の役割とは何か

71

交渉ごとは役割分担が必要

【まずは当事者同士の交渉に任せ後ろで指揮をする】

⊠立退き料の交渉はまずは当事者で

　大会社の不動産課長をしている友人が、部下を連れて相談にきた。アパートの新築の注文を受けたが、旧建物を解体する必要がある。しかし、旧建物には賃借人がいる。賃貸人と賃借人とは親しい仲なのであまり金銭的問題でもめたくないが、立退料の提示額と要求額には約200万円の相違がある。立退料の相場があるかという相談であった。

　私は賃借人に債務不履行がない限り、立退料には相場はなく、両者の力関係で決まると回答した。

　友人は困った顔をした。昔の私だったら、「俺に任せろ。立退料の最高限度内で立退きさせるよ」と言っただろう。そのほうが弁護士として手数料も入るからだ。しかし、私のアドバイスは違った。

　「まず、部下を折衝役として派遣しろ。双方に親しい中であるから双方の主張の中間線位で折り合いをつけるよう説得しろ。課長である君はまだ表に出るべきでない、部下の折衝がうまくいかなくなってから、『いやいや部下が無理を言いまして』と言いながら、再折衝に当たり、それでもうまくいかなかったら、弁護士の出番だ」と言った。

⊠はじめから弁護士が前面にでると警戒されることが多い

　これには理由がある。昔、私が顧問会社の駐車場用地として終戦直後に建造された6軒長屋を立ち退かせた時に、多額の立退料を支払った苦い経験がある。立退交渉に赴いても、賃借人に債務不履行がない以上、賃借人から「弁護士さん、裁判になったら私は負けますか」と質問され、私は嘘をつけず、「さて、裁判官がどう判断しますかね」と言葉を濁すしかなかった。白

146

蟻もおり、消防署からも危険防止の警告を受けていたが、検証に赴くと、裁判官からは、「先生、この建物はまだ朽廃していませんね」と言われ、急拠、和解で解決した。

　不動産屋は法律に通暁していないことと、職務熱心で日参して立退き交渉をしている実態を、私は知っている。それ以来、私は信頼できる不動産業者であれば、私が影でアドバイスしながら、表面的には不動産業者を使って立退き交渉をする手法をとるようになった。交渉が成立すれば即決和解手続を、失敗したら立退き調停、訴訟を私が担当するという役割分担を決めた。

　友人は、私の提案に賛成して、早速、部下に折衝を命じた。10日後、友人から「君の言う通りにすべてなった」と報告があった。私は「大人の知恵で成功しただろう」と言うと、友人は「全くその通りだった」と言った。

　とかく弁護士に依頼すると、弁護士一任となるが、それではうまくいかない。弁護士と相当打ち合わせをして、事件処理の戦略戦術論を議論し、互いの役割分担を決めて互いに協力して事件処理に当たるべきである。そのほうがうまくいくケースが多い。弁護士が前面にでると相手が構えてこじれることも多いのだ。私へのお礼は菓子折り1個であったが、感謝されればそれで良いと思う心境となった。

●視点・論点●

・弁護士は出るタイミングを計るべきである。経験や失敗の積み重ねは、その判断の精度を上げる
・交渉ごとにおいては、冷静に、自己の役割を見定めよ

第3章　弁護士の役割とは何か

72

法律家は徒弟制度で訓練すべき

【知恵は先輩の指導と経験を積むことでつくられる】

▨ どんな業種でも徒弟制度によって人は成長をする

　私は弁護士も徒弟制度で若い弁護士を教育する必要があると思っている。

　私も2年間イソ弁をして独立した。弁護士登録しても知識として知っていても、実践の場ではなかなかその通りにはならない。自分なりに考えてボス弁の指示を仰ぎながら訴訟戦略戦術を構築していくしかない。知識と知恵は明確に異なる。知恵は知識をベースにして経験等を踏まえて生み出すものである。それは物の本には書いておらず、先輩の指導と経験を積むことにより自ら形成できるものである。

　裁判官や検察官に若き法律家の教育をどうしているかと尋ねたことがある。検察官は決裁制度の下、部長、次席検事、あるいは検事正と二、三段の決裁で外部に方針を提示する。裁判官は右陪席や裁判長の決裁で判決を決める。官の方では徒弟制度で順次若い法律家を教育しているのである。これは法律家の世界だけではない。大工や料理人等の職人の世界では昔から徒弟制度は強固であった。手取り足取りの教えではなく、目や耳で盗んで覚えろというのが徒弟制度の教育である。これは企業の間でも同じように、姿は変えても徒弟制度が今日もあると思う。

　ある裁判官が裁判所所長に尋ねた。「私の起案は少しは役立っているのでしょうか」、「何を馬鹿なことを言っている。何も役立っていないよ。現に君の起案したのは当事者目録のみが残って、本文はほとんど朱を入れられているのではないか」と一笑に付されたという。その若き裁判官は、それに負けずに修練して後日名裁判官と言われるほどになられた。

　また、ある検察官は、取調調書を決裁に回すと、上司は一読してその調書

148

をくるくると巻いて取調官に対して投げつけた。取調官はむかっとしたが、決裁する立場になってみるとその時の上司の態度が理解できたと言う。私はこういう徒弟教育によってどの業種の人も順次成長していくものと思っている。

⊠経験の浅い者を無医村、無弁地域に派遣するのは無理がある

経験もない若い医者がいきなり無医村に行って、はたしてまともな治療をすることができるであろうか。それは医者も患者も不幸である。やはり一定のキャリアと経験を積んだ医者が無医村に行くべきであろう。

弁護士界も無弁地区に「公設法律事務所」を設置して、弁護士経験が浅い未熟な弁護士を派遣している。つい最近では、某公設法律事務所の担当弁護士が職務放棄をしたとして損害賠償責任を負うとの判決があった。私は、これは弁護士にも依頼者にも不幸な出来事であったと思う。経験が未熟な故に大量の事件が一度にわあっときたらパニック状態になり、どう処理していいか悩んだのであろう。これは、若い未熟な弁護士を派遣したのがそもそも制度設計のミスである。ある程度の中堅以上の弁護士を派遣する制度設計に変更するべきである。

無医村、無弁地域に若き専門家を派遣するのは素晴らしいことであるが、それがなかなか居つかないのは、その専門家の将来性、家族の問題があるからで、これらをいかに克服するかが根本的に問われているのだ。

●視点・論点●

・先輩の指導と自身の経験の蓄積は、実践の場でのあらゆる状況への対応を可能にする
・若き専門家は徒弟教育での鍛錬で成長できる

149

第3章　弁護士の役割とは何か

73

弁護士の営業とはいかに誠実に仕事をするかだ

【若いうちに楽することを覚えると不幸になる】

◆若いうちは汗水流す大切さを学ぶべき

　近頃は、テレビ、ラジオ、新聞等で弁護士や司法書士の事務所広告が大々的になされている。弁護士界では確か数年前に広告が解禁された。それまでは弁護士が広告すれば懲戒問題となった。いわゆる「弁護士の品位を害する」という理由だ。その哲学は、弁護士は、「武士は食わねど高楊枝」の精神である。しかし、弁護士の敷居を低くするために街弁として広告を解禁しようとしたのである。

　従前は電話帳に掲載する程度の地味な広告であったが、つい最近の広告は主として「多重債務者と過払金返還請求」をメインとしている。ましてや司法改革の過ちで弁護士増員が予想を越したので、弁護士の生活苦の打開策をねらっている。また、司法書士も簡易裁判所の訴訟代理権を授権されたということで、多重債務者問題は弁護士と司法書士との激しい客の奪い合いとなっている。

　多重債務者の問題は深刻であり、救済しなければならないが、それは先達のサラ金等との激しい闘いで判例の積み重ねやノウハウが確保されて、パソコンと秘書がいれば誰でもできる仕事となった。そして広告を出している人間に限って、多重債務者から過払金の返還額の報酬として平気で返還額の2～3割をもらっている。

◆弁護士の営業は一件一件を誠実にフェアに処理すること

　私は若いうちに楽な仕事で多額な報酬を稼ぐやり方は本人にとって不幸なことと思う。多重債務者問題は弁護士としてほとんど頭を使わない。このよ

150

うに若いうちに楽をしたら、おそらく本来の頭を使う弁護士業務が身に付かないのではないかと思う。ましてや過払金返還請求バブルは今年いっぱい（2010年）で終了するであろう。そうすると、その過払金バブルがはじけた後はどういう仕事に取り組むのであろうか。私は弁護士広告と多重債務者問題が連想されるので、広告には悪い印象しかもっていない。

　私が若い頃、一番マスコミに売れている弁護士の長老に尋ねたことがある。「先生、マスコミで集客反応がありますか」と。弁護士の長老は「ない。もしあっても、筋が悪い依頼者しかこないよ。マスコミを利用して営業活動するのは止めなさい」と言われた。私もその通りであると思う。依頼者を呼ぶのは、一件一件の仕事を誠実にフェアに処理し、口コミの紹介でこつこつ依頼者を集めるしかないと思う。つまり、誠実に仕事をして信用を得るしかないと思う。

　広告は一時的にはよき反応があるかもしれないが、実力がなければ客離れは早いものだ。この理は弁護士に限らず、すべての業種に当てはまると思う。私が現在裁判しているのは、医者が、ビル改装工事でクリニックの看板が一時はずされて患者が減ったという理由で、ビルオーナーを訴えている事件であり、同様の事件を2～3件抱えている。自分の実力不足を棚に上げて、よくこういう主張ができるものだと呆れ返っている。営業は口コミでやると言う古来からの商業道徳を考えるべきである。

●視点・論点●

・若いうちは汗水流し、実力を高めることに力を注ぐべし
・誠実に仕事に取り組む姿が信用を得、それが立派な営業となって、口コミが人を呼ぶ

第3章　弁護士の役割とは何か

74

一芸に磨きをかけるのがプロの仕事

【本業を真面目に一生懸命やれば道は開かれる】

◒プロフェッショナルが副業をすることには疑問

　NHK の「プロフェッショナル」の番組は時間が許す限り見るようにしている。番組に登場するプロフェッショナルは、一芸に秀ずるというか、ひとつの道を一生懸命に努力して、道を究めている。そして、プロフェッショナルとは何かについて語る言葉は実にシンプルである。私は彼らの生き様や言葉を聞く限り、人間、本業を真面目に一生懸命やっていれば、道は開かれ、一定の境地に達するのだという哲学を学ぶことができる。それは芸術家、スポーツ界に限らずあらゆる職業にも言えるのではないかと思う。

　私が疑問に思うのは、プロフェッショナルという一定の資格を有した人間が副業をやっている事実に遭遇するときである。この人は本当にプロフェッショナルかと疑問に思う。「二兎を追う者は一兎をも得ず」の格言を想起する。弁護士は基本的には副業を禁じられ、かつては会社の取締役に就任するのにも弁護士会の許可が必要であった（現在は届出制になっている）。

　弁護士が弁護士業務の他に副業として、たとえば不動産仲介業をやったら、依頼者や世間はその弁護士をどうみるであろうか。この弁護士は金銭に執着心が強い拝金主義者と思うだろう。私も不動産会社の顧問先を数社もっているが、不動産の売買のときは神経を使う。物件ごとにこれは大手不動産会社がいいか、街の不動産屋さんがいいかと選択し、かつ同時に一斉に不動産情報を流す。早く高い値段で客付けした人に売却するが、仲介手数料は一律に２％としている。そして決して不動産業者からバックリベートをもらわないようにしている。これは、依頼者に私と特定の不動産業者が組んでいるのではないかと誤解を招かないように細心の注意をしているのである。

152

⊠報酬を目標に仕事をしてはならない

　私がかつてある大型不動産会社の破産管財人をやっていたとき、1800件の不動産を合計して150億円以上売却し、一時は九州一の不動産王と言われたことがある。その時に私は、不動産取引は高額な金が動くから常に公正に慎重にやるしかないと確信したのである。

　その時に私は、不動産業者からおもしろい話を聞いた。「不動産取引をした時に弁護士の実態がよく見える。あの弁護士は絶対に信用しない。表契約、裏契約、バックリベートをもらうか否かをじっと観察していれば、その弁護士の実態がよく見える」と言うので、私はその話を聞いて、本当に世間は弁護士の一挙手一投足をよく見ているものだと思った。

　私が他士業界の専門家に仕事を依頼したが、その人が副業の仕事をも後からその仕事に附随して働きかけてきたときは、開いた口がふさがらなかった。弁護士であれば、間違いなく懲戒問題である。それも本来の仕事の成果と齟齬する条件を平気で言ってくるのだから、私は怒り狂った。「お前は二度と私の事務所に出入りするな」と。

　私は他士業と組むときは、その人がプロフェッショナルとして真面目に一生懸命やっているか、副業をやっていないかを目安にしている。報酬とは仕事の結果についてくるものであり、報酬を目標に仕事をすれば、世間はその人をじっとみている。彼はプロフェッショナルではないと世間は評価するのだ。

●視点・論点●

・本業を真面目に一生懸命励んでいれば、その人を真のプロフェッショナルと、人は見る

・誤解を招くような行動はしない。その姿勢を貫くことが大事である

第3章　弁護士の役割とは何か

75 会社再建における弁護士の役割とは何か

【弁護士はプロデューサーとして他の専門家の知恵を使え】

▨企業再建の成功は一刻も早く弁護士に相談すること

　先日、会社再建の方策の相談に乗った。7〜8年前から業績は悪化しており、営業免許も監督官庁から取り上げられ、不動産競売の入札も間近に迫っていた。

　私は相談者に、「なぜもっと早く弁護士に相談しなかったのか」と尋ねた。相談者は意外にも、「会社の経営問題で弁護士に相談する発想はなかった。税理士や公認会計士の分野と思っていた。弁護士への敷居は高いです」と言われたのには考えさせられた。

　私が企業再建に従事して、再建に成功したケースは20社以上ある。その中で感じるのは、なるべく早く、具体的には資金繰りが厳しくて3〜6カ月後に手形不渡りや資金ショートする場合は、早く弁護士の所に相談に行けば、なんとか再建の方策が見出せるのではないかということ。それを痛感している。

　他方では弁護士や銀行員は経営能力がないというのが私の持論であるから、弁護士は不勉強の分野については、その専門家をディレクターとして使用し、関係者の徹底的議論で知恵を生み出し、「役割の分担と連携」をすればきっと成功すると確信している。そのために私は日頃から公認会計士、税理士、司法書士、不動産鑑定士や弁理士とはネットワークを構築しており、その専門分野の人と組んで知恵を生み出すようにしている。とにかく問題が生じたら、弁護士の所に相談に行き、弁護士がその問題はこの専門家の分野だから

154

としてその専門家を紹介し、依頼者、その専門家と私で徹底的に議論し、戦略戦術を講じるようにしている。

⊠弁護士は他の専門家を束ねるプロデューサーに徹せよ

しかし、そもそも弁護士に相談に来なければ、このネットワークや知恵を生み出す機会が発生しないのだ。確かに一般の人には弁護士への敷居は高いかもしれない。弁護士もその敷居を低くする努力はするべきであろう。しかし、一般的に弁護士は筋の悪い事件を敬遠する。私もそうであるが、相談だけでも乗る必要はあると思っている。

弁護士は司法書士、税理士、弁理士等の資格も同時にもっている。しかし、私は、その分野の一般的知識は幅広く浅くもっていても、それらの分野の問題は私一人の単独で断言し、かつ解決しない主義である。「餅は餅屋」の格言の通り、私は必ずその専門家に事件を振ることにしている。その振り分け作業をするのが弁護士であり、それを私は「弁護士プロデューサー論」と言っているのだ。

本件の問題も早く弁護士の所に相談に行けば、きっと解決策を講じることができたと思える事案であった。確かに会社経営がわかる弁護士もそう多くはいないと思うが、依頼者と徹底的に議論し、「役割分担と連携」を肝に銘じていれば必ず解決策の知恵を生み出すことはできる。

●視点・論点●

- 依頼者とは徹底的に議論すべし。そして、不勉強分野は他の専門家に任せること
- 的確な役割分担、指示、連携が、成功の鍵である

155

第3章　弁護士の役割とは何か

76

弁護士は高い志をもってほしい

【志の低い弁護士は社会に害悪を及ぼす】
リスクが高い

⊠弁護士を金もうけの道具と考える若い弁護士

　私は、いわゆるイソ弁を採用するときに必ず、「君はなぜ司法試験を受けたのか、その動機を述べよ」、「君はどういう弁護士になりたいのか」と質問することにしている。私は今まで24人のイソ弁を採用してきた。年々弁護士の志が薄れてきているように思える。

　弁護士法１条には「弁護士の職務は、基本的人権の擁護と社会正義の実現」となっている。昔は、弁護士を目差す人はそれを当然の義務として司法試験に臨んだのである。

　ところが10年位前に東京の弁護士が、「この頃の若い弁護士は公式会議の席上で、俺は金もうけするために弁護士になったのに、なぜ弁護士会は弁護士にボランティア活動ばかりを押し付けるのか、との発言が出始めた」と嘆いていたのを知っている。それが福岡でも４、５年前に私が現認するとは夢想だにしなかった。

　例によって私は司法修習生に、「君はどういう弁護士になりたいのか」と質問すると、「私は金もうけするために弁護士になります」と平然という。「福岡の弁護士はどれ位の所得があると思うか」とさらに質問すると、「5000万円位はあるんじゃないですか」と言うので、私は「福岡ではそんな弁護士はいないと思うよ。弁護士ほど金もうけに割に合わない職業はない。お前は不愉快だから直ちに帰れ」と怒鳴って追い返したことがある。私もこの発言には本当に絶句して、こういう時代になったのかと嘆いたものである。

156

⊠志のない弁護士はいらない

　また、この頃は「法律事務所に就職する」という概念が蔓延している。そもそも弁護士は、就職するのがイヤで弁護士になったのではないか。それが就職するとは何事かと思う。事件処理を巡ってボスと対立したときは、毅然として自己主張するのが法律家ではないかと思う私としては、就職という概念は弁護士には似合わない言葉と思っている。

　私は基本的には、法律家は徒弟教育で成長していくものと思っている。裁判官や検察官は組織として徒弟教育をやっている。弁護士はイソ弁としてボスの徒弟教育で成長していくものである。それにはボスの決裁を徹底的にやっていかないと徒弟教育にはならない。それもやらない法律事務所も数多くあるのには唖然とする思いである。ましてや軒弁やいきなり独立する弁護士には徒弟教育をする場と機会がなく、末恐ろしいと思う。

　私はやはり、弁護士に志が薄れてきたのは、司法改革の一環としてロースクールや司法試験の合格者の増員が影響していると思う。旧試験（ロースクール時代前）は、合格するとの展望はないにもかかわらず、法律家としての志を夢見て、ハングリー精神で受験勉強したものである。それが志をますます強めたと思う。志のない法律家はいらない。

●視点・論点●

・営利目的の弁護士になるな。ましてや口に出すなどもってのほか
・徒弟教育で、法律家としての人間味も学べ

第3章　弁護士の役割とは何か

77

弁護士は権力とは常に距離をおくべきだ

【器の小さい者が権力をもつと社会が不幸になる】

◤権力者は常に謙抑的であるべし

　「権力は腐敗する」とよく言われる。故大平正芳元首相は、かつて、著書『新権力論』で次のように述べている。「権力はそれが奉仕する目的に必要な限り、その存在が許されるものであり、その目的に必要な限度において許されるものである」として、政治の限界をわきまえながら「謙虚な政治」を目指し、権力の行使は抑制的であるべきという「謙抑的政治観」を主張した。

　この政治観は私は正しいと思う。刑法の世界では「刑法の謙抑主義」が主張され、国家権力はなるべく個人の自由の世界に介入するなと言われている。その端的な言葉が、「警察は民事介入せず」、「警察は家庭に入らず」である。歴史は、国民の自由権については夜警国家観であり、国家は国民のガードマンであれば足りるという国家観を学んでいるのである。それ故、権力者は大平正芳氏の如く「権力行使は常に謙抑的であるべし」をモットーにしているのである。中には権力者といえども、人間の器の問題で権力濫用をする人間はいつの時代にもいるのだ。だからこそ、「権力は腐敗する」という格言が生きてくるのである。

　昨今の安倍首相をめぐる森友学園、加計学園の疑惑報道を見ていると、中国の故事にある「李下に冠を正さず」の行動が、権力者には常に求められていることを痛感する。

◤弁護士が国家権力の走狗になるとロクなことがない

　問題は今まで在野であった人間が権力をにぎったときに、その者は権力行使をどのように発揮するかである。在野であったから、国家権力の行使に常

158

に批判的であったはずである。ところが、権力者になったとたんに豹変するから、人間とはわからないものだ。

典型的な例は、バブル経済崩壊により苦境に陥った金融機関を救済するために設立されたRCC（整理回収機構）の事例を想起すればわかる。今まで在野の一介の弁護士であった者が、国策会社のRCCのメンバーになった。そうすると、権力者の鎧を着て水戸黄門の印籠よろしく、「我を何と見る。我は国策会社の弁護士だぞ」と言って強硬的な意見を言い、かつハゲタカファンドよろしく強硬な姿勢で債権回収を図った。銀行の融資責任についても常に強硬な強気な主張をして、刑事告訴をしたが、結果的には最高裁で無罪判決や無責の判決のラッシュであった。彼らは権力者という者をどう位置づけていたのであろうか。むしろ、権力者と目される公務員のほうが、弱気の方針を打ち出して謙抑的であったと聞く。そこに、「にわか権力者」の権力の濫用の問題性がみえるのだ。だからこそ「権力は腐敗する」という歴史哲学が存在しているのだ。

私は権力者の権力行使には、常に権力者の人間の器が問われていると思う。所詮、人間の器が小さい人は権力を振りかざして権力を濫用する。それはいつの時代にもどこの部署にもいるものだ。私は、権力者は常に権力を見ているから自ら権力行使に謙抑的になるが、在野の人間は権力からの抑圧からその反動が激しいと思う。人間は、常に強者的言動には注意して謙抑的になるべきだと思う。

●視点・論点●

・権力を握った時に、その権力行使の発揮の仕方で、その人の人間の器が露見してしまう。弁護士も、にわか権力者になることは往々にしてあり、権力を手に入れたとたんに豹変するような人間ではなかったつもりが、やはり豹変してしまうことはある。人間は弱いものである
・権力との距離の取り方、権力の扱い方を、常に意識しておくべきだ。人間の器はいつでも試されている

第3章　弁護士の役割とは何か

78
企業再建の可否の見分け方
【経営者の器の目利き力も弁護士の能力】

⊠最も重要な要素は、経営者としての器

　企業が経営危機に陥ったときに、再建させるか破産を選択するかの判断要
素には種々ある。その企業の業界が衰退産業か否か、キャッシュフローはい
かほどか、その企業の従業員の志気は高いか、その企業規模―利害関係人の
人数の多寡、そして経営者は経営者の器か、である。

　私の場合は、最終的には経営者が経営者の器を具備しているか否かを重要
な要素としている。いくら企業を再建しようとしても、経営者が無能であれ
ば再建はおぼつかない。

　経営者の器とは何か。それは経営する意思、情熱、加えて従業員、取引先、
金融機関等からの人望の有無、そして経営の要諦をわきまえているか、等で
ある。経営の要諦は、営業、労務管理、財務について明るいか、である。経
営陣のトップが営業についてトップセールスをしながら、営業開拓をしない
限り、その企業の未来はない。財務についても債務超過か否か、利益が出て
いるか、借入金の減額になっているかを、経理課長を通じて把握しているか
等を総合的にみて、経営者の器か否かを判断している。

⊠弁護士には経営陣の力量を見極める能力が求められる

　あるスーパー経営者が倒産の危機に陥っているとして相談に来た。第二会
社方式で再建できないかと言う。その経営者は銀行からの新規融資実行を期
待して、銀行の言うがままに資産を処分してきた。しかし1年を経過しても
新規融資の実行はない。銀行に対する期待感と裏切られた思いを経営者は言
うが、第二会社方式でスーパーの商品の新規仕入資金はどうするかと尋ねる
と、沈黙をする。私はスーパー寿屋の民事再生に従事したときに、商品棚に

160

商品の空白が生じると客離れが激化することを知っていた。その商品の補充ができなくなると、スーパーは完全に行き詰まるのである。私がその経営者にその資金手当てができるかと詰問すると、返事はない。

私は厳かに「貴方は経営者の器ではない。むしろいっそのこと自己破産した方がいい」と宣告した。その経営者は栄光の時代を強調するが、それは負け犬の遠吠えに過ぎない。その経営者は憤然として帰った。他の弁護士に依頼して自己破産の申立てをすると言って帰ったが、今日まで自己破産申立ての情報に接していない。おそらく完全に無一文になってしまうだろう。

私も今まで20数社の企業再建を成し遂げたが、それは経営者が経営者の器であった場合や、その器がない場合は、経営者は経営責任をとって経営陣から退陣し、従業員に経営を任せる手法をとってきたからである。

ある企業再建の際に、私は社長を解任したことがある。従業員の給料を遅滞しているにもかかわらず、社長自身の愛人手当を最優先にとっていたから、「貴方は経営者の器も資格もない」として社長を解任し、その娘を後任の社長にしたのである。

企業を再建するには相当の努力を要する。経営者にその器がなく、また、情熱や従業員等からの人望がなければ成功しない。弁護士は経営陣がそれらを具備しているかを見極めるのが、まずは第一の仕事だ。

●視点・論点●

・企業再建には相当の努力を要する。弁護士は企業を総合的に分析し、経営陣・従業員の力量をみよ
・再建か破産かの見極めの最終的な決め手は、経営者である

第3章　弁護士の役割とは何か

79

弁護士としての信念とは何か

【弁護士には依頼者の理不尽な行為を止めさせる】【義務がある】

■一旦受任したら自らの方針に従うよう説得する

医師には応召義務があって、患者が来院すれば、たとえ患者が治療費を支払えなくても診療する義務が医師法で定められている。しかし弁護士には、医師と異なり応召義務はなく、事件、依頼者を自由に選択することができる。

私も若手弁護士時代の受任事件が少ない時と異なり、今や、事件や依頼者を取捨選択して、事件の受任を拒むケースも増えてきた。私の主義主張と異なり、事件処理にあたり私の哲学と異なり、かつ、私の説得に耳を傾けない依頼者と判断したときには、「私は頭が悪いから私より頭の良い弁護士の所に行ったほうがいいよ」とやんわりと断っているのである。

私は、弁護士の特権は「精神的自立権」と思っている。相手が時の総理大臣や知事、大企業の社長であれ、「貴方は間違っている」と面と向かって言えるのは、弁護士自治のために弁護士の資格を権力者から剥奪される危険性もないからである。

私の手法は、依頼者であっても世間の常識や法の支配の観念からみて間違っていると思えば、精力的に説得し、社会正義や基本的人権の尊重の精神に合致するようにしている。若い頃は情熱的に説得していたが、私も齢を重ねてくると説得する情熱が薄れ、無駄なエネルギーを注ぎたくなくなるようになった。だから、門前払いも多くなったが、一旦受任したなら、やはり私の方針に従うよう説得することになる。説得に失敗して依頼者から解任されるケースも増加してきたが、やはり私も淡泊になってきたのかと思う。

162

⊠依頼者の理不尽の行為を説得しやめさせるのも弁護士の仕事

　私が弁護士になって、これほど理不尽で基本的人権を踏みにじり許せないことはないという事件にぶつかった。私に言わせればこれは現代の奴隷ではないかと思う事件であった。私は奴隷側の代理人であり、相手方や裁判官に対しても初めから喧嘩腰の姿勢である。裁判官が脳天気な釈明を求めると、すかさず裁判官に対して大学者の意見と裁判官の意見が、どこが違うか言ってみろと迫り、裁判官を沈黙させた。相手方の弁護士に対しても、「お前は依頼者をもっと説得しないか」と怒鳴り、証人尋問では相手方を徹底的に糾問した。二度と法廷に立ちたくないと思わせるためである。こういう人間ほど、嘘をしゃあしゃあと証言する。それが嘘であることを立証するのに、思わず私も怒鳴るはめに陥るのだ。

　しかし私が思うに、なぜ相手の弁護士は、自分の依頼者が理不尽な行為をしているのに強力に説得しないのであろうか。弁護士としての信念はどこにいったのか。私は、弁護士の事件の筋の読み方や依頼者の説得の仕方を、関係者はよく見ていると思う。だから、筋悪事件をよく受任している弁護士は信用力を失うのだ。

　筋悪事件をよく受任している弁護士が、「時に筋良し事件を受任して提訴しても敗訴判決をもらう。裁判所も、また筋悪事件だなと色メガネで自分を見たなあと思う」と述懐していた。

　このように弁護士も信用が第一だということだ。

●視点・論点●

・弁護士は、いかなる相手でも誤りを指摘できる特権を、正当に使え
・間違った依頼者の言いなりになるような弁護士に、信念はないとみる

第3章　弁護士の役割とは何か

80

依頼者と一心同体になることが大切

【弁護士はどこまで依頼者の心情に添うべきか】

▨依頼者の心情に添った活動こそ弁護士の役割

　弁護士と依頼者の関係で最も問題となるのは、弁護士はどこまで依頼者の心情に添うべきかということである。裁判官や研究者的発想で純客観的に法律判断して「それはあなたの敗けです」と宣告したら、依頼者は誰もその弁護士には依頼しない。依頼者は弁護士にお金を払って事件の解決を依頼し、しかも依頼者にとってその事件は一生のうち一度あるかないか、そして人生の一大事の事件である。

　弁護士はあくまで代理人に過ぎないので、依頼者と感情を一体化すればそれは代理人ではなく、当事者と同一である。

　よく聞く税理士の悪評で、依頼者が手数料を支払っているのに税理士が税務署と同じように税金を支払えと強調するので、「お前はどっちに顔を向けているのか」と批判されるのと同様な事態は避けなければならない。それ故弁護士は裁判官と同様に客観的判断をもつと同時に依頼者の心情に添った活動をしなければ、依頼者の信頼は得ることができない。

　ときには相手方の言動に立腹して、依頼者を横において相手方に激怒して、徹底的に相手をやっつけなければ許せないと依頼者以上に感情的になることもある。私の場合は、刑事事件で捜査機関のやり方が汚いときは、被疑者、被告人以上に激怒して法廷闘争をすることもある。民事事件では、あまりにも基本的人権や社会正義を無視する相手方の言動に立腹して、着手金は少しもらっておいて後は俺に一任せよと言って闘う場合もある。

▨依頼者と一心同体になれない事件は受任しない

　問題は弁護士は依頼者の心情にどこまで寄り添うかである。弁護士は本件

164

問題は裁判官だったらどう判断するのであろうかということを念頭において、しかしながら依頼者の心情はこうであり、相手方の言動は許せないと葛藤するのである。気になって夜も眠れない状態に陥ることもある。他方では代理人としては一歩下がって当事者の感情と一体化していないかと考えることもある。その瀬踏みが難しいのである。依頼者にとっては、自分と一心同体になってくれる弁護士が好ましいであろう。私は基本的にはそういう思いで事件を受任している。

　もし、依頼者と一心同体になれない場合は「筋悪事件」として事件を極力受任しないようにしている。事件を受任した後に筋悪事件と判明したときに、どう事件を落ち着かせるかである。それは和解でまとめるしかない。問題は依頼者が私の提案する和解案に同意しない場合である。その時には基本的に敗訴判決をもらうよと宣告して依頼者に添うしかなかろう。場合によってはその時点で辞任するかである。

　しかし、今時の弁護士は依頼者の心情に寄り添う姿勢が薄れているのではないかと思うことが多くなった。もっと弁護士は依頼者の心情に寄り添えと言いたい。

　他方では、依頼者の心情に寄り添う弁護士になりますと断言する弁護士がいる。その時私は、「依頼者はわがままで無理筋の解決を求めることもある。その場合でも、貴方は依頼者の心情に寄り添うか。弁護士の基本的職務である基本的人権の擁護と社会正義の実現の見地から、貴方はどう対応するか」と反問する。

●視点・論点●

・弁護士は、依頼者と感情を一体にするのではなく、依頼者の心情に寄り添うのである

・もし「筋悪事件」を受任したら、和解を落としどころとするのも手である

第3章　弁護士の役割とは何か

81

組織力を強化する方法とは

【仕事を部下に任せて大局的見地でチェックをする】

⊠部下を信頼することから始める

　人間は加齢とともに、気力、体力が低下してくる。若き頃は2、3日徹夜しても通常通り働けたが、50歳ともなると、徹夜すれば、その後遺症が1週間位残る。また、部下に対する接し方も、若い頃は部下が無能に思えて、それこそ「てにをは」まで添削したくなり、部下に全面的に任せることができないものであった。

　私は顧問会社の課長に、「貴方も課長になり始めた頃は、部下を信頼できずに手取り足取りしていたでしょう。でも、今は部下を信頼して権限委譲しているでしょう」と言うと、ほとんどの課長は「全くその通りです」と回答をする。私も若い頃は、部下であるイソ弁の起案には「てにをは」まで朱を入れており、全面的に信頼はおけなかった。しかし、何度同じ朱を入れても部下の文章は変わらない。各人の文章のスタイルがあるので一朝一夕には文章のスタイルは変更できないとわかった。それ以降、私はポイントを外していないか、事件の大要は把握しているかとの観点から決裁するようにした。

　私も加齢とともに気力、体力が低下しているのは自覚できる。昔の仕事のスタイルでやっても私が過労と病気で倒れるに決まっている。部下が増えてくるに従い、私は組織をどううまく機能させるべきかと考え始めた。それは組織力を強化するにはどうしたらよいか、官庁や民間会社と同じ課題ではないかと思った。

⊠組織力を強化するには権限委譲をする

　組織では通常、加齢とともに出世し、管理者となる。管理者の仕事力とは一体どうあるべきか、組織力を高めるにはどうしたらよいかと考えていると、

166

経済界や官庁の組織の運営の仕方を参考にすればよいと思った。それは「部下に権限委譲し、責任は管理職がとる」という手法である。そうすれば組織がうまく機能し、組織力が強化できるはずである。

私の友人二人が同じ会社で同じ時期に課長になった。秀才の課長は、部下に手取り足取り指導し、１年目の成績はよかった。他方、体育会系出身の課長は、責任は自分でとるから部下に自由にやれやれと和気あいあいで、１年目は秀才課長に負けた。しかし２年目以降は体育会系課長の方が成績はよく、先に営業部長になったのは、体育会系の友人であった。その情景を見聞すると、管理者はいかに部下に伸び伸びと自由にやらせるのか、それが組織力を強めることになると痛感したのである。

また、官僚であった友人が言うには、本省の役人では課長補佐の時が一番権限があり、仕事がおもしろかったそうだ。私も本省の審議会で意見陳述した際に、課長補佐が私に発言の趣旨をヒアリングに来た時、即座に私に「本省で意見陳述してください」と宣言した。私は「上司に伺いをたてなくてよいのか」と尋ねたが、その必要はないと断言した。

私もそれを応用して、部下には部下の創意工夫を尊重し、大局的見地からポイントを外していないかということだけをチェックすれば、私も部下も仕事がしやすいことに気付いた。私の知り合いの経営者にも同様なことを言う人がおり、やはりこの原理は組織を機能的にする方法であると理解した。人間は加齢とともに自己の働き方を変えていかねばならない。

●視点・論点●

・加齢とともに精神も身体も変化する。年齢に合わせた働き方をするべし

・管理者は、自身の責任の下、部下を信じて伸び伸びと仕事をさせよ

167

第3章　弁護士の役割とは何か

82

経営者の行動から背景・事情を洞察する

【酒を飲むには必ず理由があることを察せよ】

◆オーナー社長を継ぐためには社員との共感が大切

　顧問先の専務が「社長が毎晩飲み歩いている。社長は若いから一度降格処分にしたい」と相談に来た。この会社はオーナー企業であり、社長は若いがオーナーの一族で、四代目社長である。専務は社長の義理の叔父である。

　私は、社長が酒を飲むには何か理由があると思い、社長を事務所に呼んで事情を聞いた。社長曰く「叔父が自分より社歴が長いので、取締役会や営業会議でも自分の出る幕がなく、叔父が会議を仕切るのでおもしろくない」と言う。私が思った通りであった。

　この若社長は、入社した時から私が経営幹部に種々指導していたから、思うところが多々あった。二代目社長が若くして病死したため、その妻が台所の主婦からいきなり社長になり、慣れないことばかりか古参幹部からのいじめにあっていた。私は取締役会に出席して、その古参幹部を解雇するなどして三代目社長を支えてきた。

　三代目社長から、息子を7～8年の丁稚奉公から会社に迎え入れるにあたり、専務として処遇したいと相談を受けた。私は即座に反対し、「平社員として迎え、我が社の部門を3～4カ月単位ですべて経験させ、平社員の同僚とコップ酒を飲ませて、従業員の思いを共有させなければダメだ」と言った。社長は「私の息子ですよ」と憤ったが、私は「それは母の言葉であり、社長の言葉ではない。取締役会で議論しなさい」と言って帰した。

◆誰でも無精に酒を飲みたくなるときがある

　取締役会では私の言う通りだとして、現社長は平社員からスタートし、課

168

長、部長、専務、社長の段階を順次登っていった。その都度社長から報告があった。やがて、三代目社長は「私の夢は世界一周旅行することだから、そろそろ息子に社長を譲りたい」と言われた。私は、それはいい時期でしょうと言って賛成した。

四代目が社長に就任しても、私に相談に来るのは専務ばかりで社長は来ないので「おかしいなぁ」と薄々思っていた。しかし、四代目社長が酒に溺れる理由がわかったので、社長にどう対処するかと尋ねた。社長は「叔父は役員定年間近なので、役員退職金に色をつけてでもこの際叔父に引退してもらいたい」と提案した。私はこの若社長は成長したなあと思い、先代社長に「四代目社長はいっぱい成長しました。この処分は社長に一任されたらどうですか」と提案した。

社長はうまく叔父を説得して、引退してもらった。叔父は自由気ままな引退生活をしていると聞いている。

私も酒は強くないが、無性に酒を飲みたいときがある。自棄酒であれ、喜びの酒であれ、酒を飲むには必ず理由がある。この事件は、社長が毎晩酒を飲むには理由があると直感して社長の主張を聞いて、会社の内部事情が判明したのだ。社長には「お母さんを大事にしろよ」と言って、経営報告を喜んで聞いている。

●視点・論点●

・目に見える事実から、見えない真の問題を探るべし
・人の行動には意味があることを、自分を振り返り己の行動からも意識せよ

第3章　弁護士の役割とは何か

83

顧問弁護士には多様な役割がある

【オーナー企業の父子の葛藤のクッション役が】 顧問としての重要な仕事

▨親子喧嘩の防止のために顧問弁護士を受任する

　企業が弁護士と顧問契約をする目的は、企業の法律問題に知恵を出して欲しいとの要請が通常であろう。

　私の顧問会社のひとつに、親子喧嘩を防止するために私に顧問弁護士に就任してくれとの要請で顧問になった会社がある。社長は私の友人であるが、友人は大学を卒業してすぐ父の会社に就職した。その頃、父の会社は、営業所は1カ所であったが、有名大学卒で頭のいい彼にとっては、父の経営のやり方は個人商店の形態であり、経営というものではなかった。毎晩の如く経営のことで親子喧嘩は絶えなかった。

　彼はその力量で九州の各県に営業所を設置し、かつ全国、そして得意の英語を駆使して世界相手のビジネスを展開するまでになった。彼の子供たちも有名大学を卒業して彼の会社に入社して、幹部として活躍している。長男はその後ビジネススクールを卒業して修士号も得ている。恐らく社長の彼としては、父である自分と長男の毎晩の親子喧嘩が復活するのではないか（今度は立場は逆転するが）と危惧したのであろう。

▨優秀な後継者ほど頭でっかちになりやすい

　私は早速長男の修士論文を読んでみた。机上の空論である。私はすぐに長男を呼んで意見を言った。「ビジネススクールといっても教授は本当のビジネスも知らない。理論的には素晴らしいかもしれないが、この理論がはたして現実のビジネスに応用できるのか。一時MBAの資格をとるのにアメリカのビジネススクールに留学するのが流行したが、帰国後のMBA取得者は、

170

日本のビジネスではたしてどれだけの活躍をしたのか。経営コンサルタントが机上の空論ばかり主張して、現実のビジネスは依頼者である企業に押し付け、失敗すればやり方がまずかったと責任回避するのをどう評価するのか。ビジネススクールの教授陣なんか信用に値しない。君の身近に模範とする人がいるじゃないか。それは君の父親だ。父が会社の実権を握っている間は父の背中を見て学べ」と一喝した。

　長男は1年程私に会わなかったが、久し振りにビジネスの特許の相談に来た。経営に素人の私でも素晴らしいアイデアだと思った。私が長らく連携している弁理士に紹介すると、弁理士も「これは化けたら大化けするよ」という位であった。私は長男に、「このアイデアについて社長である父は何と言っているか」と尋ねると、「父はこんなもんは」と懐疑的であると言う。私は「これは君の方が正しい。弁理士の先生とよく相談して特許をとり、大化けしろ」と激励した。

　オーナー企業では父子の葛藤がある。血縁関係があると遠慮がないから一旦喧嘩になったら修復が困難となる。私は親子喧嘩にならないようにクッション役を楽しんでやっている。これも顧問弁護士の役割のひとつであろう。

　また、親子喧嘩になって仲裁するのも顧問弁護士の役割である。どうしても創業者オーナーは、会社は自分の会社であり、どう処理しようが自分の勝手であるとする。二代目らとっては、「それは個人商店の形態であり、会社の経営ではない」と批判的である。それを仲裁して二代目を無事二代目社長に就任させたこともある。

---●視点・論点●---

・血縁関係がある者同士の喧嘩は、客観的になれず、後戻りがしにくい

・オーナー企業の経営の円滑化に一役買うのが、クッション役の顧問弁護士である

第3章　弁護士の役割とは何か

84

大声を出し反対するのも顧問弁護士の役割

【浮利を追わず、時流に流されず、時代に適応した企業が生き残る】

⊠ビジネスは本業を優先すべき

　私もバブル経済の時に弁護士業を営んでいたから、バブル経済に踊った企業と踊らなかった企業の栄枯盛衰をみてきた。あの当時、不動産や株式に投資しないのは馬鹿だとして日本国中の銀行や企業が踊り狂っていた。とにかく儲け話に皆飛びついてはしゃいでいた。本業をそっちのけで儲け話にダボハゼみたいに飛びつき、バブル経済の最盛期ではどの営業もうまくいっており、その経営者は有頂天になっていたのである。

　しかし、バブル経済が崩壊するとすべての業種がうまくいかなくなり、自己破産する運命になった。他方、バブル経済に浮かれずに本業第一を守り、他人から時代の趨勢も読めない馬鹿な奴と軽視されていた人が、バブル経済崩壊の時に生き残った。バブル経済が本来の経済からみて、絶対おかしいと直感した人が生き残ったのである。この教訓からみて、ビジネスはまず本業を優先すべきであるということがわかる。

　ところが、数百年の暖簾を誇る老舗企業が、電子機器の必須な部品を製造するメーカーに変身しているケースもある。これは時代の趨勢を的確に読んで、本業を徐々に時代の流れに身を任せた生き残り作戦が成功したケースであろう。

⊠社長に耳の痛い話をするのも顧問としての役割

　とかく日本では業歴100年以上の企業が2万7441社（2012年8月現在）ある。これらに共通するのは、すべて本業第一の優先主義で時代の流れとともにう

172

まく変身していることだ。ダボハゼみたいに儲け話にすぐ食いつく企業は所詮長寿企業になれない。

　私の顧問先の社長が、本業は常に下請け契約ばかりだから、元請けになるために不動産業をも経営したいと相談に来た。その不動産業はフランチャイズ方式で1店舗あたりが加盟金は500万円である。2店舗加盟したいという。そしてその方式も本があるから信用できると強調する。

　私は社長に「その本の内容を私に説明せよ」と言うと、社長は私に読めと言う。私は「本を読んで私に説明できないのは、本を本当に理解していないということだ。今、日本では820万戸の空き家がある。今後も増加していくだろう。今までの街の不動産屋では生き残ることは困難である。そのフランチャイズ方式に加盟するメリットは何か、言ってみろ」と大声を出して反対した。

　社長の気持は理解できるが、1000万円はドブに捨てるようなもので、フランチャイズ商法に騙されていると判断したのである。社長と30分間にわたって議論したが、私の顧問会社を大事にしたいし、また、社長に耳の痛い話をするのが顧問弁護士の役割と判断し、大声で反対したのである。

　1カ月後社長が来たので、私は心配して「不動産屋はどうした」と尋ねると、社長は先生が反対したので計画は中止したと言った。これでこの顧問会社は生き延びたと思った。

●視点・論点●

・儲け話に踊らされてはならない。まず、本業を優先し、経営のあり方を見据えよ
・顧問会社を大事に思うからこそ、弁護士は大声になる

第3章　弁護士の役割とは何か

85

アドバイスひとつで弁護士の力量がわかる

【法律論だけを振り回していては役割を果たせない】

⊠教科書的アドバイスでは依頼者は満足しない

依頼者は判断に迷ったときに弁護士にアドバイスを求める。その時に弁護士は教科書通りの返答をするのが一番楽で安心である。しかし、依頼者は、そんなことはインターネットで調査してわかっているとして、その回答に満足しないものだ。

私が弁護士1年生の時に強烈なショックと教訓を得たのは次の顛末であった。四大商社のひとつであるが、その文書課に属するのはいわゆる司法試験くずれが多かった。当時は社内弁護士がほとんどいなかった時代である。私が教科書通りの回答をすると、「そんなことは知っている。どこまでやれば逮捕されるのか、その逮捕一歩前の解決策を講じろ」と命題を与えられ続けて鍛えられた。

四大商社でもそんなシビアなビジネスをやるのかと思い、法律を駆使してビジネスの目的を達する執念に敬意を表したものである。それ以来、私は教科書回答の直球型とその応用である変化球型を使い分けてアドバイスするようになった。

⊠企業文化に合致したアドバイスが求められる

ある銀行が、不良債権が1億円あるがその会社は近々破産する見込みであり、その債権回収策はいかにと相談に来た。私は部下にその債権回収策に沿った契約書を起案させた。そして銀行の担当者に「この契約書を締結して債権回収策を講じろ。しかし万一本件が裁判になったら、否認権や詐害行為取

174

消権を行使されると敗訴になる可能性が高い。それ故に裁判にならないようにうまく本契約書を締結し、迅速に債権回収策に走れ」と檄を飛ばした。

担当者はうまく立ち回って無事に1億円の不良債権を回収した。予測通りその会社は自己破産したが、破産申立人や破産管財人は否認権を行使しなかったのである。この契約書では否認権訴訟で立証ができないと判断したのであろう。こちらはそう思わせるような契約書を作成したのであるから、ある意味では当然だった。

私はこの場合、裁判になったら敗れる、裁判にならないようにうまく立ち回れと指示して、私が無能弁護士の評価をされないようにアドバイスすることにしている。私は、A商社だったらA戦術、B商社ならB戦術、貴社は清く正しく美しい宝塚路線だからC戦術だろうと言う。これは依頼者の個性や企業文化に合致したアドバイスが必要だということだ。

教科書的回答であるなら、ネット情報で十分（これもどこまで信用できるか疑問ではあるが）であり、弁護士も歩く六法全書と言われないようにアドバイスすべきだと思う。特に労働問題では単なる裁判の勝敗だけではなく、企業文化をどれだけ維持するかということで、単なる法律論だけではだめで、経営論を駆使してアドバイスするべきだと思っている。

私は、その会社の企業文化は、担当者と打合せの中で見いだしている。だから顧問会社には「私の事務所の窓口は誰か」と聞き、その担当者の人物を通じてその顧問先の企業文化を模索している。勿論、その担当者との何回もの打合せの中で見いだしているのである。

●視点・論点●

・弁護士の回答は画一的であっては価値がない
・万事に対応すべく、境界すれすれの助言も必要な場合がある

第3章　弁護士の役割とは何か

86

迅速処理には依頼者も上手に利用

【顧問先の従業員教育も弁護士の役割のひとつ】

◪いかに迅速処理ができるかが弁護士の能力

　依頼者、特に企業は弁護士に迅速処理を求める。会社の朝礼でこれは弁護士に相談しろと上司から命令されたら、直ちに弁護士にアポとりをする。

　私が昔ひとりで法律事務所を運営していた頃、ある顧問会社からクレームがきた。「明日長崎に行ってくれ」、「明日は訴訟事件が福岡で5件あるから行けない」、「あなたは優秀だが、忙しすぎる。若い弁護士を紹介してくれ」とのクレームだった。

　このクレームをきっかけに私はイソ弁を雇用して事務所を拡大してきた。そして現在では私はなるべく法廷には行かず、事前決裁に徹して事務所に待機するようにしている。それは顧問会社等からの電話やメール相談が数多くあり、私だったらそれは5分前後で回答できることが多く、迅速処理できるからである。

　また、最初の相談では私が必ず出席して、戦略戦術論を依頼者と議論して策定し、方針が決まったら担当弁護士を決める。そして上場会社や社員の質が高いとみた場合は、「君は頭がいい。君が契約書を起案して私にメールで送れ。私が加除修正してメールを送るから、その加除修正したものをもう一度私に送れ」と指示をする。

　弁護士が起案するとなれば、多忙であるから数日か1週間かかる。それでは企業の迅速処理の方針には合致しない。そこに気付いて私は優秀な社員をおだてて、事件のポイントを教えて社員に起案させるようにした。

◪顧問先の優秀な従業員はほめてうまく使え

　ある顧問会社の部長たちと、日頃いつも来ている課長が相談に来た。私は

176

課長に、「君は優秀だからこういう契約書を作れ、ポイントはこれだ」と言うと、部長たちは大丈夫かなあと不安顔だったから、私は「この課長は優秀だから必ずできます」と太鼓判を押した。午後一番に課長は契約書をメールで送ってきた。チェックしたら完璧な契約書だったので、私はすぐ電話して「君が起案した契約書でOKだ。ついでにこの契約書の調印式は君がやれ」と指示して、この課長は無事に不良債権1000万円を回収した。

その数カ月後、課長が転勤挨拶に来た。「今度仙台支店の総務部長に栄転します」と言ってにこにこ顔で挨拶しに来た。私も非常に嬉しかった。私の身近な組織人がどんどん出世していくのは非常に嬉しいものだ。

ある会社では、契約書のチェックをしてくれというのでよく読むと、非常にがっちりとした契約書だった。「これはよくできている契約書ですね」と褒めると、「これは先生が10年前に作成された契約書の応用版です」と言う。この担当者も頭がよいので応用できたのである。

私は依頼者の力を利用して迅速処理するようにしている。親しい顧問会社の社長に「貴社の従業員教育は私がしているようなもんだ」と言うと、社長は「それも顧問料の範囲だ」と言われた。

確かに、私が契約書を起案すれば契約書作成料として手数料はもらえる。しかし、顧問会社の弁護士に対するニーズは何かと考えてみた場合、迅速処理である。担当者はその案件については一番詳しい。ただ、弁護士の面前では控え目にしているだけで、本当は実力があることが多い。

私のやり方では、それは顧問料の範囲内であり、新たな手数料はもらえないが、それが顧問会社との永い付き合いとなるのだ。

●視点・論点●

・優秀な社員は、ポイントを教えれば、こちらが求めている全体を理解するものである
・優秀な社員を見いだし、適切な役目を与え、迅速処理を図れ

第3章　弁護士の役割とは何か

87

離婚事件の弁護士の役割とは

【女性は過去の些細な出来事を忘れない】

▣男女間の事件では自分の回りの女性の意見も参考にすべし

　私は男女問題である離婚事件や恋愛関係の解消問題については、必ず妻や女性秘書の意見を聞くようにしている。

　過去の事件処理を通じて、相手の男が男の私からみても誠実であり立派な男だから、離婚をせずにもう一度やり直したらどうかと依頼者である女性を説得すると、その時は女性は動揺するが、その翌朝一番に「やっぱり離婚します」と架電してきたことがあった。私はその女心が理解できず、妻や女性秘書にその女性の心理は理解できるかと尋ねると、女性陣は全員、「よく理解できます」と回答する。そこで私は考えた。私の考えは「法律家の思考ではなく、男の論理でないか」と思ったのである。

　法律の解釈は、所詮解釈者の価値判断の結果である。弁護士である私が離婚問題や男女関係の問題を考えるときも、男である私は、男の思考、論理で事実を見、解釈しているのではないかと思い至ったのである。

　私から見ても誠実な男であり、妻子への愛情も深いが、単に運が悪いだけの人が世の中にはいる。妻から見るとそれでも夫と別れたいという。その男女の仲の機微は誰にもわからないのだろう。

▣相談者には出会いから今日までの手記を書かせる

　私は、離婚事件の相談があるときは、必ず出会いから今日までの出来事を箇条書きでもいいから文章を作成するように指示をして、相談に乗るようにしている。それはひとつには、離婚原因を延々と聞くのは24時間あっても足りず、聞くのも耐え難いからであり（だから裁判でも陳述書という形で証人尋問を簡略化できるようにしている）、さらにその手記を書くことで、自己反省

178

をして離婚を思いとどまることを期待しているからである。離婚はいつでもできるから、早急に離婚する必要はない。

また、弁護士が離婚問題に対処していて復縁になったら、まさにピエロであるからである。現に手記を書いていて、やはり離婚はしないと打ち合わせをキャンセルされたことがある。弁護士も他人の幸せを願っているから、それはよかったと言って、キャンセルに応じている。

女性は過去の出来事をよく記憶している。他方、男は過去の出来事の詳細は忘れているケースが多い。妻が過去の出来事の経緯を追及すると、たいていの男は目を白黒してそんなこともあったなあという表情である。そこに男と女の理解の仕方の相違があるのだ。過去の夫婦喧嘩で「あなたはこう言ったでしょう」と言われても男はたいていポカンとした表情をする。そこに男と女の違いがあるのだ。私と妻の問答を思い起こすとよく理解できることである。やはり男にとっては、女は不可解な存在である。

単に法解釈と言いつつも価値中立的な解釈はあり得ず、解釈者の置かれた立場で法解釈するものだという存在論的立場が理解できるものである。

しかし、この頃の男女関係は理解不能な事態が多くなった。男が何となく女々しくなった。20年位前までは、「そんなことは男らしくない」と一喝すれば、男はそうですねと言って納得していた。

現在ではその「男の論理」が通用しなくなった。単に男女の機微だけでなく、男の女性化の現象であろうか。

●視点・論点●

・男女問題は、男性の思考や理論だけでは、すべてを理解し難い。女性の意見も大いに参考にせよ
・法解釈は解釈者の価値判断の結果である。ことに男女問題は性差で判断が分かれやすく、そうならないように意識したものである

第3章　弁護士の役割とは何か

88

誰でも明日からコンサルタントに なれる

【机上の空論を書き連ねた意見書など無用の長物】

※コンサルタントという職業は信用できない

昨今、コンサルタントが幅をきかせている。

私はどうもコンサルタントという業種には違和感を覚える。コンサルタントには国家資格がない。私が明日から「経営コンサルタント」と称しても通用するのだ。しかし、経営についていかほど知識や知恵を持っていたとしても、はたしてどれほどの利益をもたらすのであろうか。ましてや担当者が20代ならなおさらだ。その20代の若者が経営コンサルタント会社から派遣されて来て、私は「君は今までどういう職歴を経て、どういう経営技術を人に有料で教授できるのか言ってみろ」と激怒したこともある。

金融機関の強い勧めで、「パチンコ経営のコンサルタントを導入してくれ」と要請された。私は依頼者である社長、専務と3人でパチンコ経営コンサルタントと称する人間と面接した。私はまず冒頭に「あなたたちの学校を出てからの職歴を言ってくれ」と質問すると、「大手パチンコ店に10年位勤務していた」と答える。「それがどうしてパチンコ経営のノウハウを有料で人様に教授できるのか。あなたたちの指導で当社のパチンコ経営がうまく立ち直れたら指導料を支払う。そうでない場合は1円も支払わない。当社の社長、専務は30数年にわたるパチンコ経営の経歴があるが、彼らに対してどういうアドバイスができるのか」と強く言うと、パチンコ経営コンサルタントと金融機関はすごすごと立ち去った。

金融機関はとかく事大主義で権威に弱い。監督官庁や本店に顔向けできるようにコンサルタントを利用しがちである。

180

名乗れば誰でもコンサルタントになれる

　ある企業の再建中に、担当者が交替するごとにコンサルタントを導入し、その費用が総額1億円に達したことがある。その報告書が雑誌、本の切り貼りや不動産登記簿を綴っているだけなのをみて、私は唖然とした。私は思わず銀行の担当者に、「私に1億円くれ。公認会計士を使って財務分析を行い、秘書に不動産一覧表を作成させる。そして私が会社再建策を考察したうえで、それをすべて私が実行する」と言うと、もうこれ以上会社再建に金をかけられないと言う。

　私は金融機関がこのようなコンサルタントを使う実態をみて、コンサルタントの実力を評価しなくなった。彼らは、机上の空論を書き連ねて意見書の提出をすればそれで終わりだ。そして数百万円、数千万円単位の報酬をもらう。そこには実務に役立つ知恵がはたしてあるのかと強い疑問を持ったのである。

　だから私は、「明日から経営コンサルタント」と称してもまかり通るのがコンサルタントの実態だと言う。私は依頼者には、「本当にコンサルタントが必要かもう一度考えよ。それよりも自分でもう少し勉強したほうがいいのではないか」と勧めているのだ。

●視点・論点●

・コンサルタントの肩書きに安心してはならない
・現場に身を置く者がもっと勉強したほうが、自分の実にもなるし企業の利益にもなるのではないか

第4章
弁護士の矜持を考える

志を高くして司法哲学を磨くことに尽きる

第4章　弁護士の矜持を考える

89

国民、国家に尽くす役割を忘れるな

【身の危険性さえある凶悪事件の国選弁護人】であっても受任せよ

✖なり手のない凶悪事件の国選弁護事件を受諾

　憲法37条は「刑事被告人は、いかなる場合にも、資格を有する弁護人を依頼することができる。被告人が自らこれを依頼することができないときは、国でこれを附する」と規定し、被告人の国選弁護人請求権を保障している。

　福岡の場合、国選弁護事件の配点は、国選弁護人を希望する弁護人名簿の順序どおりにしている。ところが、凶悪事件や有名事件等では、誰も弁護人になりたくないケースがある。その場合に国選弁護人になるべき人のリストを作成して、被告人の国選弁護人選任権を保障するのが㊙（まるとく）事件リストである。弁護士会でこれは㊙事件だと判断した場合は、裁判所と協議のうえ決定し、㊙事件リストの順番で配点していくシステムである。

　ある㊙事件で4人の国選弁護人が次々と解任され（正確には、国選弁護人の辞任申し出に対し、裁判所が解任手続をする）、私が5人目の国選弁護人に選任された。この事件は福岡地方裁判所始まって以来の荒れる法廷であり、誰もが嫌がる事件であった。この事件の場合、弁護人の身の安全のために国選弁護人2人が選任された。従前、私が弁護士会の副会長の時、㊙事件の国選弁護人をお願いする立場であったから、私は逃げられない。もう1人は私が推薦してよいと言われたが、私は副会長に一任し、なるべく若手や女性弁護士は避けて選任してくれと注文した。判決後の身の安全を図る必要があるからである。

✖選任方法は一番フェアなのがあみだクジ

　㊙事件のリストの順番はあみだクジで決めている。ある新聞が、このあみ

184

だクジの選出を批判的に書いていたが、私はこの批判は的外れと思う。凶悪事件は、弁護士といえども本当は誰もやりたくない。家族からも「なぜパパはあの凶悪人の弁護をするの」と批判されたうえ、世間からも弁護人バッシングが激しい（オウム事件の国選弁護人のバッシングを見よ）。そのうえで弁護士は刑事弁護、特に国選弁護人は弁護士の義務だと思って㊙事件のリストに応募したのである。その順序をどう決めるかは、あみだクジの方法が場合によっては一番フェアである。

弁護士が㊙事件を弁護士の義務と考える理由は、1番目は、被告人の国選弁護人選任権の憲法上の権利を担保するのは弁護士しかいないという事実、2番目は、刑事裁判での弁護人の役割は、被告人の主張を法廷で述べてあげること。また、違法捜査の監視、弾劾と人権保障手続の実施である。3番目は、弁護士は2年間（今は1年）の修習生時代、国家公務員として給与をもらって勉強させてもらった恩返しの意味がある。しかし、ロースクール制度になって、一時修習生が給与制から貸与制に変更された時代があったが、私たちと同様に㊙事件に積極的に取り組むのか、一抹の不安を感じたものである。

❌無用の用のすばらしさ

ロースクール制度発足までの司法修習生は、その修習生時代は、おそらく人生の中で最大のバラ色の人生であったと総括するであろう。責任はなく、国費で生活ができ、しかも勉強できる。私の修習期間の2年は本当に恵まれていた。私は人間には「無用の用」で、一見無駄と思われる期間でも後で考えてみると、いろんな考えをして人生の活用を考えた。それで、弁護士になった段階で国家や国民にお礼奉公しなければならないと思って、国選事件や法律扶助事件、弁護士会活動のボランティア活動に従事するエネルギーになった。

●視点・論点●

・これからの弁護士ははたして、国家、国民にお礼奉公をしようという気持になるのであろうか、不安である

185

第4章　弁護士の矜持を考える

⑨⓪

弱い者いじめは許さない

【依頼者に恨まれても筋を通すのが真の弁護士】

⊠外国人から認知の訴えを起こされた依頼者

　親子か否かの鑑定に、今はDNA鑑定が脚光を浴びているが、主流は血液鑑定である。昔の親子鑑定は、親子の顔、手、足等を２～３年かけて写真を撮り、かつ血液を分析して、鑑定をしていた。今は血液をあらゆる面から分析して、１～２カ月で親子の判別をし、その正確性は99パーセントを超すとまでいわれている。

　友人の知人が認知の訴えを起こされたと言って、私の事務所に駆け込んで来た。原告は外国人との子であり、難病に罹患し、治療のために日本に来たのである。事情を聞くと、「度々その外国に行き、その女性とねんごろになった。しかし、その子（原告）が自分の子であるかわからない。自分以外の男とも交際していたはずだ」と主張する。私はあらかじめ、依頼者に対して、「どうせ裁判所は血液鑑定を職権で行うと思うが、その場合は覚悟しろ」と言っておいた。裁判が進むにつれて、被告に不利な事実が次々とでてきた。外国でのその女性との結婚式の写真、しかも彼女の親族は全員が出席している。原告は難病で日本に来て、日本国籍を取って医療保護（生活保護）を受給するために本裁判を起こしたこと等である。

　原告は、直ちに血液鑑定の申請をした。私は、被告を強力に説得して血液鑑定に協力させた。鑑定は大学の法医学の教授がした。２カ月もすると鑑定書が完成した。鑑定書の親子の写真をみると実によく似ている。鑑定結果は、99.9パーセントの確率で親子であるとの意見である。その結論には私は納得した。しかし、依頼者は納得しない。「控訴したい」と言う。

　私は依頼者に、「子供に罪はないだろう。君は遊びで彼女とセックスした

186

かもしれないが、子供は望んで生まれたのではない。しかも難病であり、君に養育費をくれと請求していないのではないか。父親としての責任とけじめをつけるのが男ではないか」と強く説明した。しかし、彼はまだ抵抗する。

⊠子供の幸せのために控訴に反対した

とうとう私は激怒して、「子供の身になってみろ。おまえはそれで男か。親子の関係は、一度縁ができた以上、一生消えないのだ。男らしく往生しろ」と怒鳴った。彼は渋々同意したものの、後日、彼は私を恨むだろう。そこで判決をもらったが、当然、子供は彼の子と認知された。私は控訴審は受けないよと宣告したので、彼は控訴しなかった。

この場合、弁護士は彼の意のままに控訴して争うべきであろうか。私は、鑑定方法が不正確でないのだから、これ以上の無用の争いはするべきではないと思う。最近こういう無責任な男が増えてきた。責任を取れないなら、子供をつくるべきではないと思う。私は女性や子どもには弱い。女性や子供を泣かせるのは弱い者いじめであり、法律家の責務に反すると思うからである。

近頃は、人身保護法を利用して子どもの親権、監護権を奪い合う離婚事件が増加してきた。昔は子どもの養育費を支払いたくない一心で、親権者、監護権を父がもつべきだという男がたまにいたが、私は常に一喝していた。「君が小学生のころ、学校から帰ってきたとき、お父さんただいまと言っていたか。お母さんただいまと言っていたはずだ。子どものころは皆、母親の愛情を求めているのだ」と説明すると、通常は、「残念だけど生物学的にはそうですね」と納得していた。しかし、近頃は、本気で子どもを自分の手元に置きたがる父親が増えた。父親が子どもに対して優しくなったのか、原因はわからない。

●視点・論点●

・子どもの奪い合いを人身保護法を武器にする手法には、私は今でもなじめない。あまりにも子どもがかわいそうだ
・子どもの幸せのためには大人はどうすべきかが問われている

187

第4章　弁護士の矜持を考える

91

約束した責任を取らない経営者に三下り半

【弁護士は筋を通し依頼者の言いなりになってはならない】

⊠弁護士控室の伝統

　昨今（バブル経済が崩壊した当時）は、大企業を含めてリストラの嵐が吹いている。福岡地方裁判所の弁護士控室では、裁判の前後に弁護士がお茶を飲みながら談笑するという伝統がある。この茶飲み話が、弁護士倫理や仕事の処理の仕方について、先輩弁護士から経験談を聞き、若い弁護士にとっては勉強になる。本では勉強できない事柄である。10数年前に、今は亡くなられた私の尊敬する先輩弁護士がリストラの話をされた。その先生は、地元の大中小企業の顧問弁護士として活躍されていた。

⊠社長との約束を反故にされる

　顧問先の大企業が経営困難になって、数百人規模の人員整理をすることになった。顧問弁護士は社長と人員整理について戦略戦術を協議した結果、次のとおり社長と約束した。「弁護士として全力を傾注して人員整理を成し遂げる。従業員が血を流す以上、経営者も血を流す必要がある。人員整理がうまくいったら、社長も経営責任を取って社長を辞職することを約束してくれ」と迫り、約束を取り付けた。弁護士は社長との約束どおり、労働争議になっても背後から参謀役として指揮をとり、会社の計画どおり人員整理計画を成し遂げたのである。そこで顧問弁護士は、社長に対して約束どおり経営責任をとって社長の辞職を求めた。

　ところが、社長は前言を翻して、オーナー社長であるから社長辞任を拒否したうえ、「なぜ顧問弁護士が社長人事に口出しするか」と反論した。怒っ

188

たのは顧問弁護士である。

「自分は、社長との約束に従い、罪もない従業員の人員整理を完遂した。従業員が血を流した以上、経営者が責任を取るのは当然ではないか。男として約束した以上、それを反故にするのは男の風上にもおけない」

「顧問弁護士からそう言われる筋合いはない。本日限り顧問を解く」

「当然だ。こんな信義に悖る会社の顧問は自分の方から本日限り返上する」

と啖呵を切って顧問弁護士を返上したとの話であった。その会社は、数年後に銀行管理会社となり、オーナーは追放されてしまった。

▨責任を回避する依頼者には断固とした態度で臨め

この先輩弁護士は、大正生まれで気骨のある方で、後輩弁護士は尊敬の目でいつも話を聞いていた。その弁護士は最後に、「弁護士も経営者も血を流した以上、きちんと責任を取るべきだ。責任を回避するような依頼者には、断固とした態度で臨むべきである。弁護士は、依頼者の言いなりになってはいけない。きちんと筋を通せ」と言われて話を締めくくられた。

私はこの話にお茶を飲みながら感動した。私もこういう弁護士になりたい。依頼者や顧問会社に振り回される弁護士は、本当の弁護士ではない。しかし、依頼者や相手方の心の痛みも同時に理解できる弁護士にならなければならないとも思った。

依頼者は欲深い要求を弁護士にしてくる。私も、顧問会社を顧問弁護士の解任を覚悟して依頼者を説得することもある。だからこそ、私は特定の顧問会社の報酬が、私の事務所収入の10％以上にならないように努力している。いつ何どき顧問会社と喧嘩しても事務所経営に支障を招来しないようにしなければ、顧問会社に自己の司法哲学をもって説得できないからである。

●視点・論点●

- ・弁護士は、自らの司法哲学を持つべし
- ・依頼者の言いなりにならず、自らの信念でもって常識ある結論を模索するのが代理人弁護士の役割であると心得るべし

第4章　弁護士の矜持を考える

92

顧問弁護士としての会社の守り方

【解任されても顧問弁護士には言うべき職責がある】

▨顧問弁護士のつぶやきが頭取の態度を変えた

　顧問弁護士の役割を考えさせられた事件があった。ある都銀がRCC（整理回収機構）から損害賠償請求訴訟を起こされたが、RCCと徹底抗戦で臨んでいた。ある時、役員と顧問弁護士が打ち合わせをした際、顧問弁護士が頭取に向かって「天下の○○銀行がこんな事件の被告になるなんて」とひとりごとのようにつぶやいたのを聞き逃さなかった頭取は、その一言でRCCと和解を決断したという。私はこの話を聞いた時、顧問弁護士の役割は、顧問会社の耳の痛いことでも遠慮なく言うべきものだと感じたのである。

▨オーナーを説得するための儀式が必要な場合もある

　私の顧問先が、ゼネコンに請負代金を支払わないとして調停申立てを受けた。それは事業企画を途中で顧問会社が止めたことによる不払いである。工事請負契約もあり、訴訟になれば当方が敗訴するのは間違いなかろう。私は顧問会社にその旨を説得しながら抗戦していた。顧問会社はオーナーが創業者であるから、当然のごとくワンマン会社である。ワンマン社長は、なぜ敗訴するかわからないと言う。私は、「こちらの都合で事業を中止したのだから、契約の拘束力からいって違約金を支払う必要がある。契約条項からいえば４億円の違約金であるが、出来高精算すれば１億5,000万円くらいで済むから調停で解決すべきである。訴訟になったら４億円の違約金ですよ」と説得したが、社長は納得しない。

　相手方の幹部に当方の社長に頭を下げさせる儀式も実行させた。調停委員は「そこまでする必要があるのか。訴訟になったらお前の方が絶対に敗訴するよ」と親切に忠告してくれる。私は「わかっています。オーナー会社の社

190

長を説得するにはいろいろな手順があり、儀式が必要ですから」と言って調停委員をも説得しなければならなかった。

◯ 顧問を解任されても職責を果たす

いよいよ調停も大詰めに迫り、私は事務所の担当弁護士と社長を説得に行った。社長は、訴訟になったら絶対負けるかと聞く。担当弁護士は間髪を入れずに「100パーセント負けます」と言った。私も「私を顧問弁護士から解任されてもよいですよ。この調停案を受諾したら、今は私を恨むかもしれませんが、5年後に私に感謝しますよ」と言って調停をまとめた。私は担当弁護士に「よく言えたね」と言うと、彼は「私の任務としてあのセリフを言うために同行させたのでしょう」と平然と言う。私は、彼も一人前の弁護士に成長したと実感し、目を細めた。

私の予感どおり、この調停事件が解決すると、私は顧問弁護士を解任された。その2、3年後、風の便りに社長が「あの時、あの調停案を受諾してよかった」と言っているのを聞いた。その会社は上場して経営もうまくいっている。しかし、私は顧問弁護士は解任されたとしても、顧問弁護士の職責は十分に果たしたと思っている。

私の顧問会社で急成長した結果、組織化・近代化を急いでいる会社がある。そうなると古手の社員が会社の急成長についていけなくなり事実上解任されていく。私と親しかった人も辞めていった。私は本社の人間に「井戸を掘った人の恩を忘れたらいかんよ」と言うと、その人は「当社の顧問弁護士や税理士も異口同音に同じことを言われます」と答えた。

> **●視点・論点●**
>
> ・顧問弁護士は、顧問会社と永く付き合っていると、顧問会社の内情が手に取るようによく見えてくる
>
> ・顧問という者は外から会社を見ているだけに、会社の成長と問題点が見えてくる

第4章　弁護士の矜持を考える

93

法律は営業戦争に無力である

【弁護士には経営能力が基本的にないと心得よ】

⊠顧問会社の要請を断る

　ある顧問会社から、「ライバル会社が顧客を奪った。その手段も、飲む、打つ、抱かせるという卑劣な手段であるから、公正取引委員会に告発したい。ついては告発状を書いてくれ」という相談があった。私は、「公取委に告発状を提出したら、将来、御社も同じ目に遭うよ。これは営業戦争だから、相手と同じ手段で再奪回せよ。これは弁護士が出る幕ではない」と言って受任を断った。

　顧問先はライバル会社とも取引があって互いに売掛金、買掛金が発生している。私は、ライバル会社を牽制する意図の下に、売掛金請求の内容証明郵便を書いた。しかし、担当者はそれだけでは不満足であり、どうしても公取委の告発状を書いてくれと言うので、代理人弁護士名は記名せず、かつ、文書作成料を請求するという条件で告発状を作成した。ただし、上司と十分に打合せをしたうえで公取委に提出せよと忠告した。そして、担当者の強い要請の下、ライバル会社には顧客奪回の手段が不公正であるから、公取委に告発する用意がある旨の内容証明郵便も発送した。

⊠トップセールスで取引先を奪回せよと顧問会社を説得

　ライバル会社の顧問弁護士は私の親しい弁護士であった。互いに本音で交渉すると、共にこれは営業戦争で弁護士が法律論で律する問題ではないということに意見が一致した。その後両社の顧問弁護士は、この営業戦争には共に関与せずに、営業担当者の営業戦術を見守ることにした。担当者は相変わらずしつこく相談に来たが、私は相手にしなかった。私が同じ手段でやり返せといっても、当社にはそういう予算はありませんという。

192

わたしは「それではトップセールスで社長や営業幹部が日参して取引再開を交渉すべきでないか」と忠告した。これは私が会社更生管財人の時、会社幹部を同行して取引先に赴いたところ、弁護士が頭を下げて営業開拓に来たということで、1億円の取引成立に至ったことをじゅんじゅんと説得した。私もかねてからトップセールスというのがどういうものかと疑問に思っていたので、私はこの経験で初めて理解したのだ。

◤営業戦争に弁護士の出番はない

私は、弁護士は会社更生管財人等の企業再建以外は営業開拓に足を入れるべきではないと思っている。また、顧問先の営業戦争は基本的にはその会社の営業マンの知恵と努力でなすべきであり、顧客獲得をするのに法律家を使って法的手段に訴えるのは筋が違うと思う。法的手段に訴えたら相手方あるいはライバル会社から同様に法的手段に訴えられるということを覚悟すべきである。顧客獲得や売上増進はやはり地道な努力と知恵を働かせ、顧客のニーズを的確につかまないとうまくいかない。営業戦争には法律は無力であり、法律で営業戦争に勝とうとするのは間違いではないだろうか。

企業再生に従事していると、企業経営とは本当に難しいものだと感じる。にわか勉強してもその企業の経営や営業活動の本質は私たちにわかりっこないのだ。私が会社更生管財人をやっている時にトップセールスに赴いたが、同行した専務が菓子折を両手で持って取引先に配っていたのを目撃し、弁護士にはそういう発想はないと痛感した。

基本的に弁護士は法律家であって、企業の営業活動の何たるかも知らないし、戦力にもならないと自覚すべきである。そして、法律を武器に営業戦争をすればそれは邪道だと思う。むしろ、そうだからこそ、弁護士の存在意義があるのだ。

●視点・論点●

- ・弁護士は、法律の専門家であるからこそ、存在価値がある
- ・私は、弁護士には営業能力、経営能力はないと思っている

第4章　弁護士の矜持を考える

94

弁護士作成の契約書だからと信用は禁物

【依頼者の利益を最大限に確保するのが弁護士の役割と肝に銘ぜよ】

⊠弁護士は依頼者、相手方双方に対して公正ではない

　ある依頼者から、相手方の弁護士が起案する契約書は大丈夫だろうかと電話相談があった。私は、弁護士は、基本的に自分の依頼者に有利な方向で契約書を起案するから、相手方から契約書案がきたら、直ちに私に FAX するように指示した。しかし、依頼者は「弁護士が起案するのであるから、双方にフェアでしょう」と言うが、私は即座にそうではないと否定した。往々にして市民は弁護士は基本的人権の擁護者であり、社会正義の実現に邁進するのであるから、常にフェアに仕事をすると思っている。勿論、弁護士は右の理念のもとに仕事をするが、基本的には依頼者の利益を最大限に確保するのが義務である。

⊠契約内容を見て止めるよう依頼者を説得

　早速、私の方に契約書案が FAX されてきた。契約書を一読するとあまりにも相手に有利な片面的契約書であった。私は契約書の字句の訂正ではなくて、そもそも本契約の目的は何かを聞く必要があると判断した。要するに、ビジネスの目的である。共同事業をするにあたり、当方の目的は何か、相手方に何を求めるのか、共同事業で何を達成するつもりなのかと質問した。

　依頼者は、相手は大学の先輩で、東京進出の足がかりにしたいという。私は、「ビジネスの世界はシビアであるから、単に大学時代の先輩、後輩がそのまま通用するのではない。共同事業がうまくいかなかった最悪の事態をどう想定しているのか。君はビジネスを甘く考えているのでないか。ヤクザで

194

も最悪の事態を想定して動いている。営業戦略、戦術を講じないビジネスを
展開するのは経営者失格だ」とたしなめた。

　私は「この共同事業はやるべきではない。あなたにとって何のメリットも
ない。利得するのは、あなたのお金で勝負する相手のみでないか。もう少し
九州で地力をつけて東京進出を考えるべきである」と忠告した。会社の上層
部は私と同様の意見であった。社長も私と同様に一喝したらしいが、どうも
共同事業に未練があるようである。

⊠弁護士が起案した契約書だからといって無条件に信用するな

　契約書の起案をどちらが主導権を握るかは弁護士同士の交渉でも激しいも
ののひとつである。私が唯一相手方に起案を任せたのは、プレパッケージ方
式の民事再生をする際の営業譲渡契約書の時のみである。それは、私の親し
い弁護士の弟分であって、同じ大学の同窓生で信頼感があったからである。
俺は忙しいからおまえが起案しろと指示したら、後輩弁護士はいそいそと起
案し、私が手を入れて確定稿の契約書とした。

　こういう例外ケースを除いて、弁護士起案の契約書だからといって無条件
に信頼するのは危険である。自分のほうに落とし穴がないか注意するべきで
ある。日本は総じて契約条項は少なく、本契約書に記載していない条項や契
約条項で解釈の相違が生じたら、双方が誠実に協議して解決を図るという抽
象的事項で締め括る。

　他方、アメリカの契約書は分厚く、想像できる限りの紛争を想定して数多
くの契約条項を書いている。契約書ひとつとっても法的文化の差がみえる。
日本の契約書でも徐々に契約条項の多さが目についてきたのは、アメリカの
契約社会の影響なのだろう。そのグローバリズムという言葉では簡単に解決
したくない。この解答を見つけるのは、これからを担う若き法律家諸君だ。

```
●視点・論点●
・日本とアメリカでは契約書の位置づけが決定的に異なる
・どちらが良い悪いではなく、法文化の差と心得よ
```

第4章　弁護士の矜持を考える

⑨⑤

弁護士は分をわきまえろ

【弁護士は軽々に保証書など書いてはならない】

▨弁護士にM&Aの保証を求めるファンドの真意

　私の顧問会社がM&Aでオーナーの持株を300億円で売買した。買主は外資系のファンドである。問題は、そのファンド会社が顧問弁護士の私に、「売主である私の顧問会社には何ら法的問題はない」旨の一筆を書いてくれと言う。私はその顧問会社のトラブル処理についての法律相談は受けているが、財務内容についてはほとんど知らない。決算書も見たことがない。そういう私に、その顧問会社が法的に何ら問題はないという証明書を書く資格はない。総務部長も、「先生、書かない方がいいですよ」と事前に私に耳打ちをしていた。

　私はそのファンドの担当者と会った。担当者の説明を一通り聞いたあと、私は担当者に尋ねた。

　「私が一筆書いたら、私の証明書の報酬はいくらか。30億円くれるか」と言うと、担当者は驚いていた。それはそうだろう。

　しかし、私は基本的にファンドが嫌いである。金融資本主義が主流であるのはあきらかにおかしい。金融はあくまでも産業の僕であり、産業の潤滑油であるべきである。だからこそシカゴ学派の提唱する新自由主義経済がリーマン・ショックで破綻したのである。ましてや外資系ファンドは、私に言わせれば「ハゲタカファンド」であるから、拝金主義者であり、万一、ロスが生じたら、私に保証責任を追及するのは必定とみた。

▨顧問会社だからといって弁護士がすべてを知っているわけではない

　担当者は、この保証書がないとM&A契約が成立しないから是非とも私に保証書を書いてくれと必死に頼む。私は「仮にファンドが50億円の謝礼を

196

支払うと言っても、会社の財務内容を知らない私が無責任に保証書を書いたら、弁護士として責任を負うのは当たり前ではないか。君はその狙いでもって私に保証書を書いてくれと言っているのだろう。私には弁護士としての矜持がある。あんまり弁護士を馬鹿にするな」と言って担当者を帰した。

後日、顧問会社の総務部長から聞いたところ、「どうも東京の弁護士が保証書を書いたらしいですよ」とのことであった。私は、その書いた弁護士の矜持は一体あるのかと疑問に思った。そして弁護士の責任を一体どう考えているのか。単に決算書をみて、問題ないと判断したのであろうか。顧問会社と言っても顧問弁護士はそのすべてを知っているわけではない。粉飾決算をしているかもしれないし、顧問弁護士が知らないコンプラ違反があるのはざらである。私の顧問会社に何ら法的問題点はありませんと軽率に判断できるほど、私は超有能弁護士ではない。また、弁護士という肩書きで書く書類はそれだけ重みのある書類である。

軽率に軽い調子で文書を作成するのは弁護士の権威を失墜させることになる。それを守るのが弁護士の矜持だと思う。

私は尊敬する先輩弁護士から「顧問弁護士は、顧問会社の内情を知っておくべきだ。決算書を毎年見て、顧問弁護士として経営陣に意見を言え」と指導を受けたことがある。

ある時、私の顧問会社がM&Aの申し入れを受けて、過去10年分の決算書を見た。私の顧問会社の経営力の素晴らしさにびっくり仰天したことがある。このように顧問弁護士といえども、顧問会社の内情をすべて知っているわけではないのだ。

●視点・論点●

・弁護士という肩書きの重みを意識して行動すべし
・弁護士としての矜持を意識していれば、無責任な判断はしないものである

第 4 章　弁護士の矜持を考える

96

弁護活動の基本動作はルーティン化すべし

【説明義務を尽くせば依頼者の信頼がついてくる】

▲基本はすべての書面、書証等は依頼者に渡すこと

　医師が患者に対して説明義務があるのは今日では定説となっている。従前は「ガンの告知義務があるか」で議論されていたが、今日で議論されているのは、告知義務はあるが、それを患者本人にするのかその家族にするのか、そうしてその程度はいかなる程度かくらいである。

　他方、弁護士には依頼者に説明義務はあるか。昔の弁護士だったら説明もせず、「それは私に任せろ」という豪傑もいたかもしれないが、今日ではそういうわけにはいかない。

　私の弁護士の恩師は、裁判の都度、書面できちんと期日報告をされ、かつ、証人尋問の場合は、証言の骨子まで手書きで報告されていた。私もそれを見習って、当方の書いた書面は勿論のこと、相手方の書いた書面や書証、そして証人調書も全部コピーして依頼者に送付している。これは、依頼者にとって自分の裁判は現在どうなっているのかを、弁護士として依頼者に説明するのは当然ではないかと思うからである。だから、私のファイルと依頼者のファイルは同一であり、忙しいときは依頼者に架電して「書証のここをみて」「これはどういう意味か」と、電話で打ち合わせをするメリットもある。

▲刑事事件でも調書全部をコピーし渡すべし

　この頃、一審の裁判を他の弁護士がやって、控訴審で受任するケースも増してきた。その際、私は依頼者に本件訴訟の記録を全部持って来るよう指示するが、判決書のみしか持っていないケースに遭遇すると、依頼者が原審の弁護士に不信感をもつのは当然だと思うことがある。電話報告だけでは、

198

「報告した、していない」の水掛け論に終わり、弁護士懲戒申立てをされたときは弁明のしようがない。私はそのためにも、「〇月〇日付け報告書をみろ」と強く主張できるようにルーティン化している。

　同様に刑事事件のときは、期日報告をするのは当然として、否認しているときは、調書全部をコピーして被告人に送付する。そして、おかしい所は赤鉛筆でチェックし手紙で自分の主張を私に書けと指導している。私はその手紙をみて、再度調書を読み直して、被告人と接見して打ち合わせをする。この方が短時間で打ち合わせができ、かつ、被告人との信頼関係も築けるし、事件の真相も究明できると思っている。こういう手法をとっていると、被告人との面会時間も合理化できて、短時間で済ませることができる。事件の真相を知っているのは被告人が一番だから、被告人の主張を思う存分言わせて、弁護戦略、戦術を立てる。おかげで筆不精の被告人もまめに私に手紙を書いてくるようになり、被告人自身も内省することができる。こういう手法で私は無罪判決を2件とり、しかもそれはすべて検事控訴はなく一審で確定している。

　有罪判決であっても求刑より軽い判決をもらった場合も多々ある。たとえば、2年間位、無罪を主張して、さらに捜査機関の違法捜査を主張し、通常の相場より半分位で、かつ、未決勾留日数中の多大な算入で、2年位の実質上の実刑判決をもらったことがある。

　刑事裁判は被告人の納得の問題だ。そのために弁護人は被告人の納得感を得させるよう努力すべきである。

●視点・論点●

・説明義務を尽くすこと。そうすれば、依頼者との信頼関係が構築できる

・説明義務を尽くすことは、弁護士にとっても、円滑な事件処理や事件解決に有益である

199

第4章　弁護士の矜持を考える

97

弁護士の自己宣伝には要注意

【専門や得意分野は世間が評価するものと心得よ】

⊠弁護士選びにインターネットの利用者が増えた

　最近は弁護士を選ぶのに、インターネットを通じて決める人が多くなったように思う。弁護士がインターネットのホームページ等で、「自分は○○が専門だ」とか得意だなどと自己PRしていて、その情報でその弁護士に依頼するようだ。

　私が司法修習生時代、指導弁護士に「私は医者の息子だから医療問題や、労働法を専攻したから労働問題を中心にやりたい」と言った。そうすると指導弁護士は、「専門や得意は自分が決めるのではなく、世間が決めるのだ。自分で吹聴するものではない」とたしなめられた。

　弁護士歴30年を経過すると、その指導弁護士の言葉は納得がいく。医者の世界では「専門医」制度ができたが、それはペーパーテストや講演の受講歴等で認定されているに過ぎず、世間ではその専門医や認定医でも言葉通りには信用していない。やはりその医者の治療方針や治療歴でその病気の専門医か否かを判断しているのだ。

　弁護士界でも一時、専門医にならって「専門弁護士制度」を制定しようかと議論になったが、誰がその専門性を認定するかでうやむやになった。私はやはり、自分から「○○は私の専門である」というのはおこがましいと思う。その事件を数多くそしていい解決をし続けていると、世間は、「あの弁護士は○○が専門分野だ」と評価するものだ。

⊠インターネットでみつけた弁護士とは信頼関係に問題が生じやすい

　私の遠方の友人が、娘の離婚問題で、父と娘が弁護士選択で対立しているとして、電話相談があった。娘はインターネットで見つけた、若いアメリカ

帰りの離婚専門と標榜している弁護士に依頼したいという。父は自分の大学の友人で60歳を過ぎた経歴をもつ弁護士に依頼したいと言う。私は友人である母に言った。「離婚事件は弁護士なら誰でもできるものであり、専門というほどの事件ではない。それを専門と標榜しているのは実力がない者の羊頭狗肉であり、アメリカ帰りであることが日本の離婚問題には何ら関係ない。むしろ離婚問題は、人情の機微や男女の考え方の違い等を理解している年配者の弁護士のほうが、娘さんのためになるよ」と忠告した。

　私もセカンドオピニオンを求められる機会が多くなった。依頼した弁護士の説明や方針に得心がいかないからという理由だ。その依頼ルートはインターネットで調査した結果というものが意外と多い。

　私は基本的にはインターネットの世界はあまり信用しない。無責任な言動がそのまま流布されるので、はたして発言責任を問えるのかという疑問がある。今やネット社会では、弁護士に事件を紹介してピンハネする会社もあると聞く。これは立派な非弁と提携する弁護士法違反だ。

　私は口コミの紹介者なしでは基本的には事件を受任しない。紹介者を通じてその人の人間性をみて、受任の選択をすることにしている。

●視点・論点●

・依頼する側にとって、弁護士選びは広告に頼らざるを得ないのも仕方がないが、弁護士には「広告宣伝に頼らず、口コミで評判が広がるくらい、数多くいい仕事をし続ける」という気概が欲しい
・インターネットによる情報収集は確かに便利である。しかし、口コミでの紹介は、依頼者自身や紛争の経緯・原因の背景を察しやすくなることがある。依頼者本人とその紹介者との関わり方も参考になることがある

第4章 弁護士の矜持を考える

98

武士は食わねど高楊枝の精神が大切

【高い志と信念がないと必ず堕落する】

◆若者には高い志と強い信念が求められる

NHKの大河ドラマ「花燃ゆ」を見て「志」の意味を考えていた。

特に吉田松陰の「松下村塾」で、師弟ともども議論し、互いの志の高揚に努力している場面が好きだった。それは、私の青春時代、学生運動で仲間と激論を交わしていた場面とよく似ている。

世の中を変革するという志は同一であるとしても、その戦略戦術論で議論が分かれ、セクトが発生し、内ゲバにまで進展した。私は組織が嫌いでセクトに加入せず、ノンセクトラジカルで一貫してきたが、激論は徹底的にやった。皆あの頃は志があり、自己の信念を貫こうと努力してきた。運動がだんだんと過激になってくると必然的に脱落者も増してきたが、それは志と信念との闘いだった。

学生運動の敗北感で司法試験の勉強をし、弁護士になったが、司法研修所に入所すると私と似た経歴の連中が多数いた。司法試験合格者500人のうち、学生運動挫折者が約350人、内逮捕歴のある者が70人位であった。全セクトのヘルメットがそろっていた。

当然の如く、皆は学生運動の敗北感から法曹人として志を持って仕事をしようと思い、秘かに己の志を実現するよう努力してきた。心ではいい生活をしたいと思っていても、誰も「弁護士で金儲けしよう」とは口が裂けても言わなかった。「基本的人権の擁護と社会正義の実現」のために弁護士活動をするのは当然の前提であった。ところが、この10年位前から「君はなぜ弁護士になりたいのか」と尋ねると、平気で「金儲けするために弁護士になりたい」と言われるようになった。それを聞くと私は激怒して「おまえは帰れ」

202

と言って追い返すことにしている。

⊠最近は志と品位の低い弁護士が目立つ

　司法改革の一環でロースクール、そして司法試験の合格率の高さから容易に法律家になれる時代になったせいか、志の低い弁護士が増加してきたように思える。自分はなぜ法律家になったのかは常に原点として考え続けていかねばならないと思う。

　確かに弁護士が倍増したにもかかわらず、事件数の減少で事務所経営が厳しくなったのは事実であるが、志と違う事件処理や金銭への執着の強さに唖然とすることが多くなった。手数料稼ぎとしか思えない申立てなどが増加した。しかも依頼者の無知に付け込んだ高額な手数料の請求等、聞いていても絶句するケースも増した。これも志の原点を忘れた言動であろう。弁護士の不祥事の増加も弁護士の志の低下のせいと思う。

　「武士は食わねど高楊枝」の精神で、弁護士は、昔は一切営業活動をするべきではないとされてきたが、この頃はネット社会故か広告宣伝がはびこり、弁護士の品位の低下を招いている。実に嘆かわしい時代になった。志の原点を忘れまい。

━━●視点・論点●━━

・己の志を実現するよう努力してきた者たちは、簡単に、品位を落とす言動はしない
・弁護士増加に影響される風潮に流されず、弁護士の存在意義を見直すべし

第5章
弁護士人生拾遺

「人生いろいろ」に学ぶことが多い

第5章　弁護士人生拾遺

⑨⑨

貧すれば鈍する

【銀行が弁護士に連帯保証を求めてくる非常識】

⊠弁護士に借金を申し込む人たち

　弁護士倫理上、弁護士は依頼者にお金を貸したり、保証人になったりして
はいけないことになっている。

　弁護士を長年やっているといろんな人がやって来る。見も知らぬ人から電
話があって「折り入って重大な相談があるから、打合せに伺いたい」という。

　私は法律相談の打合せを入れるときは、必ずどういう相談かのポイントを
聞くことにしている。そうすると、なんとその人は、誰にでも相談できない
から私に借金申込みの相談をしたいという。しかも、電話帳で私の名前を見
つけて電話したというのだ。私は怒って、「冗談じゃない。なぜ弁護士があ
なたにお金を貸す必要があるか」と言って電話を切った。

　また、「近所まで来たが、タクシー代を2,000円ほど貸してくれないか」と
いう電話もある。私は、こういう電話には、「弁護士は、人にお金を貸して
はいけないことになっている」と言って、すべてを断っている。

⊠弁護士に保証をさせようとする銀行役員

　ところが、ある事件を処理しているときに、銀行の取締役から、「先生の
依頼者の借入金不足分は、先生が連帯保証するんですね」と真顔で言われた
ことがあり、そのときは、文字どおり開いた口がふさがらなかった。それは、
再建的任意整理の事件で、不採算店は売却して、売却代金から借入金の不足
は損金処理する、という約定の下に進めていた事案である。

　私は、烈火の如く怒って「おい取締役！　貴行の営業店を建設するとき、
建築業者に、取締役がいちいち連帯保証しているか。個別事件ごとに、弁護
士が連帯保証していたら、弁護士は何度も自己破産する必要がある。この任

206

意売却の話は流した。強制競売をやってみろ。私が今提示している金額の５分の１も回収できたらいいほうじゃないか」と怒鳴った。取締役は驚いて、「部下の報告を確認に来たので」と、しどろもどろに弁解する。

　私は怒りがおさまらず、「だから、お前の銀行は倒産するという噂が流れているのではないか。貧すれば鈍するとは、お前の銀行のことだ」と、顔を真っ赤にして怒鳴ったのだった。

⊠低俗な銀行員のプライド

　取締役はますます青ざめて、私の保証の話を撤回するとしきりに言うが、私はこの時、この銀行の正体を見たと実感した。その銀行の悪口を30分ほど怒鳴って、私の条件を承諾させた。そして、無事任意売却を終え、その銀行に約定どおりの返済をした。それでも借入金に対しては、数億円の不足がある。

　後日、銀行の担当部長と課長が来て、「先生、あの任意売却でよかったんですよね」と確認した。私はすかさず、「あの任意売却を実施しなかったら、貴行の損は10億円は超していただろう。絶対に、あなたと私の決断が正しかったんですよ」と言って慰めた。しかし、暴力団からならいざ知らず、ある程度の地位にある人から弁護士保証を求められたのは初めてであった。私は今、「貧すれば鈍する」という言葉をかみしめている。

　この話には続きがある。その取締役は、よほど私に悔しい思いがあったのであろう。後日、その銀行は不足金を裁判で請求してきた。私は徹底的に争ったが、事実上の債務免除の約束であったことから、敗訴判決であった。こういうこともあるだろうと考えて、主たる債務者の資産はゼロにしていた。銀行は、債権回収のために強制執行はできなかった。

●視点・論点●

・銀行には公共的使命があることを忘れるな

・銀行員には品格が問われる

第5章　弁護士人生拾遺

100

経営力とは第一次的には営業力だ

【攻めに弱い銀行員には企業再建は不向き】

⊠病魔に侵されてもなお再建に尽力した社長

　民事再生申立てをした会社の社長が亡くなられた。私は社長の死は「企業戦死」だと思った。

　社長は銀行出身であり、銀行の取引先の再建のために社長として赴任された。その会社は小売業であったが、累積赤字が莫大となり、10年ほど前から銀行が社長を派遣していた。社長は起死回生の営業戦術を次々と打ち出すものの、デフレ不況でなかなかうまくいかず、とうとう民事再生の申立てとなった。そのころ、社長は病魔に侵されて病身のまま必死になって建て直しに奮闘中であった。

　しかし、銀行員の限界はある。もともと人間というものはその業界に永年身を置くと、知らず知らずのうちにその業界の発想をしていくものである。銀行員は、取引先の経営上の数字のチェックをして、第三者的に評価できたとしても、自分が取引先の社長になってはたして経営ができるかは疑問である。それは弁護士、経営評論家でも同じだ。経営評論家の経営する会社が倒産したケースも見聞きする。銀行出身者が経営建て直しに成功したケースはごく稀ではないだろうか。

⊠派遣された銀行出身社長の限界

　そもそも、銀行員は守りには強いが、攻めには弱い。小売業や製造業の経営には、基本的には攻めの姿勢が要求される。どういう商品が売れ筋かと見極めるのには、独特の臭覚を要する。その業界の事情を理解したうえで、問題点を把握し、営業戦略戦術を構築しなければならない。私には、銀行員にそういう才能があるとは思えない。勿論、銀行員でもそういう才能がある人

208

も稀にはいるだろうけれども。

社長は、スポンサーや金融機関や労働組合と精力的に再建策の交渉をしていた。何度も入院し、病床から部下に指示をして再建策の総指揮をとっていた。しかし、彼には限界であり、会社は矢も尽きた。それでも再生認可の決定を得て、社長を辞職し、療養に専念したうえで病死した。

⊠企業戦士として闘った社長への想い

社長の家族は、たまらない思いであろう。銀行員もある程度のポストに就いて、子会社の社長に就任していたら、こういう早死にもならなかっただろう。そして出身銀行からも赤字の垂れ流しをしたとして、銀行員時代の功績を否定されたというのも人生の晩節を汚した結果となった。私は社長の葬式に参列して、「社長、あなたは戦死した。それも人生最後に戦力を注入して再建に努力したが、あまりにも傷は深くて、あなたの尽力ではとうてい再建できない状況になった。それでもあなたは死力を尽くして頑張ったうえでの戦死だ。恥じることはない。どうか安らかに眠ってください」と心の中で社長の冥福を祈った。

企業の経営力は、営業力と資金繰り（財務力）で構成される。私は、基本的には、経営力は第一次的に営業力であり、財務力は二次的要素であると思っている。銀行員は、財務力や資金繰りの手法には長けていても、営業力は弱い。売上げをいかに伸ばすかは、その業界に精通していないとなかなか知恵は出てこないものだ。

●視点・論点●

・銀行員が派遣先の社長になったとき、派遣先の社員に自由に意見をいわせ、企画を出させて、それを鳥の目で決断できるかが問われる

・社長がすべての企画をする必要はない。部課長には虫の目で意見を言わせ、経営者は鳥の目で決断をすればよい

第5章　弁護士人生拾遺

101

天下りをすべて否定すべきではない

【国家のために有能な人材はすべての分野で】【活用せよ】

⊠企業再建に関わって経営の要諦を知る

　役人の天下りがいつも問題になる。キャリア組では、同期の1人が事務次官となれば、他の同期は一斉に退職し、天下りする慣例となっている。私が若いころ不思議に思っていたのは、畑違いの分野に天下ってはたして事業経営などできるのであろうかとの疑問であった。この疑問が氷解したのは、企業の再建に携わったことによる。つまり、経営の要諦は何かということが漠然とわかりかけたことである。

　つまり、企業経営は、経営哲学に裏付けられた経営戦略の下に、組織をいかにして一丸としてその営業戦術として動かすかに尽きる。経営者が経営のすべてに精通する必要はない。それは優秀な部下や専門家に任せて、総指揮をとればよい。企業トップに求められる資質は、組織をいかに機能的に動かす能力があるかないかである。零細企業の社長は、それこそ社長兼中隊長兼小使いの役割を果たさないともたない。しかし、大企業は、部下に権限を与えて、いかに目標に向かって部下を動かすかが問われる。

⊠上場企業が元高級官僚を受け入れる理由

　ここで私は役所の機能を考えた。

　役所は、国、地方公共団体という大きな視点で、大勢の部下を指揮して政策を実行している。局長、課長は、詳細な部分は知らずに、大局が間違っていないかとチェックすればよい。そうすると、この論理や発想は、単に役所だけでなく、組織一般に通用する原理でないだろうか。役人の天下りには、互いに思惑があるだろう。営業の受注活動や情報収集等に受入先がプラスに

210

なるだろう。しかし、上場会社が、天下りした高級官僚を経営陣のメンバーに受け入れているのはなぜだろうか。経営陣の後継含みで受け入れている事実は、その天下り役人の優秀さを見込んでの採用ではないか。確かに役人には、素質的に素晴らしい人が多数いるのは事実である。また、官僚的発想、言動という無責任の蔑称といわれるのも事実である。大部分の役人は、永年の習性で官僚的体質が身に付いて、私はあまり好きでないタイプが多い。しかし、役員の天下りといって一切を否定することはない。

▨問われるのは人間としての器

やはり有能な人は、適切な場所で働く場を設定するのが、国家の人材の有効な使い道であろう。組織の機能的運用を考えれば、役人の天下りは否定すべきではない。この理は、民間の大企業の出身者が子会社に天下るのも同様である。問題は、天下り先の組織のメンバーが天下りによりやる気を喪失するのか、そして天下った人間が天下り先で全力で組織活動をするかである。やはり、そこに人間の器が問われている。器のない人間はどこに行っても同じである。

昨今、官僚バッシングが激しい。「居酒屋タクシー」等で、官僚批判が強い。しかし、私はそれは間違いであると思う。政治家の国会質問に備えて、模範回答作成に午前零時過ぎまで公務員たちが待機する。彼らは安い賃金で狭い官舎に居住して、家族を犠牲にして国家の運命のために日夜努力している。それを終電もなくなった午前零時過ぎに自宅に帰宅するのにタクシーを利用してどこが悪いのか。

●視点・論点●

・組織には必ず腐敗分子がある
・それをマスコミが象徴的に拡大解釈してバッシングするのは、有能な
　官僚を侮辱することになる

第5章　弁護士人生拾遺

102

会社のために泣いて馬謖を斬る

【事件の背景を知ることによって解決策が見えてくる】

⊠手形の延着で5,000万円の請求

手形を宅配便で送ることがある。ところが、手形を入れた宅配便が指定された時間に配達されずに会社が倒産した、として損害賠償を受けたことがある。損害賠償の請求額も5,000万円である。その手形の延着で、なぜ5,000万円の損害賠償額か疑問があるが、まずは、なぜ手形が延着したかである。

荷受人は、地元で名が通っている暴力団員である。これは一筋縄ではいかないと思い、私は、担当運転手と荷受人の共謀の事実がないかと事故係に調査を命じた。その運転手は、勤務成績は良く真面目な性格だという。ただ彼の父がその暴力団員と親交があるという。

⊠運転手を徹底調査

私は、荷受人と運転手の父の圧力で、運転手が故意に配達を遅らせたのではないか、と思った。担当者に、その運転手のその日の行動記録の裏付調査をすると同時に、その運転手に報告書を書かせ、その報告書の疑問点を徹底的に調査するように命じた。

担当者は調査結果が判明するとすぐに、ファクスで私に報告書を送ってきた。私はその報告書をみて、さらに追加調査を命じた。

その間にも荷受人は、早く損害賠償金を支払うよう催促にやってくる。私は担当者を通じて、訴訟をしてもらうように丁重にお願いすることと、「この場合、担当者としては支払権限はないが、判決があれば支払えるから、裁判が早いですよ」と応待するよう指示した。

本件の営業所は遠方だったので、私が受任の挨拶をするまでもなく、また、

212

近日中に事件の真相が判明すると判断していたから、わざわざ私が前面に出る必要はないと思った。また、この担当者も骨がある男だったので、十分担当者レベルで対応できたことも幸いした。

⊠泣いて馬謖を斬る

運転手の事情聴取に変化が生じてきた、と報告があった。私はさしずめ捜査検事と同じ立場にあり、電話で運転手への疑問点を聞くように指示した。

とうとう運転手は「荷受人と共謀のうえ、本件手形の延着を図った」と自白した。理由を聞くと、真面目な運転手は「何度も断ったが、父がその暴力団に不義理をしているから、その点をねちねちといわれ、父を救うために本件犯行に荷担した」と自白したのである。

担当者には、その自白を聞くとすぐに荷受人に電話させ、「運転手から本件事件の真相はすべて聞いた。訴訟をするならしろ、受けて立つ」と、強い調子で要求を拒否するよう指示した。

荷受人の暴力団員は、その電話以来、何も言ってこなくなり、一件落着となった。運転手は当然、懲戒解雇となった。

しかし、父を救うために悪事に荷担したこの運転手を、上司も泣いて馬謖を斬ったのである。

企業のどんな不正でも犯罪でも、必ず理由がある。大部分は従業員が責を負うケースが多いが、この従業員がなぜこの不正を働いたのか不思議に思うことがある。さらに家庭の事情や生い立ちを知ると涙することがある。

●視点・論点●

・労務管理の要諦は、忠実な原理原則の実行にあり
・不正は不正として処断すると同時に、同情すべきことは斟酌して、信賞必罰の原則を貫け

213

第5章　弁護士人生拾遺

103

労働組合は組合員の気持を大切にすべし

【組合に引きずり回された従業員の悲劇】

⊠休職期間6カ月プラス6カ月の延長

運転手が、ある朝目覚めたら突然失明した。原因は不明で、医者を転々としても、その治療方法はわからない。会社もその従業員にいたく同情して、病気休職の規定を適用して、治療に専念するよう指導した。治療の効果もあり、少し視力は回復した。本来は、労働協約や就業規則上、その従業員の場合の病気療養の休職期間は6カ月であった。6カ月が経過する寸前、労組からその従業員に無断で、あと6カ月休職期間を延長してくれないかと申入れがあった。会社側も、従業員は再び運転手としては働けないだろうから、違う人生を歩むのに特別に便宜を図って、休職期間を6カ月延長したのである。

⊠やむなく自然退職へ

そして、休職期間が1年を経過する直前に診断書を持参させたら、まだ治癒の状態になっていない。就業規則には、「病気療養期間満了時に病気が治癒しない場合は自然退職となる」と規定されている。ところが、組合と従業員は、運転手と異なる職種変更をして雇用を継続してくれという要求書を出した。会社には病気療養中の従業員が何人もいるから、職種変更に応じたら余剰人員を何人も抱えることになるので、その申し出に応じることはできず、当然のごとく断った。そして、自然退職の規定を適用した。組合と従業員は、地位保全の仮処分を申請した。

⊠労働組合が主導した訴訟

私は常日頃から、労働問題については、社内秩序の維持と従業員の平等原則を貫徹するために、断固たる決意で労務管理に当たるべしと顧問会社に指

214

導している。私はこの仮処分の審尋で、「会社としてはすでに十分なる恩情を示している以上、これ以上の恩情はかけられない」と組合側の要求を突っぱねた。主治医を尋問すると、「病気療養1年後の状態では労働できない、ましてや運転手として働くなんてとんでもない。日常生活ですら、危なっかしい」と証言した。

私はこの証言を聞いて、会社側の勝訴を確信して、労組の委員長に「解決金で和解したほうがよいのではないか」と進言したが、労組委員長は拒否した。私は徹底抗戦し、仮処分決定も本訴の一審判決も、いずれにも完全勝訴した。控訴審で、裁判所は和解勧告をした。私は、従業員が盲学校に通学し、かつ、その妻が会社を辞めて違う会社に転職している事実をつかんでいたので、会社側に金銭的解決をするように説得した。従業員は和解の席に出ず、組合が前面に出てきた。従業員は、いわば組合に引きずり回されていたのである。従業員夫婦はそれが嫌であったのだ。

組合は要求額を500万円と主張するので、私は「判決をくれ、これで負けるはずはない」と強く主張すると、今度は裁判所が組合を説得した。結局私の主張どおり、解決金40万円で和解は成立したのである。

この事件ほど組合員が労働組合に引き回された悲哀を感じたことはない。

書記長は、教条主義者で組合のメンツを前面に出して、組合員の利益は二の次であった。可哀想なのは組合に引きずり回された組合員夫婦であった。幸いにして、委員長は組合外活動を幅広くやっていたことから、世間の常識をわきまえており、私との円満解決に努力した。組合の委員長から「先生、ありがとう」と礼を言われたときは、感無量であった。

●視点・論点●

・私はこの組合と6回訴訟をし、5勝1敗であったが、結果的に会社も組合も共につぶれた
・労働組合もあまり過激な主張ばかりすると、身を滅ぼすということを肝に銘じるべし

215

第5章　弁護士人生拾遺

104

暴力団員に対するゴルフ事故の顚末

【流儀を知れば示談書なしでも決着をつけられる】

◾当たった相手が暴力団

　私はゴルフをしない主義である。「狭い日本、なぜゴルフ場が多い」という理由である。それでも私はゴルフ場に行ったことがある。ゴルフボールがプレイヤーに当たった被害の事件処理のためである。

　冬の海風が吹くゴルフ場に行けば、寒中になぜゴルフをするのかと疑い、春先にゴルフ場に行けば、美しいゴルフ場の芝生にほれぼれし、ゴルフ狂の気持がわかる。

　さて、事件は上場会社の社員の一打が暴力団の組長の顔面を直撃したというものであった。私はゴルフ打者の代理人である。打ったら、遠くで「痛い」という声が聞こえたが、ボールが当たった瞬間は当方側は誰も見ていない。ボールが当たったと文句を言われた打者は、相手が一見して暴力団と知って顔面蒼白となった。

　あわてて見舞いに行き、100万円の見舞金を置いてきた。しかし、これだけでは終わらないであろうと思って私に助けを求めてきたのである。

　私は早速、その組長に受任挨拶状を送った。また、ゴルフ場の顧問弁護士からも私に電話があった。ゴルフ場の設計ミスでの事故ではないかと危惧しての打診である。過去の判例を分析すると、確かに、ゴルフの打球が当たりやすいゴルフ場の設計であれば、ゴルフ場の責任が問われる。

◾「口に出した言葉に二言はない」と示談書なしで解決

　問題は事故状況が被害者を除いてわからないことである。打球を打った瞬間の打者側の状況はわかる。しかし、被害者側の状況は判然としない。被害者側のキャディを事情聴取すればわかるはずである。その意味で、私はゴル

216

フ場側と情報交換する必要があると判断した。

ゴルフ場の顧問弁護士に、キャディの事故状況報告書をファクスするよう依頼した。すると、打球が組長に当たったのは本当だと判明した。あとは被害者の受傷の程度である。

依頼者に、組長はどこの病院に治療に行ったか確認したか、具体的な損害額の請求を受けたかと詳細に聞いた。しかし、組長は打者である会社員には「心配せんでいいよ」の一点張りであり、会社員にはそれが逆に不気味に感じられて、私に相談に来たのである。

私は、受任挨拶状を出して1週間も音沙汰がないのはおかしいと思った。暴力団は弁護士の受任挨拶状をもらうと、激怒して電話してくるのが普通である。

そこで1週間後に私は組長に電話した。組長は電話で「弁護士さん、100万円の受領でいいよ。彼も悪気で打ったわけではないから」という。

私は「それでは、債権債務がない旨の示談書を送りたい」というと、組長は「俺たちはいったん口に出した言葉は、代紋を背負って吐いた言葉であるから、二言はない」と、啖呵を切った。

私は彼らの流儀を知っていたから、これで一件落着とした。そして、今日まで何もない。

●視点・論点●

・私は「男に二言はないな」と言って、示談書なしで示談をまとめたことは数回ある
・そして、そのとおりに円満解決のまま過ぎている
・しかし近頃は、クレイジークレーマーが増加して、その対応策に苦慮している

217

第5章　弁護士人生拾遺

105

接待ゴルフ中の事故は解決が難しい

【本筋は何がなんでも和解でまとめるべき】

⊠ゴルフをしない私に舞い込むゴルフ事故の事件

　私はゴルフをしない。その代わり損保の仕事をしているので、ゴルフ保険の関係でゴルフ事故の事件の依頼が舞い込む。

　損保の担当者と打ち合わせすると、外国語を聞いているようで、ちんぷんかんぷんの問答となる。インとは何か、アウトとは何か、と全く意味がわからない。何度説明を聞いてもわからないから、ゴルフ場に検証に行くことになる。美しいグリーンの芝生を見ると「きれいだなあ」と思わず口に出る。すかさず損保担当者は「先生、ゴルフ始めましょう」と言うが、私は「狭い日本、なぜゴルフ場が多い」と言って頑固にゴルフを拒否している。

　さて、今回の事件は取引先同士の接待ゴルフの際の事故で、同じプレイヤーの打った球が、先行組の顔面、それも左眼球に直撃して左目の視力が低下した事件であった。

　私の依頼者のゴルフ歴は浅く下手くそで、プレイヤーの仲間に迷惑をかけないように自分のプレイを消化するのが精一杯であり、他の同伴者の動向を注視する精神的余裕はなかった。

　被害者も同様のゴルフ技量であった。被害者は先行して打ったが、自分の打球を見つけるのに、後続打者の前でも必死だった。

　後続打者である私の依頼人は、「打つぞー」と声をかけてゴルフボールを打ったところ、前打者は条件反射的に後打者の方を見た。その瞬間に、左眼球に直撃球を受けた。驚いたのは後続打者である。自分の打球が前打者に当たるとは夢にも思わなかった。しかし、事故はこういう時に発生する。被害者が無意識のうちに打球の方向に体を動かして直撃を被るのである。

218

⊠接待中の事故は解決が難しい

接待ゴルフなので、被害者もなかなか示談交渉を切り出せなかった。しかし、視力が低下してくると接待ゴルフどころでなく、自分の生活がかかってくるので、訴訟を提起した。

私は、本件事件は接待ゴルフであるから、何がなんでも和解でまとめる必要があると思った。相手の弁護士も同意見であった。

争点は、打球の前に立たないというルールに反したという過失相殺論と損害論である。そして視力の低下がはたしてどの程度なのか、視力回復の可能性は、と次々と問題が広がっていった。私はゴルフルールブックを初めて紐解いて読み、過失相殺を主張した。幸いにして原告訴訟代理人はゴルフプレイヤーであったから、当方の過失相殺の主張には理解を示した。視力の低下と回復可能性は、眼科医と打ち合わせの結果、準備ができた。関係者一同、和解でまとめるべきだという方向で一致し、円満に和解で解決したのである。

接待中の事故は本当に神経を使う。接待の帰りの車の運転で交通事故を起こし、相手方が脳死状態になった事件を取り扱ったことがある。被害者の病院に赴いて、被害者の病室をみたとき、延命装置に何ともいえない思いがした。被害者は一部上場会社の取締役であり、加害者も一部上場会社の社員だった。本来の損害額は2億円以上だったが、自動車保険は自賠責保険を含めて1億円であった。加害者は示談がまとまるまで窓際族になり、自腹で2000万円の個人負担をすることになった。

私はこの事件で、接待行為が本当にいやになったものである。

●視点・論点●

・接待の食事は互いに神経を使うから美味しくないので、できるならやめたい

・接待をなくしては、はたしてビジネスはできないものなのか

第5章　弁護士人生拾遺

106

役所の行政指導には十分な警戒を

【役人は事が起きると責任を回避するのが本性と理解せよ】

▨役所の行政指導で窮地に陥った依頼者

　役人（公務員）の官僚主義や無責任体質は、ある程度理解していた。私が駆け出しの弁護士のころ、国土開発許可問題で、依頼者の不動産会社が刑事事件に問責されたことがある。

　国土開発法では、一定面積以上の場合は官公庁の開発許可が必要なので、役所に相談に行った。役所の指導は、開発地域を2段階に分けて開発すれば国土開発の許可申請がいらないではないかとのアドバイスであった。

　不動産会社は、そのアドバイスに従って開発行為をしていたところ、同業者の密告で刑事事件に発展した。社長は行政指導した役人に捜査機関に弁明してくれと頼んでも、その役人は、そういう行政指導やアドバイスをした覚えはないと白を切る。社長は、役人の責任回避に激怒したものの、目の前の火を消す必要がある。社長は私に、不動産業の宅建免許の取消しだけはどうしても回避したいので、抜け道を探してくれと要請した。私は宅建業法を徹底的に調査したが、抜け道はないと判明した。

　そこで、私は、宅建業法違反の処分だけは絶対阻止の方針で、他の法律の罰金処分であれば宅建業の免許には無関係であることを見出した。そこで、検事との交渉で真正面からぶつかり、宅建業法違反以外の罰金であるなら甘受するが、宅建業法違反では問責しないでくれと要請した。検事も事情を理解し、宅建業法以外の罰金で処理してくれたので、不動産業者は宅建業法の免許をかろうじて死守することができた。私はこの事件以来、役所の行政指導には全面的信用はおかないようにしてきている。

220

⊠役人にも人間の器が物を言う

次に、私の顧問会社が役所発注の土木工事を請け負っていた時の話である。それは大手建設会社とのJV契約であった。その大手会社のひとつが民事再生の申立てをした。私の顧問会社は下請けに下請代金を支払う必要がある。顧問先はJV会社から約束どおり契約金をもらわないと大幅赤字になる。そこで他のJV契約の会社と役所に陳情に赴いて、既存の出来高と今後の出来高については、民事再生をした会社ではなく、JV契約当事者の我々のほうに支払ってくれと要請した。

私も法律上の説明をするために施主である役所に同行した。応対したのは、役所の部長であった。ふんぞり返って「おお。そうか、そうか」と言うだけの全く横柄な対応に、私は開いた口がふさがらない。こんな応対を受けたのは、生まれて初めてであった。同行した専務に「役人とはいつもあのように横柄ですか」と尋ねたら、いとも簡単に「そうですよ」と言われ、私はますます怒りがこみ上げてきた。私が学生のころ、叔父から「お前は絶対に官僚になれ」と言われたことがあったが、その意味が初めてわかった次第である。私も高級官僚を何人も知っているが、横柄と思ったことはないのでなおさらである。やはり人間の器の問題か。

●視点・論点●

・真の官僚と呼べる人たちは、実は謙虚で、日本国を本当に憂えている
　人たちである
・役人でも人間の器が左右する

221

第5章　弁護士人生拾遺

[107] 債権調査は慎重のうえにも慎重に

【配当後に債権が見つかり自腹を切るはめに】

▨銀行担当者の誤った回答でトラブル発生

任意整理をするときは、まず債権者の債権調査から始める。債権調査表を債権者に送付して、債権者一覧表を作成した。解決金も依頼者からやっと預かることができて、配当手続をした。債権調査から半年ほど経過していたから、私は急いで配当する必要があった。そのため、私は配当する直前に、全債権者に再度電話で債権額の確認をした。

ところが、ある銀行では、「当行に債権はありません」という。私はおかしいと思って、「保証協会等から代位弁済を受けているのでないか」といっても、「債権はない」という。私は、その銀行には債権はないと思って、配当手続を完了してしまった。

一件落着と思っていたところ、その銀行から電話があり、「当行にも債権はあった。子会社の保証会社から代位弁済を受けているので、その保証会社に支払ってくれ」という。

私は立腹して「あれほど、私が債権があるのではないかと再確認を求めたにもかかわらず、なぜ代位弁済の事実を確認しなかったのか。配当源資はもはやない。私の依頼者に再度配当金を持ってこいとは言えないではないか」と怒鳴り返した。

そうすると、その上司が出てきて、「そもそも債権調査を電話でするのがおかしいじゃないか」と怒鳴ってきた。その電話の横に私の性格をよく知っている部下がいた。「相手が悪い、これじゃ萬年弁護士も相当頭にくるな」と思い、私の事務所の取引支店に「問題が発生するよ」と忠告の電話を入れたようである。

222

⊠自腹を切った顛末

　早速私の取引支店から私のところに、心配げな態度の担当者が「先生、何か当行と揉めているのではないですか」と、様子を見に来た。

　訴訟になれば、私のほうが敗訴するに決まっている。しかし、私は腹の虫がおさまらないから、「その銀行との取引を中止する。本日現在の借入残額と預金残額をすべて持って来い」と指示した。その担当者は驚いて上司に報告し、私の喧嘩相手である営業店と善後策を講じて、その銀行の顧問弁護士に相談に行った。

　私はその顧問弁護士とは親しく、かつお世話になっている方である。顧問弁護士は私に電話で、「当行の不注意で申し訳ない。いくらか支払ってくれないか」と言われる。お世話になった方からの要請を無碍に断るわけにはいかない。

　本来の配当金額は60万円くらいであったが、私は顧問弁護士にゲタを預けた。私は「依頼者には言えませんから、私が自腹を切ります」と言うと、「それじゃ悪いが、20万円で」ということになり、結局、私が自腹を切ったのである。

　代位弁済すると記録のファイルは保証会社に行くらしい。それを確認せずに債権がないと軽率に返事をするべきではない。早期配当を目指した私の善意が仇となったケースであった。

●視点・論点●

・弁護士は債権者の回答を信用するしかない
・債権者は、債権調査の回答をする場合には、債権額、代位弁済の事実がないかを詳細に調査すべし

第5章　弁護士人生拾遺

108

セクハラ事件は慎重な調査が必要

【一夜妻には巧妙な罠が仕組まれることがある】

☒警察に駆け込まないレイプ被害者

　顧問会社に女性従業員の母と内縁の夫が突然乗り込んできて、女性の同僚からレイプされたと文句を言いに来た。総務の担当者は驚いてレイプしたと言われている男の従業員から事情を聞いた。すると、確かに、ラブホテルでセックスをしたが、その女性からの誘いで行ったのであり、合意の下であると主張する。私は、これは美人局でないかと疑問に思った。しかし、万一のことがあるから、総務の担当者に、全女性従業員に個別面接して職場にセクハラがあるか調査せよと指示した。

　その職場は男性従業員が70〜80人おり、女性従業員は10人前後である。女性従業員は全員20代であるから、男性従業員は自分の娘のように皆大事にしており、時には父親顔して「お前はきれいだから、早く嫁に行け」と冷やかすなど職場は和気あいあいで、女性従業員も満足している雰囲気がアンケート結果から判明した。当該の問題の男女カップルにも、男性のほうには問題がないようである。

　ところが、女性のほうは県の労働局に訴えた。県の職員が総務担当者に事情を伺いに来たが、詳細は顧問弁護士の私のほうに聞いてくれとかねて指示していたとおり回答した。県から私のほうに電話があり、私は担当者に「この問題をレイプとして被害調査を進めていたら、県のほうが恥をかくよ。レイプならなぜ直ちに警察に行かない。警察よりも県に指導を願う意図は会社から金をとる目的でないか」と強く主張した。県は逆に、「えらく強硬な姿勢ですが、一部上場会社だからこれがマスコミに知れたら大変ですよ」と私を脅す。私は、本件については従業員全体を調査しているから、レイプやセ

224

クハラの事実はないと断言できると言って電話を終えた。

⊠受任の挨拶状だけで一件落着

後日、県から再び電話があり、女の内縁の夫の氏素性を調べたかと私が尋ねると、県の担当者もこのまま調査を続行したら私の言うように恥をかくと思ったのであろう。「この事件から県は手を引きます」と言って電話を切った。

私は満を持して、この女性に本件問題についての受任の挨拶状を送付した。ご意見、ご希望がおありでしたら、私までご遠慮なく申し出てくださいといった内容だ。しかし、その女性から電話一本もかかってこなかった。これで一件落着と思っていたところ、知り合いの弁護士から女性から相談を受けたが、私の受任挨拶状をFAXしてくれないかと電話があった。私はそれを直ちにFAXしたが、念のため「先生、この事件を受任すると先生が恥をかくよ」と言い、一連の動きを詳細に説明した。

その弁護士もその後、何も言ってこなくなり、おそらく女性の主張はまゆつばと思って受任しなかったのであろう。これでやっと一件落着となった。

セクハラは許すべきではないが、慎重に調査しないと赤恥をかく。痴漢冤罪事件のように必ずしも女性の被害届が真実であるとは限らない。私も美人局事件を何件かやっているが、本当に巧妙に仕組まれている。

ある都銀の支店長が、中洲で一夜妻と楽しんだ。翌日に1,000万円の慰謝料請求を受けた。私は断固拒否すべきと忠告したが、美人局男は「あなたは将来、取締役になるだろう。そうすると、1,000万円は高くない。赤新聞にも発表する」と執拗に粘る。私は男と会って、この足で警察に行こうか、恐喝事件で刑務所にぶち込むぞといって、要求額を半減させて、500万円で示談した。依頼者の切なる希望で金銭賠償をした。

●視点・論点●

・男は一夜妻にうつつをぬかすと大きな代償を支払うことになる

第5章　弁護士人生拾遺

⑩

元請けの責任逃れにあ然

【下請けの倒産に元請けの自覚のないゼネコン】

⬛下請けと請負契約を締結したのに元請けではないと主張

建築土木の請負契約は元請け、下請けの請負契約を締結する。元請けの下請けに対する一括丸投げは、発注者が許可しない限り（ただし、国や地方公共団体はこれも禁止している）、禁止されている。

通常、元請けは下請けに発注する際に利潤をピンハネして発注価額を決める。発注者に対する責任はあくまで元請けにある。なぜなら、発注者との請負契約当事者は元請けだけであるからである。

あるマンション業者がマンションの建築工事請負契約をあるゼネコンと締結した。そのゼネコンは下請け業者に丸投げしたが、マンションの工事途中にその下請け業者は破産した。私はマンション業者に元請け業者であるゼネコンに工事続行するよう指示した。私の常識や業界の慣行からすれば、元請けが工事続行するのは当然だと認識していたからである。

ところが、驚いたことに元請け業者であるゼネコンは、「自分は名前だけを貸したのであり、元請けでない」という。私は激怒して「それが元請けというのでないか」と怒鳴った。

私の顧問会社である不動産会社や建築土木会社に聞くと、皆私と同じ結論であり、元請け業者の「元請けではない」との主張は笑止千万としてありえないと一笑に付するのみである。ゼネコンは請負契約金額の中からとりあえず自分の利潤分だけはまずとって、あとは下請けに回すシステムを取っているにもかかわらずである。

⬛孫請けに工事を完了させて分譲完売

私はゼネコンおよびその代理人である弁護士に対して、もっと勉強して来

226

いと追い返した。元請けがそういう態度であるから、孫請けと直接契約に切り替えて続行工事させ、何とかマンションを完成させ、完売させた。破産管財人から発注者に請負代金の請求がくるが、下請け会社との請負契約を締結した事実はないから、請求書の宛先が間違っているとして突き返した。

とうとう破産管財人は、発注者と元請けを被告として請負代金請求訴訟を提起してきた。当社は被告適格はないと強硬に主張したが、破産管財人としてはどちらから取ろうと関係なく、出来高精算してもらえばよいとのスタンスである。

1年以上その論争で終始し、裁判官もいずれにしろ発注者は請負代金の精算が必要であるから、と当方を説得した。そこで私は元請けを通じて下請けの破産管財人に支払うことで話をつけた。問題は出来高精算額である。将来の瑕疵担保責任を元請け、下請けが負わないことを前提にして大幅カットして何とか和解にこぎつけた。

しかし、私は元請けの主張には今でも腹の虫がおさまらない。そういう主張をするからその会社は倒産寸前まで追い詰められたのでないか。貧すれば鈍するとはよく言ったものだ。

その元請け業者であるゼネコンは、結局倒産した。請負工事契約もきちんと履行しないのであるから、倒産は当然であろう。しかし、元請け契約をしておいて、名前だけを貸したのにすぎず請負人としての責任はないとはよく言えたものだ。

●視点・論点●

・体力がない企業は、恥も外聞もなく無理難題をいうものと心得るべし

227

第5章　弁護士人生拾遺

110
記者は人間性をかけた取材活動をすべき
【国家には品格、マスコミには品位が問われる】

▨被疑者にあえて意地悪質問をする記者の品位を疑う

　ぶらさがりとは、マスコミ記者が取材対象者の脇にぶらさがるようにして取材活動をすることをいう。たとえば取材対象者が歩行していれば記者が同時に併行的に歩行しながら、取材活動をするのである。典型的には首相の番記者が首相の歩行に合わせて取材活動をしている姿を想起してもらえばよい。

　テレビのニュースを見ていたら、丁度ぶらさがりの取材活動が画面に出ていた。今話題になっている事件の報道で、逮捕前の被疑者を取材していて、その被疑者の悪印象を強調せんがため、被疑者を怒らせよう怒らせようという目的のもと、意地悪な質問の連続であった。

　テレビ局は、その被疑者の堪忍袋が切れて、「うるさい」と怒鳴るシーンをクローズアップして放映した。記者はこれで取材の目的を達したと思ったのかもしれない。とかくテレビ記者は絵になる映像を求める。私はその場面を見て記者の品格に疑問をもった。記者たる者は特権階級ではないのであるから、なぜ上から物を見て発言するのか、自分を何様と思っているのか。マスコミが第4権力といわれる、あるいは自称するなら取材の品位が問われるべきである。

▨私も似たようなケースを経験した

　私も似たようなぶらさがり取材をされたことがある。日本で一時注目された猟奇殺人事件の弁護人として、取材が殺到した。私はマスコミと報道協定をしてフェアな取材活動をするよう合意した。しかし、東京のテレビ局がその協定に反して隠しマイクとカメラでぶらさがりで私に取材活動をした。若

228

い女性レポーターがあまりにも失敬な質問を繰り返すので、私は思わず「うるさい」と怒鳴りつけた。後でその女性レポーターはこれでうまく取材できたと周囲に言ったという。ところが、弁護士との約束を破るとは何事だと言って私と報道協定した地元のテレビ記者が怒った。

私は事務所での取材には応じるが、自宅での取材には一切応じないという協定を結んでいた。それが私が仕事を終えた午前０時頃に帰宅すると、自宅前にテレビ記者が待ち構えていた。私は思わず協定破りではないかと怒鳴ると、地元のテレビ記者は、「東京のテレビ記者は協定破りだから、隠しのテープとビデオを取り上げたからその報告に参上した」という。私は信頼した地元記者の品位に敬意を表した。

◈マスコミの品位とは何か

マスコミ記者も品位が問われる。記者の人間性をかけて取材活動をすべきである。私も記者の不勉強振りが目につくと、勉強して出直して来いと怒鳴って追い返すことも多い。記者も品位を厳しく問われる。取材の品位のなさや不勉強振りが目につくとそのニュースの信用性は喪失し、かつ、その取材記者は軽蔑の対象となる。

私もマスコミ相手に、「マスコミ報道と人権」というテーマで講演することがある。その際、私が強調するのは、「弁護士とマスコミ人は同志である。基本的人権の擁護と社会正義の実現のために、我々は邁進している。ただ舞台が違うだけだ」という点である。

弁護士にも品位が問われるように、マスコミ人にも品位は問われる。品位は日頃からの勉強振りが物をいう。近頃のマスコミ人の不勉強振りにはあきれ果てる。もう少し、取材対象を勉強をし、かつ、取材態度にも礼儀が必要である。

●視点・論点●

・取材を受ける側は、時間を費やしても何ら謝礼をもらっていないのだから、取材する側はせめて基本的知識を勉強して取材に臨むべし

229

第5章　弁護士人生拾遺

111

死亡した胎児の賠償額に苦慮する

【妻・胎児を交通事故死させた加害者代理人の】 【苦悩とは

◼ 胎児と妻を失った夫の怒り

　結婚して以来、待ち望んだ子を妊娠した夫婦がドライブを楽しんでいた。ところが、反対車線で交通事故を発見した車がその衝突を避けようとして、その夫婦が進行していた車線に突っ込んで来て正面衝突したのである。夫は軽傷ですんだが、助手席に乗っていた身籠った妻は瀕死の重傷を負い、切迫流産し、胎児は死亡したばかりか、とうとう妻も事故の1週間後に死亡した。

　夫は、この交通事故で一瞬にして愛する妻と待望していた胎児を亡くしたのである。怒りはおさまらず、示談交渉を拒否して、いきなり訴訟をしてきた。

　私は加害者の代理人である。争点は、胎児に対する損害賠償をどうするかである。胎児はまだ人間として生まれていない以上、逸失利益は認められず、父母の慰謝料として請求するしかないのである。

　私は過去の判例や学説を探索した。問題は、慰謝料の値段である。判例や学説もまちまちであり、相場はまだ不明確である。加害者側としては、原告の請求金額を減額する方向で作戦を練り、主張する。

　しかし、夫の気持は痛いほどわかる。文献を見ると、胎児が第一子か否かで値段が違うということは判明した。待望の第一子か、あるいは第二子かで悲しみの度合いは異なるという見解だ。私は理論的にはそうかもしれないが、こんなに割り切ってよいのかと疑問に思った。

　私は常日頃、人間皆平等で、死者の慰謝料は同一であるべきだと思っているからである。現実の裁判でも死者が一家の支柱か否かで慰謝料の値段が異

230

なるのを、疑問に思っていた。その論理が胎児の慰謝料の値段にも反映されている。

⊠慰謝料の額に納得の判決

私の依頼者は、損害賠償額が本件事故で1億円を超すのではないかと戦々恐々としている。加入している保険金が1億円だからである。それで、「相手の運転もスピード違反だから、過失相殺してくれ」という。私は、「反対車線に飛び込んで行ったのであるから、過失100パーセントであり、相手方のスピード違反云々は問題にならない」と一蹴した。私としては、この判断は裁判所の判決に任せるしかないと思った。

夫は頑なに和解を拒否し、絶対に判決をもらうと息巻いているから、仕方ないと思ったのである。判決は胎児の死亡についての慰謝料を500万円くらいと評価した。私の予想よりいくらか高目であったが、よい判決だったと思う。

裁判官と後日会ったとき、「当然控訴されると思っていたのですが、控訴されませんでしたね」と述懐した。私は「いい判決でしたよ。依頼者も総額が保険の範囲内でおさまったから、控訴はしないと言ってくれました」と報告した。

人、いや胎児に値段をつけるのは本当に嫌であり、困難である。

死亡事故の場合の慰謝料算定でいつも私は悩む。人の死に臨んで、金持ち、貧乏人、男、女、社会的地位の高い人、低い人は関係ないはずである。1人の命は地球より重い。人の死亡の悲しみに差はないはずだ。

●視点・論点●

・人間皆平等であり、人間に値段の差があってよいはずなどない
・かつて、主婦に逸失利益や休業損害があるかと議論されて、否定説から肯定説に判例・学説が推移したのと同様に、死亡慰謝料も、将来、人間皆平等の理論が確立されるであろう

231

第5章　弁護士人生拾遺

112

人質司法は冤罪の温床

【ピストルの差入れまでして取調官に恩返しする】 異常心理の背景

❎取調官に迎合する被疑者心理

「先生、私の子分に〇月〇日〇〇公園のベンチにピストルをおいておくように電話してくれませんか」

「なぜ、そんなことをするの」

「私の取調官が、私にとても親切にしてくれますので、あの刑事さんに手柄を立てさせてやりたいのですよ。子分にとにかく早急にピストルを入手するように言ってください」

「君は正気か。ピストルの不法所持は何年の懲役刑か知っているのか。所持していないピストルを新たに入手してまでして刑事に手柄を立てさせてやりたいと言うとは。君は馬鹿か！」と大声で叱責した。

これは警察の留置場での被疑者と私の接見の時の会話である。

私は、接見が終了すると、すぐ取調官に面会を求めた。「私の依頼者がピストルを差し出すと言っても相手にしないように。彼はあなたに手柄を立てさせたいと馬鹿なことを言っているから」というと、取調官も「わかりました」と返事をした。弁護人としてこの場合、取調官に上記事実を報告すべきか否かは、弁護士倫理上の問題となるであろう。しかし、私はこれは依頼者の利益のためにも、むしろ取調官に事実を告白して、無用な犯罪の惹起を阻止するのが弁護士倫理に合致すると思った。

現に私のこの会話の1カ月後に、私のケースと全く同様で、弁護士が子分に指示してピストルを警察に差し出させた結果、弁護士がピストル不法所持の共同正犯として逮捕された報道を目にした。

232

問題は、正常な時には自分を罪に陥れることはあり得ないのに、なぜ逮捕勾留中にこんな異常な心理に陥るのかである。そこに代用監獄の問題性と長期勾留の問題性がある。

▨長期勾留は錯覚の世界を生む

　人質司法といわれているが、23日間毎日被疑者と取調官は顔を合わせる。気持がいろんな意味で通じ合うのだ。取調官も漫才と同じく、つっこみとぼけの役割分担をし、攻撃型と人情派に役割分担する。

　そこで被疑者は錯覚の世界に陥り、人情派の取調官を自分の味方と錯覚するのである。この刑事さんに何かで恩返しをしなければならないと錯覚し、ピストルを差し出してこの刑事の功績にしてあげたいという気持になる。

　このように、勾留されている被疑者は、弁護人以外の味方はいないままにすべての人間を敵として自己防衛をしなければならない。自己防衛と口で言うのは簡単であるが、それを実行するのは容易ではない。

　このように被疑者が自白している場合でも、注意深く検討していかないと真実に反する結果を生むことになる。自白というのは昔から今日まで「証拠の王」といわれているが、問題点は人間の弱さ故に多すぎるのである。

　人間は逮捕、勾留されるとその多くは拘禁ノイローゼになる。拘置所の大多数の人が睡眠できなくて睡眠薬を使用していると聞いたことがある。拘禁ノイローゼになると本件のように錯覚の世界に陥る。取調官に迎合したり、1日も早く拘禁状態から脱したいために、偽りの自白をする。獄外の正常人には考えられない言動であるが、それが拘禁ノイローゼの実態である。

　だから、捜査機関は、長期勾留して被疑者から自白を獲得する。長期勾留が「人質司法」として冤罪の原因といわれているのだ。また、人間は基本的にはお喋りだから、完全黙秘というのはなかなか信念のある人以外はできない。私は、完全黙秘した人には本当に強い人間だなと思い、畏敬の念をもつ。

●視点・論点●

・捜査機関の長期勾留による自白獲得こそが、冤罪の原因である

233

第5章　弁護士人生拾遺

113

依頼者への共感が信頼関係の基本

【少年事件を受任しない理由は生理的茶髪拒否反応】

⊠茶髪解雇無効事件について思うこと

　若い男女の茶髪の姿が増えた。私は日本人の黒髪はきれいだと思うし、誇るべきだと思っている。茶髪は一種のファッションであろうが、私はどうも生理的に拒絶反応を起こしてしまう。少しくらいの茶髪なら許せるが、金髪姿を見ると、「お前はそれでも日本人か」と怒鳴りたい衝動を抑えるのに苦労する。茶髪に関して私は完全に民族主義者になってしまう。

　数年前に、ある会社が若い従業員を茶髪を理由に解雇処分とした。解雇無効の裁判となって、会社側は敗訴した。憲法14条の法の下の平等の原則で、信条による茶髪を差別したとして会社側が敗訴するのは致し方ないであろう。

　しかし、私はその会社の経営陣の考えには同情する。その会社がサービス業であれば、私みたいに茶髪が大嫌いな客もいるのであるから、茶髪が顧客離れを惹起することに危機感を抱くのは当然である。他方では、茶髪を主張するのはその人の信条を表現しているのであるから、茶髪を原因とする差別扱いはやはり平等原則に反することになるであろう。しかし、理屈と生理的感情は別であり、理屈で生理的感情を抑制するのもなかなか困難である。

⊠私の茶髪拒否宣言

　弁護士が茶髪と対面するのは少年犯罪事件が多い。私も当番弁護士として少年事件で出動して、茶髪の少年に面会すると、どうしても色眼鏡で少年を見てしまう。「なぜ、日本人なのに茶髪にしているの。君は茶髪でしか自己主張ができないのか」と思わず詰問調になってしまう。これでは、少年事件の少年の気持に共感を持てない。偏見を持ってはいけないと観念的に反省するが、どうしても自己の生理的嫌悪感を抑制するのに苦慮するのである。

234

刑事事件、少年事件のいずれも、弁護士、附添人は犯罪者、非行少年の気持を斟酌して共感しない限り、よい弁護はできない。成人の殺人事件や暴力団員の犯罪でも、記録を読み、犯罪者と面会して話をしていくと、その人の人生が見える。「あなたも苦労しているな。あなたがこの犯罪を起こした動機もなんとかわかる」という共感がなければよい弁護はできないのだ。

昔から好き嫌いは理屈ではなく、感情だと言われているが、それは今日も生きている。人間の性はそう簡単には変わらないのである。

私は弁護ミスを防止するため、茶髪拒否を宣言し、今後は茶髪の少年事件は受任しないことにした。弁護士会の少年事件の辞退宣言だ。弁護士会から「茶髪拒絶宣言はまずいから、業務多忙ゆえの辞退に変更してくれ」と言われ、辞退理由を変更したものの、私は今でも茶髪は生理的に受け付けないのだ。

弁護士が事件を受任するにあたり、依頼者との共感がないと真の依頼・受任の関係を樹立することはできない。依頼者と信頼関係が樹立できないと、本当に良い弁護や代理人としての活動はできないものだ。幸いにして弁護士は医者のような応招義務はない。弁護士サイドに、基本的に事件や依頼者を選択する自由がある。

だから私は、茶髪に生理的に拒否反応を示すことから、少年事件の拒否となったのだ。

●視点・論点●

・依頼者と初対面で何となく違和感やひっかかりがあると、後日必ず揉める

・私はその直感を大事にして、初対面のとき何か違和感を感じたら受任しないことにしている

235

第5章　弁護士人生拾遺

114

高齢者犯罪の増加は社会の鏡

【刑務所を終の棲家とさせない対策が急務】

⊠70歳以上の高齢者犯罪はなぜ増えるのか

　犯罪白書によると、高齢者による犯罪が増加し、年代別にみると各年代が前年を下回っているのに、70歳以上だけが上昇する特異な現象となっている。

　私は以前、65歳の無銭飲食の男の国選弁護をした。男は医者の息子で某国立大学に入学したものの、マージャンに狂って、余儀なく大学中退に追い込まれた。その後もマージャンに明け暮れて、無一文になると実家の両親に頼って生活していた。

　大の男に両親は甘く、経済援助を続けていたが、両親の資力にも限界がある。医者の父が死ぬと、当然新たな収入はなくなるのだから、父の遺産で喰いつないでいた。母も死ぬと、男は全く生活能力がない状態となった。そして、つい空腹に堪えかねて無銭飲食を繰り返すようになった。刑務所に行っても、他の服役者と話をするのも苦痛であり、独居房を志願して、そこで袋作り等の懲役作業をする。出所しても労働意欲もなく、資格や技術もないことから、就職の道もない。今さら肉体労働をする気もない。そういう状況であるから、無銭飲食の繰り返しで本当の懲役太郎になってしまったのである。

　私は記録を読んで、被告人に面会に行った。なぜ働かないの、なぜ無銭飲食をするのと質問しても、全く無気力の回答である。刑務所は三食つきの住居もある、早く刑務所に「帰りたい」から一回結審でやってくれと言う。私は「このままでは獄死して無縁仏になるよ」と言っても、「それでいい、人と話をするのもおっくうである」と言う。

⊠高齢者が安心して生活できる環境を整えるべきだ

　被告人が無銭飲食したのはエビフライ定食であった。刑務所に服役中、今

236

度こそエビフライ定食を食べたいと夢に見ていたので、食べたと言う。刑務所の報労金で食べればよかったのにと言うと、もうその時は所持金は底をついていたと言う。私がもっと人間らしく生きようと励ましても無気力で完全な「うつ」状態であった。

判決は累犯者であるから、当然実刑判決であった。しかし、被告人は拘置所の方が刑務所より規律が少しは楽であるからとして控訴した。控訴審の弁護士は、私に「彼は精神病ではないですか、精神鑑定をしようと思いますが」と電話してきた。私は彼に、「君は若いね。彼はシャバの生活に疲れて、刑務所の生活が楽になっているのだ。うつ病であることは間違いないが、仮に責任能力がないとなって彼はシャバでどう生きていくのか」と回答した。

こういう高齢犯罪者が確かに増えてきた。刑務所に早く帰りたいというセリフは、シャバでは生活できず、病気の治療代も事欠く有様では刑務所の方がましだということだ。刑務所を老人施設や病院にしてはいけない。国は社会で高齢者が生活できる環境体制をつくるのが責務であると思う。

今や刑務所は老人施設化していると、マスコミ報道で問題視している。特に老人の無銭飲食事件が増加して、老人の累犯化が問題視されている。犯罪者を単に刑務所に収容するだけでいいのか。犯罪者の矯正に刑務所以外の施設か政策か、もっと議論されるべきではないか。

●視点・論点●

・高齢犯罪者の増加は、単なる経済的理由からではない
・社会がアナログから遠ざかるほど人間の存在価値が低く感じられ、無気力を誘発しやすいのではないか

第5章　弁護士人生拾遺

⑪⑮

専門家責任を果たしてこその解決策

【経営者の相続対策には妙案なし】

▨経営者の相続対策は時間をかけて長期戦略でやるべき

　会社経営者が死亡すると、莫大な相続税を支払うために会社が使用していた不動産を売却して、会社の経営が困難になることがある。私は会社経営者には、ある程度一定の年齢に達したら、真剣に相続対策をして、自己の子女を安心して後継者にする必要があると力説している。つい最近では、経営者の相続対策の新法が成立したが、はたしてどれほど機能するか疑問である。

　昔、福岡県弁護士会で会社経営者の相続対策をメインとして、女優竹下景子氏の父上である竹下弁護士を講師として呼んで、講演してもらったことがある。竹下弁護士は、国税庁出身の弁護士として税法にめっぽう強いということで講演してもらったのである。

　弁護士は企業経営者から相続対策を相談されることが多い。弁護士は税理士の資格を有しているものの、税法を本格的に勉強していない。そこで、竹下弁護士の講演であった。私はその講演を聴いて、経営者の相続対策は妙案はなく、時間をかけて長期的戦略の下にやるしかないと思った。

　ところで、私がいつも不思議に思うのは、企業は顧問弁護士と契約するよりも顧問税理士と契約しているケースが圧倒的に多いことである。経営者の相続対策を私の所に相談されたとき、私があなたの会社の顧問税理士はどうアドバイスしているのと尋ねると、ほとんどの顧問税理士はアドバイスをしていないことが多い。相続対策は本来は相続税対策といってもよい。それは、本来税理士の分野である。そこで私が思い至ったのは、顧問税理士は、はたして日常的に顧問会社の相談に乗っているのかという疑問である。毎月顧問会社に出向いているのは税理士として無資格者の事務員であり、ほとんどそ

238

の事務員が対応しているのである。一人の税理士と数十人の事務員の税理士事務所が多いが、私は、はたしてこれでいいのかと疑問に思っていた。

税理士界は専門家責任を果たしているか

私は税金や経理問題がからむ事件は、その企業の顧問税理士と打ち合わせをすることが多い。私が立腹するのは、その会社に税理士ではなく事務員が出席することである。私はすかさず、「お前は帰れ、ボスの税理士を会議に出席させよ」と怒鳴る。

打合せや会議は専門家が議論をして解決策を、知恵を生み出す機会である。無資格者の事務員では、その知恵を生み出すことはできない。私は依頼者に、その顧問税理士を解任しろと指導している。それは丁度、病気のとき、医者が忙しいからといって看護師に病状や治療方針を説明させるのと、また、弁護士が忙しいから秘書が代わって打ち合わせをするのと同様である。それで、患者や依頼者が納得するのか。絶対納得しない。税理士業界のこの慣行ははたして妥当なのか、私は疑問とする。

弁護士過剰時代となると、恐らく食えなくなる弁護士は税務業務に進出するのは間違いない。はたして税理士業界はこれでいいのか。

私が税理士に不満をもつのは、体系的税法理論を説明できないことである。なぜこれは課税されるのかと質問すると、それは大蔵省の通達でそうなっている、と言う。それではなぜ大蔵省通達は出たのか。その通達の税法体系の位置づけは、と聞くと答えられない。

それでは税理士は本当に依頼者の利益のために働いているのかと、疑問に思うことが多い。

●視点・論点●

・専門家責任の重みは常に意識すべし
・専門家は、業界の旧態依然とした慣行に倣って楽をしてはいないか

第5章　弁護士人生拾遺

116

依頼者の心理を読む

【一般人は法律知識に疎く弁護士には近寄り難し】

⊠一般人には法律問題の理解ができない

　通常人は、弁護士とも面識はなく、ましてや裁判なんて経験しないのが一般である。

　法律事務所に足を運ぶのも勇気がいることである。現に私も、司法試験に合格するまで裁判所や法律事務所に足を運んだことはなかった。

　私が依頼者の心理の微妙を感じたのは、事件終結後の依頼者の言葉であった。ある賃金請求事件でほとんど100％回収に近い示談交渉の最中に、私は相手のいる席上で依頼者に架電した。「これでほぼ100％債権回収できるのであるから、私の提案内容でいいですね」と確認した。依頼者はいいですと返事するので、私は示談書を締結し、債権を回収した。そして、私は依頼者に回収金を渡すときに、依頼者から「先生があの電話された時、先生の話の内容は半分も私は理解できませんでした。先生があまりにも自信たっぷりに言われたので、先生に一任しようと思い、はいと言ったのです」と言われた。

　驚いたのは私である。私は架電の際、小学生にもわかるように懇切丁寧に説明したはずであるが、依頼者はその半分も理解できなかったというのは、全くの心外であった。

　また、私は、裁判や示談交渉の経過報告を電話でしても、必ず文書でも報告をしている。依頼者は、私の事務所の封筒を見るとどきっとして胸が鼓動する、恐る恐る開封して中身を見て安心すると言う。また、私の電話でもどっきりすると言う。依頼者はここまで神経質になるのかと思った。私も弁護士として、事件慣れが過ぎたのかなあと思った。

240

⊠紛争の本質的解決ができてこそ真の弁護士

日本人は、裁判所という「お上」の裁きに重大な不安感を持っている。それ位、裁判の当事者とは、不安定な気持になっている。弁護士に依頼している示談交渉事件も同様である。その不安に我慢できなくて、早期解決を求めるケースもある。

私も若い頃は、正義は我にあり、正論を貫徹しましょうと強く依頼者を説得していたが、はたしてそれが正しかったのであろうかと時々考える。

しかし、私は、弁護士として依頼者の言われるままになるのは間違いだと思う。やはり社会正義や基本的人権に反するような要求をする依頼者は、断固たる説得をするべきだと思う。依頼者の主張がすべてだと考える弁護士は、弁護士として紛争の本質的解決策は何なのかをわかっていない証左である。

私は、時々ファンドやサービサーの代理人弁護士が100%債権回収を図る言動をすると、こいつは本当に弁護士なのか、法の精神を本当にわかっているのかと疑問に思う。そういう時は、私は「弁護士として依頼者を説得しろ」と怒鳴っている。こういう悪い意味でのビジネスロイヤーが増加していると思うのは、私だけの思いであろうか。

●視点・論点●

・弁護士は、依頼者の不安や知識不足に対して疎いものである。こまめな報告で依頼者との信頼関係を築き、不安や知識不足解消に努めよ

・依頼者の主張がすべてに非ず。弁護士として冷静に本質的解決策を講じよ

241

第5章　弁護士人生拾遺

117

パソコンの文書は冗長になりやすい

【裁判官を説得するには簡潔な文章が不可欠】

▧その場で文章を書けば仕事が早いと高い評価

　この頃はパソコンを使用するのは当たり前となっている。しかし、私はパソコンは操作しない主義である。私は原稿を書くときは、相変わらずコピー用紙の裏紙や原稿用紙で鉛筆をなめなめ書いている。そのほうが絶対に速いはずである。

　私がよく多用するのは、依頼者と打ち合わせの際、相手方に手紙を書いたほうが早いと判断したときは、その場でコピー用紙の裏紙に鉛筆でさらさらと書いていく方法である。その都度、私の秘書がパソコンで打ち込み、不明なときは依頼者に質問しながら書いていく。依頼者は私が書いている姿と字を見ているから、「よく先生の汚い字を秘書の人が判読できますね」と感心する。私は、「私の字を判読できるようになって、私の秘書として一人前である」と言っている。

　実を言うと、私もその場で起案しないと書面を書く時間がないのだ。後で書くと約束しても、多忙に紛れてあっという間に1カ月が過ぎてしまう。依頼者のクレームに対応するために、私はその場で書くようになった。そうすると依頼者は、仕事が早いとして評価してくれるようになった。

▧良い文章とは斜め読みしても理解できる文章

　私の事務所では私だけがパソコンを操作しない。弁護士や秘書はすべて自己用のパソコンで操作している。私が裁判官と雑談しているとき、異口同音に言うのは「今時の訴状や準備書面は長くて冗長すぎる」という批判である。私も部下の書面を決裁していると同じように感じていた。パソコンはインターネットを利用して学説や判例の引用が簡単にでき、それらを引っ張って書

面を作成している。私もじっくり読めばよく調査した文書だと思うが、冗長な文章は失格である。裁判官は常時200件前後の事件を抱えている。斜め読みしてぱっと理解しないと裁判官は納得しないのだ。2、3度読めば確かにいい主張をしているかもしれないが、裁判官にはそんな暇はない。だから私は「文章が長すぎる、もっと簡潔に書け」と指導している。私みたいに鉛筆で書いていると、疲れるからなるべく簡潔に書いて早く書面を完成させようと努力するから、必然的に簡潔な文章となる。その方が読み手には絶対に印象が残るのだ。

　昔の人の文章は皆簡潔な文章である。行間の解釈で幅広い読み方ができた。昔の人は、自分の手で文章を書いていたから、必然的に簡潔な文章を書く訓練ができたのであろう。パソコンでは漢字変換が容易にできることから、漢字を忘れたり、変換ミスも多い。しかし、はたしてパソコン万歳でいいのか疑問に思っている。

　私は秘書にメールやインターネットを常時チェックさせているが、私自身はパソコンの画面は見ない主義だ。私は熱中型だから、パソコン操作を覚えたら恐らくパソコンに夢中になるであろう。そのときに視力が落ちてしまうであろうことを恐れている。

●視点・論点●

・手書き時代の加除修正の煩わしさが、人の文章力を上げる一端を担ったものだ
・法律家は、読み手を即時に理解させる、簡潔な文章作成を心がけよ

第5章　弁護士人生拾遺

118

一人前の弁護士に育てる具体策

【徒弟制度と厳しい文章チェックにより】【一人前に育てる】

⊠十分な指導を受けられない弁護士が増えてきた

　司法試験の合格者が増加して司法修習生の中で弁護士事務所に所属できない人が増加している。日弁連も司法修習生の就職活動の援助をさかんにやっているが、効果は生じていない。イソ弁になれない人がなる、軒弁（法律事務所に机と椅子だけを置かせてもらって給与はない）、宅弁（軒弁もできずに仕方なく自宅でいきなり独立して法律事務所を構える）という形態の弁護士が増加してきた。この傾向はここ当分増加すると思われる。これは司法改革審議会の完全な制度設計ミスである。この不況の中で、弁護士も我が身が本当に生活できるか否かに四苦八苦しているのに、若き法律家を育成する経済的余裕はないのである。これは、ロースクールを設立して司法試験合格者を年間3000人に増加する設計の段階でわかりきっていたことである。この制度を設計し、制度を推進し、旗振りをした人は、正に戦犯であり、その責任をどうとるか全く見ものである。彼らのこれからの生き様を注意深く見守るべきであろう。

　法律家はいきなり資格を附与されても実効性ある法律家の活動をなしえないものである。イソ弁になったとしても、ボス弁や兄弁から徹底的に教育され、決裁されない限り、成長しないものである。多人数の法律事務所にいきなり放り込まれて、単なる労働者として働かせられ、チェックを受けることもないのであれば、それは宅弁と全く同じ情況である。これは若き法律家を育てるという環境ではない。一応司法試験を合格している以上、手取り足取り教える必要はないが、ポイントをはずしていないかのチェックはするべき

244

である。

◆萬年流弁護士の人材育成法

　私の事務所には若い弁護士が10人はいるが、私の事件については、外部に出す書類はたとえ手紙であってもすべて決裁をしている。弁護士成り立ての者の文章は、それこそ目を皿のようにして注意深くチェックし、文献の調査をもさせる。法律家は文献調査能力が前提として問われるから、私は一論点に10冊以上本を読ませて、Ａ４用紙に問題点、判例、学説、自己の結論を１枚にまとめさせ、かつ、読んだ文献の表紙と本文（しかもポイントにはマーカーをつける）のコピーを私に提出させる。そういう訓練を続けさせれば、自ら調査能力に磨きがかかり、実力が伸びてくる。そして、法廷には一人で行って恥をかいてこいと言っている。私が同行すれば、若い弁護士は私に甘えて成長しないからである。法廷に行く前に私が徹底的にチェックしているから、依頼者への責任はきちんととれる体制にしている。この訓練を続けることによって若い弁護士は成長していくのである。

　弁護士に問われているのは、裁判官、検察官は組織的教育が充実しているのに、弁護士にはその手当てがなされておらず、各事務所がそれを担うしかないということだ。

●視点・論点●

・他者を育成する力は、能力、精神面はもちろん、経済的余裕も必要である

・基本的に国の後ろ盾がない弁護士界は、後人の育成を、各自が自発的に担っていくものだと思う

第5章　弁護士人生拾遺

119

官僚主義的法テラス運営への苦言

【創意工夫を活かせる生き生きとした組織にすべきだ】

⊠国選事件や法律扶助事件の受任は国へのお礼奉公

　法テラスは法律扶助協会を国営化したものである。法テラスでは刑事事件の被疑者国選、被告人国選、少年事件の付添人活動、民事事件では無料の法律相談、国が弁護士費用を立て替える法律事件を取り扱っている。

　私も、法律扶助協会が従前は弁護士会の外郭団体であるのを、国の金銭的援助で、その運営は弁護士会が担うための制度作りを熱心にやってきた。法テラスが制度として成立したときは拍手喝采したものである。

　私は、弁護士は司法修習生時代に国家公務員として２年間、国から給料をもらって勉強させてもらった以上、弁護士としては国にお礼奉公しなければならないという気持から、国選事件や法律扶助事件は弁護士の義務と思い、一貫して従事してきた。

　そして民事事件では尊敬する弁護士の下、法テラスに行っても、筋の良い事件は若年弁護士に回し、筋の悪い事件は私が受任するようにしていた。しかし、法テラスでは相談を受けた弁護士が必ず事件を受任するようにしている。私は今さら、法テラスで事件漁りをする必要はない。むしろ事務所経営の基盤ができた弁護士は、若い弁護士に事件を回してあげるのがいいとの思いでそう実行してきたのである。その融通が法テラスではできないと言う。無料法律相談で相談者が必死になって私に受任してくれるように頼むので、不思議に思い「どうしてか」と聞くと、私が２回目の法律相談担当者で、前任者は受任を断っていたのである。私は若い弁護士を自ら指名してこれを受任しなさいと指導して受任させた。しかし、法テラスは苦い顔をするのであ

246

る。

☒法テラスは個々の創意工夫を生かすべき

刑事事件では、私は刑事弁護活動により不起訴処分をとった。ところが、私は法テラスの指定の接見用紙を使用せずに、接見メモを書いて法テラスに報告すると、「指定の接見用紙を使わないと報酬を支払わない」と言う。私は激怒して「刑事弁護は金のためにやっているのではない。弁護活動に法テラスからあれこれ口出しするのはけしからん。弁護活動は弁護士の創意工夫でやるべきである。指定の用紙を使わないだけで弁護活動を否定するのは許さない」と言って、その報酬はいらない代わりに、もはや法テラスの活動は一切やらないと通告した。

国の金が入ればこういう事態になるかもしれない。しかし、弁護士はその創意工夫で事件処理をするのである。それをマニュアル通りにやれというのは、弁護士の生き生きした創意工夫を殺すことになる。私はこういう官僚主義の法テラスを作った覚えはない。こういう法テラスなら昔の法律扶助協会や国選事件（裁判所が事件管理をしていた）のほうがよほどよい。こういう悪しき官僚主義は潰すべきである。

公設弁護人制度を設立するにあたり、私は日弁連が主催するアメリカ視察旅行に参加したことがある。公設弁護人は、情熱的に公設弁護人制度の意義を説明するが、同席していたアメリカの研究者は、「どうせ公設弁護人だ」と一言で軽視していた。日本でも法テラスの存在意義が、アメリカの公設弁護人制度と同様な評価にならないかと危惧している。

●視点・論点●

・国営化された制度で、弁護士の創意工夫の幅が狭まる危険性はある
・弁護士という人種に官僚主義はそぐわないものである

第5章　弁護士人生拾遺

⑫ 死ぬまで人間力を極めていきたい

【弁護士道の真髄を追求してきて見えたもの】

⊠弁護士稼業がいやになるのも道を極める一里塚

　年をとらないとわからないことがある。そう気づくのもまた、年をとったことの証左であろう。

　私は学生時代は学生運動に従事していたから、毎日が論争の日々であった。党派に属せずにノンセクトラジカルであったので、全党派を相手に議論をしていた。その議論の中で相手を論破する快感を覚え、議論術に磨きをかけてきた。そして司法試験の勉強を始めて、友人といわゆる「喫茶店ゼミ」をやっていると、そこでは正確な知識ではなく、声の大きいほうが勝つという自己矛盾の罠に陥る。

　弁護士になってさらに論争術に磨きをかけていった。しかし、ある時期になると論争や議論するのが虚しくなった。それはある尊敬する弁護士から、「君も弁護士になって5年経過したから、弁護士稼業もイヤになったろう」と質問を受けたことに始まる。私は「いえいえ、念願の弁護士になったのですから、弁護士稼業はイヤになりません」と返事した。そうすると先輩弁護士は悲しそうな顔をされて、それ以上の発問をされなかった。私は、その尊敬する先輩弁護士がなぜそういう発問をされ、悲しそうな顔をされて黙されたのか疑問に思い、ずっと頭の中に残っていた。

　それから5年後、私は弁護士稼業がイヤになった。弁護士は所詮人間の欲望の後始末ばかりではないか。自分は、このために苦労して勉強してきたのかと、ふと思ったのである。

⊠他人の人間力を見極められるのは自分の人間力の反映

　その時である。5年前の先輩弁護士の「君も弁護士稼業がイヤになってき

248

たろう」と発問された意味が氷解したのである。そして悲しそうな顔をされて黙された意味も。それは、「こいつは、まだまだ本当の弁護士道がわかっていない。こいつと議論をしても時間の無駄だ」と判断されたからである。黙された意味もよく理解できた。

それ以来、私は議論したり論争したりすることに疲れを覚えるようになった。こんな馬鹿を相手に説得作業を続けるのは時間とエネルギーの無駄だと思い始めたのである。

私には残された時間はそんなに多くはない。残された時間をもっと有意義に使いたい。そのために無駄なエネルギーを極力排除していこうという考えに変わったのである。年をとるのは死に向かって歩いているようなもので、ある意味では恐怖心があったが、年をとって初めてわかることがあるのだと知ると、自分の人生もまんざら無駄ではないのではないかと思うようになった。

年をとると、過去の自分の人生の総括の連続が露呈することになる。自分の人間力を高め、そして自己の哲学を究めていく方向性が見えてくると、年をとるのもよきことかなと思ってくる。そして、他人の人間力を見極められるのも己の人間力の反映だと思うと、身が引き締まる思いだ。

●視点・論点●

・諸先輩方の言動の真意は、自分が年を取ってやっと理解できるものだ
・年を重ねるごとに覚醒し、過去の思考や行動を内省し、現在に生かすべし

第 5 章 弁護士人生拾遺

121
パワハラに過剰反応する現代社会
【厳しい徒弟教育なくして組織は崩壊する】

⊠徒弟教育はパワハラとは異質なものである

　昨今、パワハラ問題がマスコミを賑わし、法律相談でも「私は上司からパワハラを受けました」と善処方法を求めるケースが多くなった。そして組織でも、上司は部下からパワハラと言われないように萎縮している傾向がある。パワハラの定義については、厚生労働省がワーキンググループの討議により定義づけをしているが、今ひとつはっきりしない。私はパワハラと徒弟教育の教育指導との区別が明確になっているかについて、疑問をもっている。

　5～6年前に労働組合団体の連合の推薦で、私が使用者側弁護士の代表として、NHK の特集に協力してくれないかと言われ、NHK の取材を受けた。私は NHK の取材者に、「NHK はどういう視点でパワハラを特集するのか。特にパワハラと徒弟教育、あるいは上司が部下を注意する点の区別をどうするのか。このままでは上司は部下を注意できず、徒弟教育もできなくなるのではないか。これでは組織の活性化は崩壊することになる」と強調した。取材者は私の疑問に明確に答えることはできずに、特集は没になった。

　私は、パワハラは一言で言えば「いじめ」に尽きると思う。ホンダの創業者故本田宗一郎氏は、若き町工場時代は、スパナを持って部下を追い回して徒弟教育をしていた。後日、本田氏に追いかけられたホンダの社長たちが、懐かしく本田氏の徒弟教育を回想していた。今では、この故本田氏の行為もパワハラと批判されるべきであろうか。

⊠注意や指導にすぐパワハラと反応するのは人間としての脆弱性

　現代でも部下を教育するために、部下の報告書を部下に投げつけて「これは何だ」と激しく教育している情況を見聞している。かつて職人は、親方の

250

技を黙って見て盗めと指導を受けていた。そこで職人たちは、自主的に勉強して一人前の職人に成長していたのである。誰でも当初は仕事ができない。必死になって勉強して一人前になる。このシステムは古今東西変わらない普遍性のものなのだ。

パワハラをいじめと言うのは、部下の人間性を完全否定し、暴力行為をなすことを言う。「弱い者いじめ」を連想すればわかりやすいと思う。上司の注意や指導にすぐパワハラと反応するのは、そもそも人間として脆弱性をもつ者のひがみではないか。これは決して強者の論理ではないと思う。やはり何の仕事でもプロ意識をもって仕事をしようと思えば、徒弟教育は重要であり、また、必要である。世の上司も「いじめ」にならない程度に部下を注意し、徒弟教育をするのはどの業界でも必要である。そうしなければ、ますます軟弱化した人間ばかりが増加し、組織力も弱体化し、部下本人の成長にもつながらないと思う。

「上司よ、部下を徹底的に徒弟教育に励め」、と言いたい。

パワハラ問題と並行してうつ病の増加が問題となっている。うつ病の実態もだんだん分析されて、会社ではうつ病、自宅ではそう病であるとして、「新型うつ病」あるいは「ストレス病」と分析されている。はたして、パワハラとして問題を処理すべきか非常に疑問に思っている。

●視点・論点●

・パワハラなる単語そのものの軽々しさと概念の流布が、そうでない行為をもパワハラと騒がせることもある
・プロ意識を持って仕事をしていれば、受けた指導を、安易にパワハラなどと感じないものである

251

第5章　弁護士人生拾遺

122

出世は実力プラス「運」もある

【組織人に出世を勧めるのは社会的影響力が理由】

❎部下から信頼されることも出世の条件

　私は組織が嫌いなので弁護士になった。弁護士の特権は精神的自立権であり、誰からも指揮命令権の行使を受けずに自由に判断し、実行できることだ。

　しかし、社会的影響力は個人では限界だし、組織の影響力はじわっとだが、時間的、場所的に拡大していく。弁護士が有名事件や無罪判決をとると、線香花火的に２、３日間はマスコミでちやほやされるが、それが限界である。他方組織は、時間はかかるとしても、その社会的影響ははるかに大きい。

　したがって私は依頼者であっても相手方であっても、組織人には「出世しなさい」と言う。社会的影響力を行使するにはやはり地位がないとダメだ。だから出世して組織のために全力を注ぎ、その結果が組織の社会的影響力に寄与すると強調する。私と出会う人は私がいつも出世しろというので、会う人は皆にこにこして聞いている。

　私の顧問会社の社員の出世情況をみていて気付いたことがある。「課長職までは本人の実力だが、それ以上は必ずしも実力ではなく運如何にかかっている」という事実だ。

　私がかわいがっている人が同期より係長になるのに１年遅れた。私はその人を呼んで、なぜ昇進が遅れたかわかるかと尋ねた。私は「君は部下に重箱の隅をつつくように枝葉末節な問題を指摘して、部下の人望がないのだ」と注意した。

　彼は翌年係長に昇進し、数年後課長にも昇進した。そしてその翌年「社長賞」をもらい、「部下のおかげです」と報告の電話をしてきた。その言葉を早くから自覚していればもっと出世は早かっただろうにと思った。

252

◻組織には理不尽なことが多い

　他方、私がかわいがっていた男が部長になれずに男泣きをした。事情を聞いていると理不尽な人事考課であり、彼は会社を辞めて別の会社に就職した。

　会社には派閥があり、自分は主流派と思っていたら、いつの間にか自分のボスが主流派から脱落している事実に遭遇して、出世がままならぬ事態になっていることはよく見聞する。今（2013年10月）人気を博しているテレビドラマ「半沢直樹」も、誇張している部分もあるとしても、意外と組織の実態を反映しているのではないかと思って見ている。

　サラリーマンと出世は切っても切り離せない関係であるが、不毛な争いと神経を使わざるを得ない立場にあるサラリーマンには、私は同情的である。組織＝企業は人なりと言うが、人間が感情動物である以上、派閥なり人の好き嫌いは出てくるし、出世の動向にも影響してくるだろう。

　私は、かつて大会社とその子会社の社長の争いに関わったことがある。その社長間の会話を録音テープで再現して聴いたところ、大会社の社長の人間性に疑問をもった。私は子会社の社長に、「なぜ大会社の社長があなたにこんな馬鹿な喧嘩を売るの」と聞くと、「かつて私もその会社の社長候補になったらしい。私にはその気はなかったのですが」と言う。私は、勝負に勝ったらそれでよしとするのが通常だが、この大会社の社長はそんな程度の人間の器かと唖然としたことがある。

　しかし、弁護士は出世と無関係だから同窓会の出席率もよい。若い頃は他社であっても友人の昇進に嫉妬するが、弁護士は友人に、早く出世して俺を顧問弁護士に迎えろというくらいの能天気さだ。

●視点・論点●

・自分の行動如何で周囲の対応が変わってくる。運も向いてくる
・組織人は、組織に属することの利益ー社会的影響力を行使するに足る
　地位を得るべく努めよ

第 5 章　弁護士人生拾遺

123

社外取締役は本当に機能しているか

【企業情報に緊密に接していない者に重大な責任は果たせるか】

⬚米国流の企業統治は日本で機能するのか

　今般、会社法の改正（平成26年改正）で社外取締役導入の規制強化がなされ、法律上の義務化は見送られたが、社外取締役がいない企業は、「社外取締役を置くことが相当でない理由」を公表する義務が課された。

　これまでの東京証券取引所のルールでは「社外取締役を置かない理由を開示せよ」となっていたのを、「置かないことが相当である」ことは示せなくなったのである。

　社外取締役の導入は、またもアメリカの猿真似と圧力である。アメリカの短期投資家（ファンド）が、米国流の制度の採用を期待して圧力をかけた故である。

　会社法の制定も、アメリカの猿真似と圧力で制定された。そこには、日本の独自の企業文化や従前の会社法の基本原則すらも換骨奪胎された。問題ははたして社外取締役が企業の統治に機能するかである。

　日本で社外取締役制度をいち早く採用したのはソニーである。ソニーの今日の凋落ぶりをみると、はたして社外取締役は機能していたのかと疑問に思う。社外取締役は日常的に会社に出ないし、企業情報にも密接に接していない。それで企業経営について的確な判断をなし得るのか。その社外取締役も、社長の任命で就任しているのに社長批判を堂々となし得るのか。これは丁度国や地方公共団体の審議委員が、役所のシナリオ通りに審議を進める人しか任命しないのと同じでないか。

254

⊠社外取締役は責任の重大さを認識しているのか

　某元東大教授がコラムで、「審議会で強く自己主張したら、二度と審議委員にお呼びが掛からなくなった。審議委員は役所のシナリオ通りに協力しないと務まらないと思った」と述懐していたのは本当だと思う。学者の審議委員を世間では「御用学者」と呼ぶ。社外取締役でも学者が重用されているが、世間、実務を知らない学者が一般論はさておき、企業の経営方針に具体的に提言できるであろうか。学者の講演がおもしろくないのは、理論は正論かもしれないが、世間、実務を知らないから、実感がわかずに得心がいかないからである。

　そして社外取締役の人材はいるのか。社外取締役の責任の重大さを認識してはたして社外取締役に就任しているのか。私は決して社外取締役には就任しないことにしている。企業経営に長けているとは思わず、責任の重大性に恐れおののくのだ。

　自分は社外取締役だと誇示する人は、身の丈の程を知らない奴だと思う。私は、社外取締役に就任してくれと言われたときは、「顧問弁護士として取締役会に出席してもよい。その代わり日当は出せ」と言って断っている。そして、サラリーマンにとっては、取締役は出世コースであり、その夢を部外者が壊してはいけないと思う。

　はたして社外取締役は制度趣旨に沿って機能するか疑問とする。それは日本で成果給賃金制度が失敗したように、その二の舞になるのではないか。

●視点・論点●

・日本の精神と文化を基本とした法制定こそが、日本に必要である
・形式的な社外取締役や審議委員にその責任意識は弱く、真の機能は果たせない

255

第5章　弁護士人生拾遺

124

弁護士には欲望の自己抑制が不可欠

【克己、尽力、楽天の精神を人生の目標とする】

◪母校・明善高校の校訓を人生の目標とする

「克己、尽力、楽天」は私の母校である明善高校の校訓であり、私の人生訓でもある。この言葉の出典は「為大人之道、在克己、在盡力、在楽天」で「大学」の三綱領になぞらえてつくられたものと言われている。大学とは大人の学で、大人とは人の上に立ってこれを治める者である。だから校訓のはじめに「為大人之道」と言ってある。明徳を磨くには「克己」が最も必要である。民を新たにし人を導くには「尽力」、即ち己のベストを尽くさねばならない。至善を選んでこれを操守すれば、真に「楽天」の境地に達するのである。

この校訓は、明治40年に制定された中学明善校の校訓を自然石に刻んで校門の正面に建立されたものである。我々は毎日この教訓を、刻んだ石碑に見ていたわけである。私は在学中からこの校訓を、我が意を得たりとして、私の人生訓にしてきている。「己に克って力を尽くせば自ら目的を達する」という言葉は単純明快であり、人の生き方としても正に正当であると思う。

私も苦境に陥ったとき、「はたして私は力を尽くしているのか、己の弱さに負けているのではないか」と自問していた。人間は所詮弱いものであるが、常に己の欲望を抑制して闘う必要があるところ、往々にして現状の流れに身を任せる傾向がある。己に克つということは非常に苦難の連続である。

◪所詮弁護士は人間の欲望処理ではないかと思う時がある

私は、克己は、ハングリー精神に通じるものと思っている。自分はまだまだ努力不足であり、もっと頑張らなければならないと叱咤激励しなければ、己に克つことはできない。常にハングリー精神をもって事に臨めということ

256

だ。

　この校訓を私の仕事である弁護士業務に関連づけると、紛争は人間の欲望から発しているのではないか、弁護士業は人間の欲望の後処理でないかと思うようになった。

　欲望の果てに犯罪が起こり、民事紛争が発生する。私は事件処理するにあたり、事件の本質は何か、何がこの事件を発生させたのか、その原因は何か、その原因の遠因、つまり生まれ育ちは関係あるのかを考える。そして理性的に事に臨んでおらず、己に負けた故に、努力しなかった故に紛争を発生させたのではないかと追求していく。するとだんだんとその人の本質が見えてくる。

　そうすると私は、弁護士は所詮人間の欲望処理でないかと嫌悪感を覚えることがある。弁護士の仕事の使命は「基本的人権の擁護と社会正義の実現」であるが、必ずしもその使命感を全うすることができないこともあるのだ。その使命感は根底に常に考えるべきであるが、世の中の人皆が「克己、尽力、楽天」の精神で生きていけば紛争が減るのではないかと思う。

　私はこの校訓を今後も大事にしていこうと思う。

●視点・論点●

・犯罪や紛争は、欲望の果て己の弱さに負けて発生するものだ
・人間の欲望と向き合い続けるのが弁護士業である

第5章　弁護士人生拾遺

125

農業に未来がない国家は危うい

【弁護士の仕事も農業に通じる点がある】

⊠産地直売方式で農業を強くする

　この10年間位、農村地域で「道の駅」として農産物を販売する店舗が増えてきた。農家が自分で生産したものを自分たちで直接消費者に販売するスタイルは、現在、農業の六次産業化の一環として好ましい現象だと思う。

　私も妻とドライブに出かけた際、道の駅の店舗があると、妻が必ず寄って買い物をする。私も物珍しさで店舗を回っていると、女子高校生が「おはぎ」をショーケースに入れていた。私と妻が「そのおはぎは誰がつくったの」と聞くと、「祖母がつくりました」と言う。その言葉を聞くと私と妻は無条件にそのおはぎを買った。祖母と孫の会話や役割分担に感銘を受けたのである。

　あるとき、道の駅の経営の内紛問題にぶつかった。その道の駅の経営が右肩上がりで利益が出ているので、経営陣の中で利権争いが起きたのだ。

　私は現経営陣の依頼者から実状を聞いて感心したことがある。老人が庭の畑でつくった野菜や果物を乳母車で運んできて、孫の小遣い銭に充てたいと言う。道の駅の経営陣はそれを喜んで引き取って、老人のプライドを充足させる。これこそ道の駅の存在価値があるというものだ。

　反対者側は、現経営陣は野菜市場からも仕入れていて出資者の農家の利益に反していると批判した。私は、それは生産者側の一方的視点であり、消費者の目線で考えれば、店舗に買いたい商品がなければ消費者からすぐ飽きられる。店舗経営には消費者の視点も重要であると強調した。

⊠若者が農業に希望をもてる国にしたい

　現経営陣は早朝から野菜市場に仕入れに行き、ショーケースの品数を豊富

にして消費者のニーズに応えているのだ。さすがに反対者側も現経営陣の経営センスや努力は認めた。現経営陣は70歳前後の高齢者が多いが、後継者として中年、若年者（30歳前後）も準備しており、道の駅の将来像も着々と構築している。

私は若年層に「日本の農業を背負っていくのは貴方たちだ。農協におんぶにだっこではなく、自分たちで生産したものを直接消費者に売れば、売れ筋の農産物も直接見聞できて、それが生産現場に役立つ。この道の駅を何が何でも死守して農家の家計経済を助けろ」とはっぱをかけた。

20年前であるが債権回収の裁判の時、連帯保証人の農家の人を被告にした際、その父が20歳代の後継者の子供を連れてきた。父は息子のためにこれ以上農地を手放すことはできないと言う。私はその息子に「君の町で20歳代の農業従事者は何人いるのか」と尋ねると３人と言う。私の依頼者の会社幹部は、若人の将来の夢を奪ってはいけないとして、田畑の１枚のみの売買代金を受領して１億円以上の債権を放棄して、若者の夢を妨害しなかった。やはり誰もが、日本の農業経営の将来を案じているのだ。

●視点・論点●

・経営は、需要と供給の双方の視点でとらえ、業界の発展と、強化に力を注ぐべし
・将来の業界を背負っていく若人たちが夢や希望が持てるような土壌作りに、先人が力を合わせるべきだ

259

第5章　弁護士人生拾遺

126

類は友を呼ぶ

【真面目な債務者には真面目な債権者が多い】

⊠清算型任意整理の選択は正しかった

　7年間にわたっての清算型任意整理がやっと終わった。

　その会社の社長は真面目一本の経営者で、債権者に迷惑をかけて申し訳ないと、自殺も考えていた。社長の友人が見かねて、一度弁護士に相談したらどうかということで、私を紹介されて来られたのだ。

　二代目社長であり、不動産等もある。私は資料を見て社長の話を聞いて、これは破産ではなく、任意整理で清算手続をやればおつりがくるのではないかと判断した。

　私の見立て通り、会社の不動産はすべて売却し、3回にわたっての分配金を100％支払い、自宅も確保できた。債権者には既に廃業している会社もあり、途中で、資金繰りが苦しいから何とかしてくれと言ってくる債権者には、ある程度の配当をして、その余は債権放棄をしてもらう方策をとった。おかげで連鎖倒産をする債権者は皆無であった。

　3回の分配金配当となったのは、不動産の売却代金が入金される都度、配当したからである。最終配当の際には、手形債権者は手形と引き換えに支払う方法であったが、中には、廃業しているから手形原本は廃棄したがどうしたらよいかという電話が2～3本あった。私が応対した結果、声の調子から真面目な方と判断し、かつ、手形の支払期が7年経過しているから二重請求はないと判断した。それは、私の秘書が第1回配当の時に手形原本をすべてコピーしていたので、支払期日は明示してあり、白地手形ではなかったからだ。私は「手形は紛失したが、今回の配当で全額完済を受けたので、手形紛失の責任はすべて私が負います」旨の念書を書いてもらって、第3回配当金

260

を支払ったのである。

�****債務者が真面目な方だと債権者も真面目な方が多いと実感**

　私は、債務者が真面目な方だとその取引先である債権者も真面目な方が多いなあという感想をもった。「類は友を呼ぶ」という言葉があるが、その通りである。中には、最終配当金を受領すると、毎年、決算期の売掛金計上のために架電していたが、迷惑をかけましたとお礼を兼ねてわざわざ連絡してきた会社もある。当方も紳士的に対応してきたから、債権者も紳士的対応をされてきたのである。中にはガラの悪い債権者もいたが、それには私が対応して、最後にはわざわざお礼の電話をしてきた。

　第3回配当の準備は、7年間にわたってこの事件を担当してきた秘書が、配当案内状、領収書、念書等もすべて起案し、私がそれを決裁して、債権者からの回答文書が届くとその都度秘書が送金手続をした。最終配当後、発生した残余金は、依頼者の社長に送金をした。

　これで清算型任意整理は完了し、社長はわざわざ秘書に菓子折を持ってお礼に来た。私がこの担当秘書が本件の準備をして最終配当までこぎつけましたと言うと、社長もそれを十分知ったうえでの、お礼の言葉だった。

●**視点・論点**●

・真面目一本の経営者の窮状は、どうにかして救いたくなるのが人情である

・清算手続において、債権者の方々の協力は大変ありがたい。経営は真面目に誠実に行うべきだとつくづく思う

第5章　弁護士人生拾遺

⑫ 顧問弁護士の上手な使い方

【それぞれの会社の実情に合った接し方が大切】

⊠不吉な予感を感じたらすぐに弁護士に相談をする

　大企業は顧問弁護士の使い方が実にうまいと思う。予防法学に徹して、顧問弁護士をうまく活用しているのだ。何か不吉な予感がしてそれを理論的にうまく説明できない状況でも、顧問弁護士に相談に来る。弁護士はそれを聞いて、「それは法理論的にはこういう問題があるので、貴方はそれに不吉な予感を感じたのではないか」と指摘すると、担当者は我が意を得たりの顔で相づちを打つ。そしてその対策を講じると、問題は事件にならずに解決する。したがって大企業に関してはあまり訴訟や事件はない。

　私がその業界の人の勘を尊重するようになったのは、私が長年仕事をしている損保会社の嘱託社員の存在だった。交通事故を処理する嘱託社員は、前職で相当の地位にあった人が多い。その人は元陸上自衛隊の1佐で、部下は数千人いた。その人が事故受付カードを見て、これは弁護士事案と判断し、自分で1回も相手と折衝せずに私の所に事件をもってきた。その人が予感した通り、複雑怪奇な事件となり、勘は見事にあたった。

　私はその人をみて、相当実力があるからその人の勘が的中するのだということを学んだ。それ以降は顧問会社や依頼者に、何となく不吉な予感がしたり、勘が働いたりしたら、すぐ弁護士に相談するようにと指導している。大企業の反応は素早く、予防法学に徹するようになる。

⊠中小企業はもう少し上手に顧問弁護士を使うべき

　ある上場会社の本社の法務部長が、「先生とは顧問契約を20数年結んでいますが、我が社は先生に顧問料以外支払ったことはありますか」と尋ねられた。私は「いや、ない」と回答すると、その部長は早速300万円の不良債権

262

の事案をもってきて、「仮差押えと本訴で着手金30万円」と言ってきた。私はこのような関係が顧問会社との信頼関係を永続化させると思っている。

　他方、中小企業では顧問料を支払っていながらよく事件を起こす。事件になる前になぜ早く弁護士に相談しなかったかと叱るが、まだ弁護士の使い方がわかっていないと思う。弁護士にとっては、中小企業のほうが経営的利益が高いのはありがたいことではあるが。

　私はそれでも、中小企業の社員には課題を与えることが多い。その会社は大企業から立ち退き要求を受けていた。電話相談を受けた時、「貴女がこの件についてこれだと思う考えを文章化して私にFAXしたら」と忠告すると、彼女は文章化してすぐに私にFAXしてきた。それを見て私はすぐ彼女に架電して、「これが大人の解決方法であり、大人の文章だ。これをすぐ相手方に出せ」と指示した。

　2週間後、私は気になって、あの件はどうなったかと架電すると、彼女は「うまくいきました。先生から大人の解決方法と文章だと言われて非常に自信がつきました」と弾んだ声で回答した。

●視点・論点●

・顧問弁護士への相談は、紛争に至ってからではなく、予防法学に徹して行うのがよい
・企業は、顧問弁護士を上手に使い、紛争解決能力の向上を図るべきである

第5章　弁護士人生拾遺

⑫ 弁護士事務所の敷居は高くてもよい

【赤ひげ弁護士を志向するも依頼者にへり下ることはしない】

⊠敷居を低くすると弊害も多い

このごろ弁護士会はさかんに、弁護士事務所の敷居を低くして市民からの法律相談を受けやすくし、法の支配を社会の隅々にまで貫徹させたいと、力説している。

私は何か違和感を覚える。弁護士の敷居は高くしてもよいのではないかと思うのだ。弁護士への相談がしやすくなるのは賛成だが、何も弁護士が市民にへり下る必要はないのではないか。

医者が「患者様」と呼称するのにも違和感を持つ。なぜ堂々と医者と患者の関係を言えないのか。そこに、医者が患者に対して、金儲けの手段と考えているのではないかという、うがった見方ができる。

弁護士の世界でも20年位前までは、たとえ殺人犯でも表面上は「先生のご恩は一生忘れません」と言って、一応、国選弁護人に対して敬意を表していたが、近頃では被告人が「おい、弁護士、ああせい、こうせい」と指示する。それも正当な要求ならば従うべきであるが、理不尽な要求が多くなった。私は「誰に向かって言っているのだ。そんなことはできない」と怒鳴って断る。

また、法律扶助事案では、弁護士との打合せや必要書類の持参を要求しても、協力しない人が多い。これが、自分が弁護士費用をいくらかでも負担していれば、元を取り戻そうとして必死になって弁護士と協同体制を作っていくのである。

弁護士事務所の敷居を低くするということは、こういう弊害も招来しているという事実を直視すべきである。

264

☒依頼者に相応の報酬をもらうことが「信用」につながる

　私は基本的なスタイルとして「貧乏人からはあまり金はもらわない。金持ちからは金はもらう。ただし、いくら貧乏人でも無料奉仕はしない」というモットーをもっている。いわば医者で言えば「赤ひげ医者」である。弁護士としてのプライド、「基本的人権の擁護と社会正義の実現」を基本的責務とするとしても、弁護士は依頼者との協同作業は必須であり、弁護士の一方的社会正義感のみでは永続きしないのだ。無料奉仕でも当初の半年間は社会正義感で続くが、弁護士も人間であるから、この仕事は所詮無料奉仕だからといって手を抜きかねない。そうすると、弁護士の信用が低下することになる。やはり信用は大事であり、それを維持するには自分で自分を鞭打たねばならない。

　私は若い頃、先輩弁護士から報酬の取り方について、「ちょっぴり高く言ったのかなあと思うくらいの金額を請求せよ。その方がその事件について手抜きできなくなり信用を維持するのに役立つ」というような言葉をいただいた。今、その言葉の重みがよくわかる。

　私は何事も「信用第一」と思っている。筋悪事件ばかり扱っていると、筋良事件を扱っても敗訴すると先輩弁護士が言っていたが、とりわけ弁護士は「信用」がものを言うのであり、弁護士事務所の敷居を低くすればよいわけではないのだ。

●視点・論点●

・弁護士の敷居を自ら高く保つことは、弁護士としての信用を維持することにつながる

・弁護士の業務や成果は目に見えないからこそ、余計に「信用」がものをいう

265

第5章 弁護士人生拾遺

⑫ なぜ打合せ室のドアを開放しているか

【うさん臭い人ほどなぜかドアを閉め 密室状態にするよう要求する】

⊠不測の事態を招かないため女性の依頼者には細心の注意を払う

　私は、事務所の打合せ室のドアは開けて打合せをする。

　ある日、顧問会社の社長から「なぜドアを閉めないのか」と質問された。通常は法律事務所に来る人は、秘匿したいプライバシーを弁護士に相談するのだから、守秘義務の関係でドアを閉めるのが筋だろう。しかし、私は司法修習生の時に恩師から聞いたことが強く印象に残っている。

　恩師曰く、「昔、ある女性が自分の所に相談に来た。『自分は従前相談していた弁護士から打合せ室で強姦された。ついてはその弁護士を訴えたい』と言う。それに対して私は、九州の弁護士は誰も貴女の代理人にはならない。東京、大阪の弁護士に依頼しなさいと言って断った。女性の依頼者から相談を受けるときには男性弁護士は余程注意をせよ。女性秘書や他人を必ず事務所内に待機させておけ」とのことだった。

　私はこうした不測の事態を避けるため、独立開業以来、打合せ室は解放してドアを閉めない方式をとっているのだ。もしも女性依頼者から嘘八百の批判を受けた場合に、いちいちそれに対応するのは馬鹿らしいので、それよりもドアを開放して当方の姿勢を示したほうがよいと、恩師の忠告に従う判断をしたのである。そして女性の依頼者とは夜の打合せは極力避けて、昼間、秘書がいる時に打合せをするようにしている。

　依頼者によってはプライバシーを守るためにドアを閉めてくれという人もいる。その時にはドアを閉めるが、同席する秘書も当然守秘義務があるから、私の秘書が第三者にべらべら喋るようなことはないし、私もそのように教育

266

をしている。しかし、往々にしてドアを閉めてくれと要請する依頼者は、な
んとなくうさんくさい人が多い気がする。まして私は地声が大きいので、打
合せ室の私の声は事務所全体に響きわたるから、ドアの開閉はあまり問題に
ならないと思うのだが。

◻信用を得るためにちょっぴり高い服を着る

　時々、法律事務所の部屋で性的問題が発生したという話を聞くと、私はな
おさら、打合せ室のドアを開放している方針が誤解を招かなくてよいと思う
ようになった。

　弁護士は種々神経をつかうことが多い。司法修習生の時に指導教官から言
われた言葉がある。「服装はちょっぴり高い洋服を着ろ。よれよれの洋服を
着ていると流行らない、貧乏弁護士と思われて依頼者が遠のく。着手金はち
ょっぴり高い位に請求せよ。ただ働きはするな。ただ働きは正義感で６カ月
はもつが、それ以上過ぎたらこれはどうせただ働きだからといって手を抜く。
そうすると相手方弁護士、裁判所、検察官はすぐ見抜いて、あの弁護士は信
用ならないという評価になる。弁護士は信用第一の仕事と思え」と言われた
のを今でも忘れない。

　私はそれらの恩師の忠告は忠実に守っていると自負している。やはりどの
業種でも信用第一が基本だと思う。

●視点・論点●

・男性弁護士は、女性の依頼者と打合せをする際に密室は避けること。
　脇が甘い弁護士などもってのほか

・身に覚えのないことで信用を落とすのは馬鹿らしい

267

第6章

経営者はいかにあるべきか

経営者の力量は人間としての器が決定する

第6章　経営者はいかにあるべきか

130

リーダーはいかに社員の期待に応えるか

【人も組織も義理と人情の機微で動く】

▨深田祐介氏のエッセイに上司のあり方を思う

　経営の神髄あるいは要諦とは何であろうか。私はそれは義理と人情ではないかとかねてから思っていた。上場会社といえども、中小企業と同じく基本的には組織は人的関係である。人間関係では、この上司のためなら火の中、水の中に飛び込んでも一生懸命仕事をやるという思いを部下にもたせられなければ、部下は上司の命令には従わず、また、組織のために動かない。

　過日、日経ビジネスに作家深田祐介氏のエッセイが掲載されていた。その中で、深田氏が日本航空の中東勤務だった頃、欧州に長期出張していたが、その留守中、上司が毎週末、深田氏の幼い子供たちのために一緒に食事をしたり、遊んでくれていたことを知って、深田氏は感激して男泣きし、この上司のために身命をかけようと思ったということを述懐していた。私はそのエッセイを読んで、良い上司と部下の関係だなあと思い、私が日頃考えていたことは人間の本性ではないかと思った。

▨社員の贈収賄事件にみる社長の器量

　ある会社の贈賄事件で、取締役と係長が逮捕された。私は社長との話し合いで、その2人を解雇しないことを条件に刑事弁護を引き受けた。社長はその2人のために差入れ要員として社員を1人現地に張り付け、携帯電話もレンタルして全社をあげて2人を精神的、経済的に援助した。

　年末に保釈決定をもらうと、社長室長が私に「全社員は本件事件で社長がいかなる処遇をするか固唾をのんで見守っていたのですよ。営業社員にとっては明日は我が身ですからね。社長は本件で人望を一身に集めました」と述

270

懐したのを本音と思って聞いた。

その2人は組織の犠牲者だから、トカゲのしっぽ切りをされたら、部下は
たまらないだろう。社長は、その取締役や係長にも気配りを十二分にされ、
取締役は私に感激して報告してきた。

その会社は2、3年前に商品に毒を入れたと恐喝されて、全商品を店頭か
ら引き揚げ、危機管理でもいかんなく社長はその力量を示されたのだった。

❌リーダーに人情の機微が備わっているか

私の顧問会社の社長がある部下に百万円の現金を渡して、「領収書はいら
ない。Ａとの取引をこの金を使って絶対に取ってこい」と指示した。部下
は意気に感じてＡとの取引に成功したうえで、残額50万円を社長に返しに
来た。社長は「領収書はいらないと言ったはずだ」と言って、その50万円を
受け取らなかった。部下はさらに感激して社長の器に心酔したのはいうまで
もない。経理課長が「社の交際費の範囲内でやるべきですよ」と注意したが、
その社長は人間の機微をきちんと理解していたのである。

人間関係は義理と人情に尽きる。それが古い思想であり、近代化・組織化
のために切り捨てるべきだという意見は、人間の本性を忘れた意見だと思う。

贈賄事件のとき、社長は私にわざわざ面会に来て相談をした。「当社の監
査役（弁護士）が刑事被告人を懲戒解雇すべきだと言うが、どうしたらよい
だろうか」との相談であった。私は即座に「社長と私は絶対に被告人を懲戒
解雇しないということを約束したでしょう。取締役は辞表を出させて責任を
とらせるが、生活の保障は絶対にしてください。それが組織を守るすべで
す」と忠告した。その取締役は直ちに辞表を書き、社長はその取締役と顧問
契約を締結し、取締役以上の権限と報酬を与えて、元取締役を感激させたの
である。また、係長には、係長会を開催して、社長自ら、その係長に酒のお
酌をして、頭を下げたのである。

●視点・論点●

・社長たる者は組織の犠牲者をいかに処遇するかで、器を問われる

第6章　経営者はいかにあるべきか

131

オーナーの器で会社の状況がかわる

【自由闊達な意見を言わせるのがオーナーの大切な役割】

▨ 「Yes and But」方式だけでは組織は活性化しない

　あるオーナー会社の倒産事件に関与したとき、サラリーマンの悲哀を痛感した。

　オーナー企業でサラリーマンが生き延びるには「Yes and But」の方針と精神でなければならない。つまり「社長のおっしゃることは、ごもっともでございます。しかしながら、本件にはこういう問題がございます」と言うのがサラリーマンの処世術である。

　ある部長が社長の提案に「Yes and But」の精神を忘れて、思わず「社長の企画はダメです」と即座に指摘したことから、オーナーの逆鱗に触れた。言った部長も一瞬しまったと思い、2カ月以内に子会社に左遷されてしまうなと予感したところ、その予感どおり販売子会社の社長に左遷された。

　子会社の社長ともなると、銀行取引上保証人となる。その親会社が倒産すると、その子会社の社長は、20億円の連帯保証責任を銀行から問われたのである。親会社の取締役は銀行には保証していない。親会社の部課長クラスが20億円の連帯保証をしたのである。部課長クラスの怒りと悲哀は聞いていて痛感した。

　私も会社の更生管財人代理として銀行に交渉した際、この連帯保証債務は一部支払いで、その余を免除するように交渉した。「あなたもサラリーマンだからわかるでしょう」と言うと、銀行員は、「全く同感です。なんとかしてあげたいが、私の一存ではどうしようもない。更生認可決定の際に一挙に解決しましょう」と同情的に対応してくれた。しかし、その子会社の社長は

272

結局、自己破産をすることになった。

この Yes and But の方式が蔓延するようでは組織は活性化しない。Yes マンばかりでは組織の発展性が見込めないのと同じである。オーナーはカリスマ的要素があるから、会社も順調に、そして大きくなったのであろう。カリスマ社長の判断と決断がまともなときはいいし、即断即決でいけいけドンドンで大きく飛躍する。しかし、判断と決断を間違ったときは大きな損害を被り、場合によっては倒産することになる。

⊠部下に自由な意見を言わせるのがオーナーの器

私は組織が活性化するには、自由闊達な雰囲気で部下が上司に自由に意見を言える体制をつくらないとダメだと思う。

部下も上司に対して礼を尽くして発言すべきである。他方では、上司はカリスマ的要素がないと部下の掌握はできない。大将と参謀の器は明らかに異なる。しかし、カリスマ的オーナーが、知っていても知らないふりをして部下に意見を言わせる大将の器がないと独裁的になり、発展性がなくなって失敗するという悲劇に見舞われることがある。

この会社の内情を知ると、私は、所詮サラリーマン不適格であり、精神的に自由である弁護士でよかったと痛感したものである。サラリーマンは本当に辛いよと思った次第である。

このサラリーマンの悲哀は、合併の場合にも生じる。被吸収会社側のサラリーマンは、吸収会社側の意向に逆らえない。いくら被吸収会社で実績があったとしても、その功績について何も言うなといわれ、給与の面だけは保障される。

しかし、人間は単に金銭的に処遇されても、労働の場で実力を発揮できなければ生き甲斐を感じないものだ。

●視点・論点●

・合併やM&Aで強者が配慮すべきことは、被吸収会社の社員の処遇と働き場をいかに与えるかである

273

第6章　経営者はいかにあるべきか

132

超ワンマン社長の上手な操縦術

【小さな問題を与え大きな課題から目を逸らせる】こと

⊠あえて隣地を掘削する会社の狙い

　ある造成工事会社が、私の依頼者の土地を勝手に掘削した。私は直ちに工事続行禁止の仮処分申請をした。審尋となり、債務者である造成工事会社の専務と裁判所で相対した。

　専務は開口一番、「やっとまともな交渉担当者が出てきて、これで前向きに解決できる」と言う。専務は私に、「実は先生、当社の土地の造成工事をするにあたり、隣地の所有者（私の依頼者）に挨拶をし、『ついでに隣接地も無料できちんと造成工事をしてあげます』と言っても、2年間全然前向きの交渉ができません。そこで交渉のテーブルについてもらうために、隣地の崖を少し削りました」と平気な顔で言う。

　私も依頼者の性格をよく知っていたので、さもありなんと思った。私の依頼担当者も、超ワンマンな社長の指示や方針が頻繁に変更するものだから、相手方とまともな交渉ができなかったのである。

　相手方会社の専務は男気があるようで、私が交渉担当者として権限をもつと判明すると、私の要求どおり境界線に沿ってきちんとした擁壁を作ることを約束した。

　私の依頼者は金持ちで、隣地の土地を1センチといえども侵出しない代わりに、隣地も自分の土地に1センチも侵入するなという哲学の持ち主であった。だから、無償で自分の土地を造成してもらわなくてもよい。自分はこじきではないと頑なに主張する。

274

超ワンマン社長に天罰

「本件土地は袋地であるから、この際相手方に造成してもらい、道を拡幅したほうがよいのではないか」と私が進言しても、「ビジネスジャッジは私がするのであり、弁護士ではない」と聞く耳を持たない。

相手方の専務が約束どおり擁壁を作ったので見に行った。予想以上の立派な擁壁で数千万円はかかったと思われた。

ところが、相手方の社長が私の事務所に乗り込んできて、「専務と共謀して立派すぎる擁壁を作ったのではないか。当社の損害は数千万円である」と文句を言う。これには私も驚いて、早速専務に事情を伺った。

すると専務（社長の実弟）は、「うちの社長は超ワンマンだが、丁度あの和解の時には入院中であり、私に代表権があるから、社長の息子と協議して擁壁を完成させたのです」と言う。

私は相手方の会社の商業登記事項証明書を見せて「あなたは取締役でも専務でもなく、代表権はないよ」と言うと、驚いて、「私はこの10数年以上、専務取締役と思って仕事をしてきた。社長はいつの間に、私の取締役を外したのだろうか。しかし、先生、超ワンマン社長をうまく操縦するには、重大な問題の時にわざと小さな問題を作り、社長にはその小さな問題に集中させ、大問題については一任を取り付けないと前に進みません」と澄ました顔をして一件落着させた。

私の依頼者も意地を貫いたため、袋地のまま売却不能の土地となった。超ワンマン者には後日、天罰が下るのが世の常である。

私の依頼者には、後日、本当に天罰が下った。債権者から会社更生申立てを受けたうえ、社長は債権者破産申立てをされたのである。結局、会社を手放したばかりか、自己の財産も破産申立てですべてを喪失したのだった。

●視点・論点●

・依頼者は、弁護士の忠告には耳を傾けるべし

・弁護士も全身全霊をもって、依頼者の利益のために説得すべし

275

第6章　経営者はいかにあるべきか

⑬ 経営者と役割分担することも弁護士の任務

【M&A の決断は弁護士も神経を使う】

▨ 銀行が持ちかけた M&A 話

　M&A は何度か経験がある。M&A の最大の問題点は、「隠れ負債がない
か」と企業買収後「本当に経営が成り立つか」の見通しである。隠れ負債の
有無は、弁護士でなく公認会計士に精査してもらわなくてはいけない。経営
判断は、私と買収側の経営陣の判断能力にかかる。不良会社のババ引きをし
ないように慎重に判断する必要がある。

　かつて銀行も不良債権対策で、自己の融資先の M&A を盛んに持ちかけ
てくることがあった。私の顧問会社にもある銀行から M&A の話がきた。
社長は買収資金がないからといって断ったものの、本心は買収したい。社長
は、銀行の支店長にその企業の経歴を照会したうえ、当社の顧問弁護士であ
る私のところに行くように言った。

　支店長は私のところに来て、「是非、自分の取引先を買収してください」
と要請する。私は顧問会社の現状を説明して、「自己資金がないから、銀行
が融資してくれたら再考します」と答えた。

▨ 営業本部長の一言で不良債権額10億円の会社を買収

　本件については、顧問会社の社長とは何の打ち合わせもなく、私の現状認
識を銀行の支店長に説明したのであるが、支店長は「社長と弁護士の説明は
全く同一の説明であるから、是非融資金で買収してください」と言う。不良
債権額を聞くと10億円という。私は顧問先の社長と営業本部長、経理部長を
呼んで、本件 M&A を実行すべきかを協議した。

　営業本部長は積極派である。私は本部長に「他人が経営に失敗していて、

276

若い貴方にはたして経営に成功する自信はあるのか」と問い詰めた。本部長は「自信があります」と断言する。そこで私は「経営に失敗したら、貴方は切腹するか」と問うと、「切腹する」と言う。

次に私は経理部長に「資金繰りは大丈夫か」と問うと、「何とかなる」と答える。そこで社長の意向を聞くと、「是非やりたい。しかし、自己資金はないから、買収資金10億円に、運転資金や改造資金で20億円は必要である」と言う。

そこで私は銀行の支店長に「20億円の融資をするなら、M&A の話は乗る」と返事をした。そうすると支店長は１カ月もしないうちに本店決裁を取ってきた。

顧問公認会計士に被買収先を徹底的に調査してもらい、粉飾決算でないことを確認した。銀行と融資交渉をしていたが、短期融資で手形貸付をするか否かの問題に焦点が移った。私は経理部長に、「5000万円の短期貸付の決済は絶対に大丈夫か」と念を押すと、「大丈夫」との回答だった。そこで例外として5000万円の手形貸付を承認して融資を実行してもらった。私は心配で融資実行前と改造工事中、開店後と買収会社を視察した。この M&A は順調な経営が続いている。

しかし、M&A は本当に神経を使う。営業本部長が「経営に失敗したら切腹します」と啖呵を切ったから、経営陣全員が決断できたのである。

買収会社は、最盛期に16店舗、年商650億円、負債170億円のパチンコ会社であって、私が再建型任意整理を遂行中の会社であった。当時の社長と営業部長は、ともに20代の２代目で、私と経営陣は役割分担をしたうえで、常に徹底的に議論をして、戦略・戦術を練ったのである。

―――――●視点・論点●―――――

・本件 M&A は10年がかりで再建に成功した

・現在では７店舗、年商600億円の優良企業に再生した

第6章　経営者はいかにあるべきか

134

弁護士は言葉より書類を大切にする

【創業者オーナーから見れば後継者はいつまでも涎垂れ小僧】

⊠浮世離れした経営者に不安を感じる

弁護士は、依頼者と打ち合わせをする時に依頼者に指示を与え、必要書類を持参ないし郵送するよう依頼する。通常は、依頼者はメモ用紙にメモする。ところが、ある依頼者は、自分の手にメモをしたのである。

私は非常に驚いた。なぜ私にメモ用紙をくれないかと頼んで、その紙にメモしないのだろうか。しかも、彼は旧帝国大学卒業で地場の中小企業の社長である。私は彼の人間性、経営感覚を疑った。

確かに打ち合わせをしている時、とんちんかんな問答があったので、私は思わず学歴を聞いたくらいである。そこで、旧帝国大学の工学部卒業と判明した。地方都市でビルのオーナーであるが、賃貸借契約関係について全く無知といっても過言ではなかった。はたしてこの人がビルオーナーとしてうまく経営をしていけるだろうかと不安に思った。賃貸借契約の相談なのに賃貸借契約書も持参していない。

⊠言葉より書面を重視するのが法律家

私は相談の予約の場合、「本件に関係ある書類はすべて持参せよ。あなたがこれは不要だろうと選択するな、選択するのは私だ」といって関係書類すべてを持参するように指示している。彼は、その指示も守らずに手ぶらで来て弁護士に相談する。私はその神経がわからないのだ。おそらく、田舎でビルを経営しており今まで何の問題もなく田舎の名士で通っていたから、自分が口頭で説明すれば十分と判断したのであろう。

ところが、弁護士は口頭の説明より書類の方を重視する。まして、契約書

278

の解釈なら契約書を見ないと適切なアドバイスはできない。そこで、私は彼に賃貸借契約書を持参するように指示をしたのである。

ところが、彼は手にメモをする。私は手にメモをするのを目撃したのは、その時が初めてであった。弁護士に相談する時は、通常はメモ用紙くらい用意していくものだと思い込んでいたから、ひどいショックを受けた。ましてや、相談者が社長と聞いて開いた口がふさがらないという思いであった。

☒後継者がいることに安堵

私は、彼の経営感覚に不安を感じて、それとなく後継者はいくつかと聞いた。30歳代と聞き、次回には後継者の息子も同行するように指示した。息子に「経営とは何か、契約とは何か」をじっくり説明した方が良いと思ったからである。

世の中にはやはり自分がすべて正しい、息子はまだまだ洟垂れ小僧と思っている人が多い。それはそうであろうが、息子は50歳になっても親からみればしょせん洟垂れ小僧であるが、息子は息子なりに十分成長しているものだ。そういう親父こそ浮き世離れして、経営者の能力と器が問われているのに気づかない。しかも、そのような人が、余りにも多い。

私がいつも感心するのは、創業者オーナーである。学歴はなくても自分の頭で考えて実践したからこそ今日の企業がある。社会では「知識」よりも「知恵」がものをいう。

反対に２世や３世は、企業経営についての考えが甘い。私も齢を重ねたせいか、創業者オーナーから息子が２世オーナーとして的確か否かの相談を受けることが多くなった。

●視点・論点●

・企業経営は家業ではなく、取引先、従業員の生活がかかっていることを自覚している経営者だけが、生き延びる

第6章　経営者はいかにあるべきか

135
コンプライアンスはまずトップの意識改革から

【「清く、正しく、美しく」の宝塚路線こそ経営の正道】

◼ いまコンプライアンスがなぜ強調されるのか

　コンプライアンス（遵法主義）が昨今声高に言われている。かつて西武鉄道グループがコンプライアンス違反で経営陣の退陣を余儀なくされていた。その後、コンプライアンス違反で雪印食品が破綻する事態となった。このような事態はこれまでは考えられないことであった。

　なぜコンプライアンスが声高に言われるようになったか。消費者や市民の権利意識の高まりで法の支配の観念があらゆる分野に浸透し始めたのは間違いない。私もコンプライアンスについて講演を頼まれることが多くなった。ある講演会で、その企業のトップは挨拶だけしてすぐ退席する予定であったが、私が開口一番「コンプライアンスは一言でいえば経営者の哲学の問題であり、問われているのは経営者の責任である」と言うと、最後まで私の講演を聞いていた。コンプライアンスとは、組織が法を守り、法の支配の観念を貫徹させるか否かという経営者の姿勢が問われるのだ。企業の最前線で頑張っている社員が法律違反をしているのは、その組織の体質を表現しているのであり、それは組織のトップの哲学の表現にほかならない。

　組織がさかんにコンプライアンスと叫んでいても、最もコンプライアンスに腐心すべきは組織のトップたちである。トップが遵法精神を発揮しようとする姿勢がない限り、いくら部下に強制しても部下はトップの姿勢を注視しているから無駄な努力である。

280

⊠法の遵守が社風となっている会社

　私の顧問先に、「清く、正しく、美しく」の路線を忠実に守る会社がある。法律に則って紛争を解決する社風であった。私はいつも皮肉っぽく、「お宅は宝塚路線ですね。しかし、他の企業は、教科書並みの説明では納得せずに、逮捕される寸前の秘策を私どもに要求しますよ。またダメ元で失敗するかもしれないが、精一杯の努力を戦術としますよ」と言っていた。現に、通常の企業では、債権回収でも貪欲に追求し、かつ保全策を図るのだ。しかし、私が皮肉を言っていた顧問会社の宝塚路線こそが法の支配の下でのコンプライアンス化では正道となった。

⊠私の忠告を素直に聞く経営者たち

　今や宝塚路線を皮肉ることは不可能となった。遵法精神を逸脱した場合は、これだけの情報化社会では、マスコミのみならずインターネットでたちどころに批判、糾弾され、企業の存続自体が危ぶまれる時代となった。私も今では、「法をなめてはいけない、なめたら倒産するよ、雪印食品や西武鉄道、三菱自動車の例をみなさい」と言っている。昔に比べて依頼者（顧問先）は素直に私の忠告を聞くようになった。これもコンプライアンスの浸透ゆえだろうか。

　コンプライアンスは遵法主義と訳されるが、日本文化では古来「信用第一」といわれていたことの横文字に過ぎないと思うのだ。

　商業道徳では「信用第一」が古来から今日までいわれて続けている。信用第一にはさまざまな哲学が含まれている。

●視点・論点●

・コンプライアンス企業の活動の基本は、信用第一の視点から「はたしてこの行動が当社の信用を損壊することにならないか」と考えれば、わかりやすい

第 6 章　経営者はいかにあるべきか

136

企業経営の要は財務担当者である

【経営者には財務内容を把握できる能力が肝要】

⊠社長・副社長の意見を聞かないオーナーの末路

　私が会社更生管財人代理時代に、かつての財務担当副社長から、なぜ当社が倒産に至ったかをじっくり聞いたことがある。彼は、財務担当責任者として毎月の資金繰りや財務計画や資金運用を企画、実行していた。

　しかし、オーナーが次から次へと新事業や設備投資に資金を投ずることから、副社長は社長と一緒にこのままでは当社は手形決済資金にも事欠くことになり、倒産する旨進言した。そうするとオーナーの逆鱗に触れて社長ともども解雇されたのである。

　その後オーナーが社長として会社を運営していたが、やはり財務担当副社長の見通しどおりに財務がひっ迫して、解雇した社長と財務担当副社長に復帰を要請した。資金繰り表をみると、2カ月後には資金ショートすることは明白であった。ここから、社長と財務担当副社長は、経営戦略、戦術に関して意見を異にした。

　財務担当副社長は、自己破産すべしと主張し、社長は、何千人の従業員の存在と取引先、老舗の暖簾を守るために何が何でも会社の存続を図るべきだと主張した。オーナーはただおろおろするのみで、もはや当事者能力はない。社長は試行錯誤のうえ、会社更生法の申立てを決意して、無事認可にこぎつけたのである。

⊠数字の読めない経営者、理論に走る経営者は危うい

　私はこの財務担当副社長の話をじっと聞いていて、いかに会社にとって財務担当が重要であり、かつ重責であるかと痛感した。中小企業経営者の中には、財務を顧問税理士に一任したり、月次決算もできていない、場合によっ

282

ては、月次売上げ、経費も把握していないケースすらある。これでは経営者とはいえないであろう。会社経営にとって、財務、経理内容を十分把握して経営戦略、戦術を講ずるのは必須である。

逆に経営理論に走って、アメリカや東京の最先端の理論を社内に導入して、従業員にそっぽを向かれるケースもあるが、それは頭でっかちの経営者といえる。私はそういう経営者には、「ここは九州だ。義理人情を欠いて何が経営か。従業員と取引先を大事にして、まず売り上げをいかに拡大し、無駄な出費を削減するのが出発点であり、経営理論は二の次だ」と揶揄している。

私もかつて、先達の弁護士から「顧問会社にときどき出向いて、決算書を見て粉飾か否かを見極めるくらいにならないと顧問弁護士としては失格だ」と言われたことがある。私も企業の決算書をみる機会が多いので、財務内容には極力注意して自分なりの意見を言えるように努力している。

▧経営者はせめて「聞く耳」をもとう

経営者にとっては、自ら財務を担当しなくても、財務担当者の報告を聞いて、会社の正確な財務内容を常に把握して、経営戦略、戦術を講ずるのがますます必要な時代となった。昔の大福帳ですませた牧歌的な経営では、企業はもはや生き残ることはできなくなった。経営者は銀行に足を運んでいるか。財務担当者にのみ銀行に行かせ、自分は銀行に行かないのを自慢する経営者がいる。私はその経営者は経営者失格だと思う。銀行は、融資を実行するか否かを判断するとき、実は、経営者の顔を見て、かつ、新規融資がはたして無事回収できるか否かを判断している。

●視点・論点●

・銀行家・故池田成彬は、経営者の顔を見て、説明を聞いて30分間で新規融資の是非を判断した。そして、融資金の焦げ付きはゼロであった（江上剛著『我、弁明せず』（PHP研究所刊）を参照）

283

第6章　経営者はいかにあるべきか

137

破産会社の経営者責任の取らせ方

【社長の保釈金に仮差押えしてでもケジメを問う】

▨倒産会社の社長の保釈金を仮差押え

　私が大型破産事件の破産管財人の時のことである。その破産会社の社長が倒産の責任を問われて刑事裁判となった。社長は否認していたから、長期勾留が続き、やっと保釈金2,500万円で保釈することができた。私は刑事裁判の流れを見ながら、結審間際にその保釈金の仮差押えをした。社長は、怒って私の事務所に乗り込んできた。

　私は「倒産した以上、社長にも責任があるでしょう。ある銀行の元頭取は自殺をしたり、全財産を投げ出して債権者に配当している。私の目の前に2,500万円の保釈金があるのを看過したら、債権者は、管財人である私の職務怠慢と批判するでしょう。全部とは言わない。最低でも1,000万円くらいは破産財団に入れるべきではないか」と諭した。

▨仮差押えの取扱いについて裁判所から「君に任せる」とお墨付きをもらう

　社長は「この金は自分のではなく、身内から借金したものである」と弁明するので、私は、「それなら身内の金である疎明資料を出してくれ」と要求した。社長はその疎明資料を出さないまま下獄した。裁判所は、「本裁判を起こすべきではないか」と指示したが、私は拒絶した。

　私は裁判所に、「社長が出所したら、私が自分の金で一席設けて出所祝いをしてあげます。その席上で男同士のトップ会談で話をつけますし、その根回しもしていますから、下獄中の社長に欠席判決をもらうのは男として示しがつかない」と言うと、裁判官は苦笑して、「君に任せる」と言ったのだった。

284

⊠出所した社長を説得して一部を破産財団に入金

社長から「出所しました」と電話連絡があり、私は早速社長の出所祝いをした。「長い間ご苦労様でした。あなたも今後の生活もあるだろうし、兄弟の金も一部あることは承知している。そこで保釈金2,500万円の内、破産財団に1,000万円バックしてくれないだろうか」と言うと、社長は「わかりました」と言って、無事、破産財団に入金した。

社長関係者からは、一時、保釈金まで仮差押えするのは非人間的だと批判を受けたが、私は「経営責任とはそんなものではない。債権者や取引先、従業員等関係者は多大な迷惑を被っている。そのケジメをつけるのが経営責任だ。そのため、形として保釈金の一部を破産財団に入金するのが筋だ」と一貫して主張し続けた。社長は刑務所で私の気持を考え続け、私の要求を、出所後、一発回答で応諾してくれたのである。

裁判所に報告すると、裁判官も驚いて、「よく裁判を起こさずに保釈金の一部を取りましたね。この金額で十分です」と言って、私を慰労してくれた。

私も本来は保釈金の仮差押えなどしたくはない。しかし、関係者が1,000人を超し、かつ、負債額も何百億円ともなると、破産管財人として経営責任のケジメを問うべきだと思った。債権者も「よく取れましたね」と驚くと同時に納得した。これで社長も新たな人生を大手を振って歩けることであろう。

●視点・論点●

・企業が倒産したとき、経営者がいかなる責任を負うべきかは経営者の哲学の問題である

・自己保身を図り、また、自己の利益のみを追求して債権者や従業員の生活を顧みない経営者には、再起のチャンスはない

・世間はその経営者の動向をじっと注視している

第6章　経営者はいかにあるべきか

138

オーナー社長は常に命がけだ

【日本経済を支える中小企業の味方になりたい】

▨中小企業と大企業の社長の違いは何か

　日本経済は中小企業が支えている。中小企業はオーナー社長が多い。オーナー社長、それも創業者オーナーは個性豊かで自分の経営哲学をもって事業を展開している人が多いから、話をしていても面白いし、勉強になる。

　事業に失敗すれば、金融機関や取引先との間に連帯保証契約をしていることから、自己破産か夜逃げ、自殺が最後の選択肢となることが多い。したがって、会社の交際費を部下が湯水の如く使えばオーナー社長が烈火の如く怒る気持はよく理解できるし、「会社のお金は俺の金だ」と自負するのもよくわかる。

　その意味で上場企業等のサラリーマン社長は、中小企業のオーナー社長と比べれば比較的楽で、無責任に思える。上場会社の社長が会社倒産で自殺したケースは、中小企業の社長に比べれば圧倒的に少ない。上場会社は組織や規模が大きいので、社会的、経済的に影響力が強いが、事業に注ぐエネルギーはオーナー企業経営者にはかなわない。

▨妻を守るために命を絶った社長の心

　中小企業の社長が手形不渡りを出したので相談に来た。真面目な社長であるから、手形決済のぎりぎりの段階まで、自分や家族、子供の預金まで下ろして決済資金に充当した。自己破産するのにもお金がいると聞くと、絶望的な表情をして帰った。1カ月後に社長から電話があった。

　「先生、妻のみの自己破産費用は35万円でよかったですね、その資金手当てができましたので妻をよろしく。私のほうは何とかしますから」と言う。その2、3日後に社長夫人が、「夫は自殺して、遺言は『弁護士に頼んで君

286

だけ自己破産しなさい。君にまで保証人の責任を負わせて申し訳なかった。ありがとう』。これが最後の夫の言葉でした」、と社長夫人は涙ぐむや否や私の前で泣き崩れた。社長は以前、私に「先生、人間というものは、なかなか死ねないですね。高速道路で100キロの速度でガードレールに衝突しても死ねなかったんですよ」と言っていたが、今度は妻を守るために自ら命を絶ったのである。

　社長夫人に債権者は同情して、一時的に債権取立ては止んだ。しかし、1年経過すると、債権者の取立てが始まり、私は社長の遺言どおり、社長夫人の自己破産申立てをして、社長夫人の免責決定をとった。

　このように中小企業のオーナー社長は命をかけて事業を営んでいる。しかし、正直に言って経営者の器でない人が事業展開をしていると、相談に預かっている私ははらはらと見守るしかない。

▨自殺してまで債権者を守ろうとしたもう1人の社長

　ある日、私は警察の電話で叩き起こされた。「Aさんと貴方とはどういう関係ですか」、「本日、Aさんの会社を自己破産申立てをする予定の弁護士ですが、Aさんはどうしたのですか」、「Aさんは自殺しました。死体の傍らに遺言書があり、私の死体を発見した人は萬年弁護士に一報を入れてくださいと書いてありました」。私は、自己破産申立てを急遽変更して、清算的任意整理に切り替えた。生命保険金を受領して債権者に配当することにした。遺言書には、「先生、私が生きている限り、連鎖倒産する業者が出現します。最後のお願いです。私の生命保険金で債権者を救ってください」とある。私は、社長の意思を汲んで、残された家族の生活ができるように債権者に対して一部の債権カットをお願いして、無事、清算的任意整理が完了した。

●視点・論点●

・中小企業の社長たちは、生命をかけて事業に取り組んでいることを忘れてはならない

287

第6章　経営者はいかにあるべきか

139
経営者の器は顔を見て判断できる
【人の顔には、人間性、知性、情熱が表れる】

◈創業者オーナーの最大の悩み

　私も馬齢を重ねたせいか、創業者オーナーから後継者の問題の相談を受けるようになった。「自分も年をとったから息子を後継者にしたいと思うが、息子が後継者となったら、間もなく自分の会社は倒産するであろう。どうしたらよいか」との相談である。創業者オーナーにとってみれば、自分の会社は自分の子供みたいな存在である。

　私は創業者オーナーに対して、常に、「会社は個人商店とは異なるから、公私の区別をつけるというあなたの判断は正しい。しかし、親子という血の問題は克服できますか」と問うことにしている。

　血の問題の克服とは、「会社は従業員や取引先に迷惑をかけられないから、会社の存続は絶対必要だが、自分の子供はかわいい。それでも自分の子供を会社から追い出す勇気はありますか」という意味である。私の経験からすれば、創業者は常に子供を後継者にするべきか否かの血の問題に深く悩むからである。創業者オーナーが血の問題は克服しますと宣言するから、その準備に着手すると、それでもオーナーが揺れ動く姿を今まで何回も見てきた。

　私は、この頃は、依頼者と20〜30分間話してその人の器を顔で判断することにしている。リンカーンが「男40歳になったら自分の顔に責任を負え」と言った意味がよくわかる年齢になった。顔にはその人の人間性、知性、情熱等が出ている。

◈後継者の顔を見て話すことで経営者としての器を判断

　後継者問題の相談を受けた時には、私は息子に会って顔を見ながら話をして、経営者の器か否かを判断することにしている。私は息子に受任の挨拶状

288

を出して一度会うことにした。しかし、息子は当日になると風邪をひいたとしてキャンセルする。周囲の情報を集めると、私が怖いとの理由である。通常ならば、私の所に怒鳴り込んで来るのである。しかし、一度も顔を見せないということは、それだけで経営者の器ではないと判断した。その代わり両親の所には泣きを入れてくる。私が予想したとおり血の問題が復活したのである。

私は陰の参謀として契約書や取締役の辞任書などを起案して、これに署名させて手切れ金を支払えと指示した。私は表には一度も出なかったが、紆余曲折の末、何とか息子を会社から排除した。創業者オーナーにとっては断腸の思いの決断であったろう。しかし、経営者の器でない者を後継者に選択したら、その後継者も、従業員、取引先も不幸である。

この激動の時代には適任者が経営者にならないと会社は生き残ることはできない。その意味で、ホンダの本田宗一郎氏が息子を後継者にしないとした決断は名経営者といわれるゆえんだと感心する。後継者の相談は年々増加する。私は、世の中には間違って経営者になっている人が多くいると思う。周囲が迷惑を被るのだ。人間の器、経営者の器とは何か。それは先天的なものか、後天的なものか。この問題は、刑事責任が行為責任論か性格責任論かの論争を参考にするとおもしろい。

私も若い頃は、通説である行為責任論の信奉者であったが、刑事弁護を長年やっていると、実務家のロンブローゾが服役者の顔を見て、「おまえは殺人犯だろう、窃盗犯だろう」と見分けて性格責任論を主張したのは、妙な納得感がある。私は人間の器には、先天的なもの（生まれ）も後天的な家庭や教育環境も影響するという団藤重光先生の「人格形成責任論」が正しいのでないかと思う。

●視点・論点●

・人間の器や経営者の器は、その人の顔に現れる
・『人は見た目が９割』がベストセラーになったのもよくわかる

289

第6章　経営者はいかにあるべきか

140 社内状況が読めない脇の甘い経営者は失格

【会社の内情は顧問弁護士のほうがよくわかる】場合が多い

☒身内にスパイがいるとしか思えないと察知

　組織にスパイ、裏切り者の存在はつきものである。キリストの12使徒のユダ、左翼陣営内の公安のスパイ等歴史上の事実を枚挙するに困らない。企業には派閥があり、その間でスパイが存在する。

　ある会社に内紛が生じた。会長と社長の確執である。私は、社長の参謀役として作戦会議を何回も主催してきた。相手方がとる戦術を想定して、当方はどういう戦術をとるべきか、当方の戦術に対して相手方はどう出てくるか。さまざまなシミュレーションをして戦略戦術を練った。しかし、当方の見立てた戦術がことごとく空振りに終わるのである。

　私はどうもこちらの戦略戦術が相手方に筒抜けなのではないか、当方の陣営にスパイがいるのではないかとにらんだ。もちろん、相手方が常識ある反応を示すとの前提で想定しているが、相手方に当方の戦術を理解する能力が欠けているとしても、何度も空振りするのはおかしいと思った。

　私は、重要な会議に風邪をひいたとして欠席する役員に疑いをもった。私は思い余って社長に、「あの役員は社長を裏切っているのではないですか」と問うと、社長は「あの役員は私に恩義があるから私を裏切ることはあり得ません」と一笑に付す。

☒脇が甘いと部下にまんまと騙される

　私は他の役員に同じ質問をすると、その役員は私と同様の認識を示した。また、相手方の参謀は数カ月前に当社に入社した銀行OBでないかと指摘す

290

ると、社長らは一笑に付す。私は、「あのOBは自分の実力を誇示しようと
して、私が敗訴することは間違いないから止めろといったにもかかわらず、
自分が責任をとるから提訴してくれというから提訴した。私の予想どおり敗
訴の可能性が濃くなると弁護士に責任転嫁する無責任な男である。それがど
うも絵を描いているフシがある」と指摘した。社長らはあの男にそんな実力
はないと見くびっていたが、怪文書が出始めるとその銀行OBが参謀と判明
した。社長は「社内のことはすべて掌握しているものと思っていたが、外部
の人のほうがよく見えるのですね」と述懐された。

　顧問弁護士は、顧問会社の人間と打ち合わせを重ねているうちに、意外に
も顧問会社の内情がわかるものである。そして、私がスパイとにらんだ役員
も後日スパイと判明した。人間は誰でも自分が一番かわいい。自分の利益、
地位を守るために裏切ってスパイ行為をするのも人間の弱さゆえであろう。
私は常に人間は弱い存在であるから、裏切り行為、犯罪行為は起こると思っ
ている。この会社の内紛は社長派が負けて、社長は潔く会社から身を引いた。
私はこの社長の頭の鋭さと読みには深く感銘を受けたのであるが、脇の甘さ
を痛感させられた事件であった。

　顧問弁護士の役割とは何か。顧問会社の社員と何回も打ち合わせをしてい
ると、顧問会社の内情はだんだんわかってくるものだ。

●視点・論点●

・顧問弁護士には、外部から顧問会社のコンプライアンスを律する役目
　がある
・顧問弁護士たる者、顧問会社に耳の痛いことでも指摘すべし

第6章　経営者はいかにあるべきか

141

数字が読めない者は経営者に不向き

【営業マンとして優秀でも経営者としての器は別】

⬚攻めに強い経営者は守りに弱い

　私も馬齢を重ねたせいか、「人間の器」を考えることが多くなった。この頃痛感するのは、経営者の器である。営業マンとしてはピカ一の人が必ずしも経営者としては成功しないということだ。名選手必ずしも名監督にあらずとの諺と同じである。

　私の顧問会社で、その社長は、晴れて脱サラして会社を設立し、業績も順調にいっていた。業種も広げて、「少し危なかしいなあ」とは思っていたが、社長はいつも景気のいい話をする。「今度倉庫業にも進出するから、あの破産物件の工場を倉庫に転用したい。破産管財人を紹介してくれないか」と言う。私はすぐ紹介の電話をした。

　その後、「資金手当てはどうするのか」と尋ねていたところ、銀行が融資を渋っていることが判明した。「これはおかしい」と思い、根掘り葉掘り聞いていくと、これは破産しかないと判明した。

　「社長、何を寝ぼけたことを言っているか。倉庫業進出なんてできっこないよ。本業ですら破産に瀕しているじゃないか。銀行は会社の業績の悪化を見て融資ストップしているのではないか。直ちに経理担当者を連れて来い」と怒鳴った。

⬚支出面に常に気を配らない経営者は危い

　決算書や帳簿を見ても、社長は説明できない。私は社長の回答に怒鳴ってばかりである。むしろ、女性の経理担当者のほうが私の質問に対して的確に答える。私は経理担当者に、私の事務所に出勤して、債権者一覧表、売掛金一覧表、在庫一覧表等を作成するよう指示した。経理担当者は、頭が良いの

292

か私の指示によく応えた。社長は、経理担当者に「弁護士は、私にいつも怒鳴ってばかりいるが、君には優しいかね」と尋ねている。返事は、「私にはいつも優しく接してもらっています」と答えている。それをもれ聞いた私は苦笑いした。この社長は、順調なときはいけいけドンドンで強気の経営方針で動いた。しかし、倒産に至ると自分はどうしていいかわからず、おろおろしているばかりである。

　経営者たる者は、会社の経理に毎日目を通して、収支勘定がどうなっているか常に頭の中に入れておくのは当然である。私も経営者の１人として、事務所で１人で残業しているときは、事務長の机の引き出しから、私の通帳を出して今月分の人件費等はどこから捻出するかと頭を悩ませている。数字がわからない経営者は目先の売上げ数字ばかり追っていて、支出の面に目がいっていない。銀行との折衝も経理任せである。どうもおかしいと思った時は、損益分岐点が赤字に転化しているのである。

　しかし、この社長も破産して再び営業マンに戻ると、これが不思議と営業売り上げの成績がよいのだ。やはり経営者の器というものがあるというのが、私のこの頃の実感である。

　私の顧問会社で、営業力と労務管理については百点満点を与えるが、財務力については０点だという社長がいる。負債は親会社の借入金のみだからその返済は後回しで、営業力の拡充に力点をおいた経営をしている。決算書では赤字決算である。私が強く批判しても馬耳東風の感じで、経営者はバランス感覚が大事だと痛感する。

●視点・論点●

・会社を大きくすることに夢中な経営者は、危うい
・経営者は、会社の収支を常に把握し、経理に明るくあることも必要である

第6章　経営者はいかにあるべきか

142

二代目社長がはまりやすい陥穽

【創業オーナーを批判し始めると要注意】

創業者社長を批判し始めると危険信号

　経営者も個人商店時代なら自己の不手際で倒産しても自業自得であり、社会的影響も少ない。しかし会社組織にした場合は、もはやそれは家業ではなく、会社という公器の存在である。従業員の雇用確保や取引先、銀行との取引の安全等で社会的影響は大きいのである。

　経営者は法人成りをした以上、その経営責任を自覚して経営すべきである。創業者オーナーは苦労して法人成りをしたのでその自覚が強く、体を張って命をかけて経営をしている。創業者オーナーでそういう姿勢がない人は、そもそも経営者の器ではなく、経営者になるべき人ではなかったのである。

　二代目は創業者オーナーの背中をみて育っているので、会社経営の難しさは理解している。ところが二代目は、創業者オーナーをライバル視してそれを乗り越えようともがく。それが正しい方向であるなら問題はない。間違った方向に進むのが問題である。

　創業者オーナーは苦労しているものだから、二代目を有名大学に進学させる。二代目は確かに頭がよくてよく勉強する。そこに落とし穴がある。二代目が、「創業者オーナーは決算書もよく理解できず、時代の潮流にも遅れている古い経営手法である」と批判し始めると要注意である。

社長が本社に在籍しない会社に未来はない

　私の顧問会社で、福岡本社であるにもかかわらず、二代目社長が住居を東京に移した。それは、子供の教育のために東京がよく、また、東京で受注するのに便利だという理由であった。私はそれに反対した。経営のトップが本社に常駐せずして会社の経営ができるのか。経営者の経営哲学をいかに部下

に浸透させることができるのか。トップセールスも大事であるが、それは経営トップが本社にいてすればよいと言った。しかし、社長は私の反対を押し切って東京に家族ともども移住した。

社長はトップセールスといっても所詮ブローカー的役割しか果たさず、会社の業績に結びつけることはできなかった。会社の業績もだんだん低下してきたので、やはり地元に腰を据えて地元との取引を重視すべきでないかと忠告しても、聞く耳を持たない。とうとう銀行から最後通牒を発せられて会社は倒産することになった。

私は社長に経営責任をとるけじめとして自己破産するしかないのでないかと忠告したが、社長のプライドをいたく傷つけたらしく、その後私の所に来訪はない。しかし、そのおかげで周囲の人が多大な迷惑をかけられたのだ。一方、社長は関係者への迷惑を顧みずに相変わらずの生活をしている。これが二代目の典型的な落とし穴にはまった失敗例である。やはり、経営は身の丈に合った経営をする必要があるのだ。

●視点・論点●

・二代目は、創業者オーナーの背中を見て、経営の難しさを知り、補うべきものがわかり、優秀であれば創業者オーナーを上回る力を持っている。しかし、創業の苦労を知らない。二代目は、二代目なりの苦労はあろうが、ゼロから起業した創業者オーナーの力に敬意を払うことは、二代目自身にとっては大切なことである
・土台を無視して高みを目指していないか。周囲の年長者の反対やアドバイスは土台に基づいた確かなものであることが多い。聞く耳を持て

第6章 経営者はいかにあるべきか

143

若手経営者は多くの本を読め

【自分の頭で考え自分の言葉で喋れる人間になれ】

⊠トップ財界人は多くの書物を読み経営戦略の参考にしている

　昨年（平成19年）12月から NHK で「坂の上の雲」が３カ年の予定で放映されることで、「坂の上の雲」がブームになっている。私も昔、財界人の愛読書のひとつに司馬遼太郎氏の『坂の上の雲』があげられていたのにいたく興味を抱いた。私はその文庫本を買って海外旅行の際に携帯し、アメリカ、ドイツ、中国に旅行した際にすべてを完読した。

　私は完読して、財界人がこの本を愛読書に挙げているのが理解できた。この本は秋山好古、秋山真之、正岡子規を中心に論じているが、そこには組織論、運動論、大将、参謀、中隊長、兵隊の人間の器と役割論が展開されている。読み手にとってはいかようにも解釈できるのである。経営者にとってみれば、会社という組織を動かすにはどうあるべきか、大将の役割は、参謀の役割は、中隊長の役割はと秋山兄弟の生き様をみて自己投影できるのである。

　好古は日露戦争においてコサック騎兵を破り、真之は日露戦争の日本海海戦の参謀としてロシアを破った。この戦の中で大将、参謀、中隊長の役割が描写されており、それを読者の自らの位置に投影して自分が今何をなすべきかを考えさせるのである。

　30年前の財界人の愛読書のひとつは山岡荘八氏の『徳川家康』であった。おそらく、徳川幕府が300年続いたのはなぜかとの問題意識で財界人が模索したのであろう。

⊠若手経営者はよく読書をして自分の立ち位置、役割を考えよ

　それは NHK の日曜日の「大河ドラマ」にもいえる。歴史上の人物の生き様をみると、組織運営上のヒントがたくさん描写されている。

296

私は顧問先の若社長には、この『坂の上の雲』を是非読めと勧めている。自分の会社の経営にどう役立てるかを自分の頭で考え、そして自分の言葉で部下に喋れ、これが経営哲学を語ることになる。各人各様の理解でいいじゃないか、大会社と中小企業では自ら、役割分担は異なる。それが大事だと力説している。若社長とこのテーマで議論すると、本当に各人各様の解釈論を展開しておもしろいと思う。私の指示で『坂の上の雲』を読んでいる経営者は自分の頭で考えて自分の言葉で喋っており、私は実に頼もしい経営者になったと思っている。財界人が愛読書にしている理由がよくわかる。

このように読書やテレビ、映画も、自分のおかれている立ち位置や役割を考えるうえで非常に役立つものである。単に歴史上の事跡や俳優が好きか嫌いかを印象づけるのは時間の無駄である。限られた時間を有意義に使うためには、読書や映像から自己に投影して自分の生き様や死に様を見極める姿勢が問われる。私も、残り少ない人生の時間をいかに有意義に使用すべきかを考える世代になったのかと思う。

経営力とは、組織をいかに機能的に動かすかに尽きる。経営者はこの組織をいかに活用するかということであり、人間の心理や機微を理解して、部下を上手に動かすことに尽きると思う。

そのために人間をいかに理解するかが経営者の勉強であると思う。

●視点・論点●

・数多の書物から人の生き様や論理を学べば、それは自己の会社経営のヒントとなる
・書物や映像に自己を投影し人生を考えよ。生きる姿勢を問う良いきっかけになる

297

第6章　経営者はいかにあるべきか

144

萬年流実践学にみる経営の要諦とは

【企業再建を成功させるのは経営者の人間力、経営哲学】

◙実践を通して学んだ私の経営学

　私は、経営者向けの講演会では「経営の要諦の総論は、義理と人情、信用第一である。各論は①営業力、②労務管理、③財務力である」と強調している。

　従業員に「会社、社長のためなら火の中、水の中に飛び込む」心境にさせるには従業員を大事にする必要がある。そのためには、利益が上がっている時は給与をはずめ。取引先との取引も信用第一の精神で義理と人情を貫けば企業は発展する。合理主義がすべてよいわけではない。企業の発展にはまずは営業力の強化、そのためには社長以下全員で知恵を出し合って総力を注入して営業活動をしなければ、他社との差別化には成功しない。従業員の労務管理は原理原則を貫徹し、信賞必罰で泣いて馬謖を斬る精神を貫け。企業の財務についても売上高よりも利益率や利益高に注視し、債務超過の事実はなくせ。社長自ら財務分析をしなくても、数字は経理部長を通じて常に把握しておけ、と強調している。

　これは、私が企業再建や経営相談に携わっている過程で考えた原理原則である。

　企業再建がうまくいくコツは、弁護士の力量というよりも経営者の人間力、それも経営哲学にかかっていると思う。

◙破産か再建かを峻別する基準は経営者の人間力と経営哲学

　つい最近も、民事再生の申立てをして企業再建が順調にいっている会社の社長が、経理担当者を伴ってお礼の挨拶に来られた。私はその時に社長に、

298

「これは私の実力ではない。社長、貴方の人間力と経営哲学が企業再生の成功の道を切り開いたのですよ。社長、自信をもって頑張ってください」と激励した。社長は照れ笑いをして私に盛んに感謝しておられたが、私は本当のことを言ったに過ぎない。

このケースは、ある弁護士から、自分ではできないから私に民事再生の申立てをしてくれとの依頼がきて、私の部下が２日間で民事再生申立てをし、その後は若い部下に民事再生の手続がどうあるべきかを勉強しろと指示して、今日まできたのである。

この社長は、誠実にそして真面目にこつこつと企業再建に励まれた。私は、経営危機にある時、破産か再建かを峻別する基準は経営者の人間力と経営哲学であると思い、そこをじっくり見分して決めている。従業員、取引先のことを真剣に考え、義理と人情、信用第一を信条としているか、頭のよさや人間としての誠実さがあるか否かを総合して判断している。銀行が当社に融資してくれない、日本経済の不景気や売上げ減と他人に責任転嫁する経営者には、企業再建の能力はないと判断する。

世の中には間違って経営者になっている人が多数いる。私は経営者の顔をじっと見て人間力と経営哲学を吟味して引導を渡している。私がこの経営者は間違いないと判断した人は、企業再建に成功しているのだ。やはり経営者には強固な経営哲学が要請されているのだ。

●視点・論点●

・経営者の人間力と強固な経営哲学なくしては、再生成功の道は切り開けない
・経営者の人柄や考えが従業員の士気を高める

299

第6章　経営者はいかにあるべきか

⑭

権力欲に際限はない

【人間は身の丈に合った欲望と生活に徹すべき】

⊠ライバルに対する言われなき敵がい心

人間は欲望のかたまりであるが、権力欲について考える事件に遭遇した。

親会社の社長候補になった人が子会社の社長に転進した。その人は、斬新な経営企画や哲学で、子会社の業績も順調に発展させていった。

ところがある日、親会社から子会社の社長に対してパワハラ問題について糾問を受けたのである。子会社の社長は思い当たる節がないので何事かと親会社に赴くと、パワハラと言われる。内容は全くパワハラと言えるものではないものをパワハラと言われた。

親会社の査問委員会で徹底的に糾問されたが、「なぜおれはこんな目に遭う必要があるのか」と疑問に思い、弁護士に相談に来た。資料を見ても、私もこれはパワハラと言えるのか非常に疑問に思った。親会社の社長とのトップ会議の内容を録音テープで聞いても、これが上場会社の社長かと驚きあきれた。

とにかく責任をとって子会社の社長を引責辞任しろの一点張りである。そこには上場会社の社長としての知性や哲学はない。私は疑問に思って依頼者に、「親会社の社長に恨まれる覚えがありますか」と尋ねた。子会社の社長もさかんに頭をかしげていたが、強いて考えればという条件付きで、「私はその気はなかったが、私も一応親会社の社長候補になっていたみたいで、それ以降社長は私をライバル視してきたのです。私はライバルとは思っていないし、私の存在が煙たいと思っているとしか考えられない」と言う。

⊠トップになるにはそれ相応の人間の器が必要だ

自分が権力の頂点に立った以上、もはやかつてのライバルに勝ったのであ

300

るから、それ以上そのライバル視した人を排除する必要はないのでないか。そこまで権力欲を及ぼす必要があるのかと不思議に思った。人は、権力欲の一環として、ライバルを徹底的に排除する必要性まで求めるのであろうか。私は人間の欲望の奥深さに唖然とした。よく新聞辞令でトップ人事が駄目になったとは聞く。新聞辞令に反発した人が憤然として巻き返しに出て、新聞辞令を押し潰すのであろう。これはよく聞く話である。

　どの世界でも権力欲を強くもってトップ人事を狙う人はいる。問題はその人がトップとしての器の質を備えているかである。トップにはやはりトップの器の能力を持った人がなるべきであり、そうでないと失敗する。その失敗はよく見聞する。

　私も年をとったせいか、「人間は身の丈に合った欲望を持ち身の丈に合った生活をしなければならない」と昔の人が言った言葉の重みを感じる。身の丈に合わない権力欲の固まりの人がトップになった場合は、その組織の内外の人は迷惑を被る。やはり、人間、身の丈を知るべし、である。

　私も年をとったせいか、大会社や官僚のトップの人々はほとんど私よりも年下となった。その人たちの人間の器をみることになる。こんな程度でこういう地位に就くのかと唖然とする機会が増した。

●視点・論点●

・自信があり実力が伴う人は、つかんだ権力に固執しないし、権力を誇示しない
・意識せずとも恨みを買うことがある。相手が権力をもち、かつそれに値しない人間ならば、なお厄介である

301

第6章　経営者はいかにあるべきか

146

人望なき経営者は去れ

【苦境に陥った企業の再建は経営者次第】

☒裁判官は債務者側の主張にも真摯に耳を傾けるべき

　ある企業が苦境に陥り、事実上銀行管理下におかれていた。私の前に何人かの弁護士が企業再建の方策を講じていたらしいが、債権者を納得させる再建策を講じていなかった。そういう状況下で、私に、何とか手助けをしてほしいと要請があった。

　社長に会って話を聞いていると、経営陣の中でも対立があり、前任社長は再建をあきらめて、現社長に経営権を譲っていた。私は社長と二人で、最大債権者である銀行に乗り込んで何とか再建策を講じる時間をくれと頼んだ。幸いその銀行の頭取や首脳陣とも私は面識があり、かつその地域で、私が170億円の負債を抱えていた企業を再建した実績を彼らは知っていた。銀行の担当者は、「先生、先生が再建した企業の経営者と今度の企業の経営者の質は違いますよ」とさかんに言うが、私は今ひとつピンとこなかった。

　企業にも乗り込んで実態調査を行い、かつ経営幹部のヒアリングをした。他方では、銀行の要請で、連帯保証人の解除手続にも協力して前経営陣の保証解除をもした。それが一段落すると銀行は、会社と現経営陣に、債権者による破産申立てをしてきたのである。正確に言えば、銀行の債権をサービサーに売却し、そのサービサーからの破産申立てであったが、それは銀行の指示によるものであることは明白であった。

　破産審尋では、裁判官は若く、債務超過であるから即日破産宣告するという姿勢で、私は裁判官に対して激怒して途中で退席することになった。裁判官は債務者の主張にももう少し耳を傾けるべきではないかと抗議したうえでのことであった。

302

⊠苦境に陥った時に人望や徳性がはっきりする

　直ちに破産宣告され、私の知り合いの弁護士が破産管財人に任命された。私は社長に破産宣告に不服申立てをしようと言ったが、解任された。

　後日、破産管財人からの報告によると、宣告と同時に企業に赴くと、社長が従業員から胸倉をつかまれて、「貴様が無能だから破産したのでないか。貴様はすぐ出て行け」と言われているところに遭遇し、あんな光景は初めて見たと述懐していた。私もこの社長が従業員から人望がないのはうすうす気づいていたが、そこまで人望がないとは思わなかった。従業員にとってみれば破産宣告で組織の論理が破綻し、今までの社長に対する不満が一挙に爆発したのであろう。私も社長に再建策はいかにと質問しても、明確な回答はなかった。経営能力もないというのを銀行と従業員は見抜いていたのだ。

　経営者は、従業員や社会に対して責任を負っている。単に二代目、三代目であることだけで経営者になっていても周囲が傷つくだけだ。人間は苦境に陥った時に、その人の人望や徳性がはっきり明確化されるのだ。

　私はこのように、世の中には間違って経営者になっている人が多数いるのに気づいた。経営者は公の存在として、従業員や債権者、銀行に対して公的責任を負っている。そういう自覚がない人や能力がない人は、早々に立ち去るべきである。

●視点・論点●

・専門家の手助けがあっても、経営者に人望がなければ、企業再建は成り立たない

・経営者の能力不足は、金融機関、取引先はもちろん、従業員も見抜いているものだ

第6章　経営者はいかにあるべきか

147

従業員は家族という思いが大切

【会社で頂いたものを従業員に分け与えないような経営者は失格】

▨成長する企業は従業員を家族同様に大切にする

　企業は人なりという。その意味で従業員の位置づけをどうするか。それは経営理念のひとつとして重要である。

　百田尚樹著『海賊と呼ばれた男』で描かれる出光興産の創業者出光佐三が、会社が苦境に陥った時も従業員をリストラしないのは、「従業員は家族である」という信念の下にあったからである。先日、NHKのBSで京セラ創業者の稲盛和夫氏の2時間インタビューを見ていたところ、稲盛氏も「従業員は家族である」という趣旨を言っておられた。また、先日の民放の「リーダーズ」というドラマを見ると、トヨタ自動車の創業者は、会社が苦境に陥り日本銀行の管理下になるまで必死にリストラをするまいと頑張り、日銀の主導の下でリストラが行われると、経営責任をとって社長を辞めた。

　3人に共通するのは、「会社は従業員によって成立している。従業員は家族だ」との強い思いである。

　先日、トヨタ自動車の幹部と話していたら、「オーナー経営者の感覚はサラリーマン社長と全然違います。オーナー経営者は、従業員は家族だとの思いとトヨタのお客様は豊田家のお客様だとの思いがあります」と述懐された。

　それは企業の規模は異なるとしても、オーナー経営者に共通する思いではないかと思う。勿論、オーナー経営者でも金儲けがすべてだという人は、従業員を歯車のひとつとしか考えていないので、平気でリストラをしたり、低賃金や悪労働条件下で酷使したりする。しかし、そういう企業には将来性はない。成長している企業の経営者は皆、従業員を家族と思い大事にしている

304

のだ。

⊠「企業は人なり」という思いを忘れるな

　成果主義的賃金制度が日本で失敗したのも、従業員を労働奴隷の感覚で歯車のひとつと考えたので、労働者の反発にあったのだ。新自由主義経営論者も、すべてを合理主義で割り切り、弱肉強食でそこに義理も人情もないことから嫌われるのだ。

　企業は組織であり、組織は人から成り立っており、組織の運営は人（従業員）をいかに動かすかが組織運営の機能論として問われる。人は感情の動物だから、人情の機微を重視しない限り、「会社のためなら、社長のためなら、たとえ火の中、水の中でも飛び込む」という精神にはならない。

　従業員を家族同様にかわいがらなければ、従業員は組織のために全力投球をしない。私がよく講演会で経営者に問うのは、「会社で頂いたものを従業員に配布していますか。経営者が自宅に持って帰っていますか」である。従業員は決して物が欲しいのではない。経営者が秘かに独り占めする姿勢に嫌悪感を抱き、経営者は従業員に愛情がないと判断するのだ。これは、そのために従業員が経営者を追い出した事件を担当して、従業員は経営者をよく見ているなと痛感したものである。

　企業は人なり。組織の長は部下を家族同様にかわいがれということだ。

●視点・論点●

・従業員を無視した経営理念では企業は成長しない
・経営者は外国の理論や新しい制度に飛びつく前に、人情の機微に目を向けよ

305

第 6 章　経営者はいかにあるべきか

■148

企業再建の主役はあくまで経営陣

【私利私欲を追い求める経営陣はすぐ見破られる】

⊠弁護士はあくまで企業再建のサポート役にすぎない

　私が今まで倒産寸前の会社を再建したのは25社以上はある。私が若い頃は、企業再建できたのは私の実力であると自負していた。依頼者には、「私の指示通りにしたら再建でき、指示に従わなければ倒産するよ」といわば脅しをかけてまで再建に熱中していた。

　しかし私も年を取ってくると、「企業再建は弁護士や公認会計士等の力ではなく、経営陣がしっかりしていないと企業再建はできない。企業再建の主役はその企業の経営陣であり、弁護士はそのサポートに過ぎない」と思うようになった。いくら優秀な参謀がいても、計画を実行できる能力と意思を持っていない経営陣では計画は達成できないからである。

　私は法律の専門家だから法律のことはアドバイスできる。しかし、ビジネスは単に地道な努力のみでなく、儲け話には動物的勘が必要である。このビジネスが儲かるか否かは、経営者独特の勘が必要である。銀行員や弁護士にはそういう動物的勘はないと思う。やはり人間は「身の丈に合った仕事」をしていないと火傷するということだ。

　債務整理はできたとしても、その返済資金や企業発展の手腕は一手に経営陣にあるのだ。私は債務圧縮に成功したことで企業再建に成功したと思っていたが、それは企業再建の一端に過ぎないと思うようになったのである。

⊠経営者は身の丈に合った経営を地道に行うこと

　私が160億円の債務圧縮に成功し、今や自他共に企業再建に成功したと言われる顧問会社が、昨年の企業実績で、某県下で全企業のうち11番目の営業利益を出したと報道されることになった。勿論、利益率は同業者でもトップ

306

である。そのうえ就職希望者も県下でトップレベルになっている。私はこの経営者には、「君は知恵がある。頭が良い。絶対君は経営者で成功する」と会う度に言っていたことが本当になったのである。それらを掲載している雑誌を見て、私は本当に嬉しく思い、経営者である社長にお礼の電話を入れた。社長は、私に見てもらいたいと思って雑誌を送付したと言っていたが、相変わらず謙虚である。

他方、企業再建がうまくいかないのは、私の方針に従わず、かつ実行しないケースか、経営陣と喧嘩して私が解任されるケースがほとんどである。私が解任された後は倒産まで時間の問題である。

やはり経営者は、従業員、取引先、銀行等に迷惑をかけない、身の丈に合った経営を地道に行い、勝負する時は勝負するという決断力や哲学をもっていないと大成しないのだ。

経営陣が単に私利私欲を追い求めていると、それは従業員や取引先に見破られ、自滅の途を歩むことになる。その意味で経営陣は、経営哲学をいかに構築するかを日々精進しなければならない。

その経営哲学も単純である。「義理と人情」と「信用第一」をモットーにしていればうまくいく。これを実践していくのがいかに大切で重要であるか。

それは所詮、経営者の人間力の問題である。

●視点・論点●

・企業再建の主役である経営陣は、強力な実行力と意思をもっていなければならない

・経営陣は、しっかりとした経営哲学を構築すること。かつ、サポート役である専門家のアドバイスにも耳を傾けること

第6章 経営者はいかにあるべきか

149 ハングリー精神が企業を成功に導く

【背水の陣で自分を追い込み初志貫徹するしか】
【成功への道はない】

▧すべての物事にハングリー精神が求められる

ある会社を職場訪問した。その会社は創業46年であり、会社案内を兼ねて「創業45周年」のパーティ向けのビデオを放映してもらった。そのビデオの最後に社長の「ハングリー精神で仕事を務める」という言葉に感銘を受けた。

そこの社長は脱サラして創業して、ハングリー精神でもって一代で今日の会社を築き上げた人である。私はその社長の人格をよく知っていたので、この社長もハングリー精神で今日を築き上げられたのかと実感した。

ハングリー精神は、よくプロボクサーの育成で言われる。減量して苦労して世界チャンピオンになるとハングリー精神で精進した成果を誉め讃える。しかし私は、いかなる分野においても、ハングリー精神で精進しない限り栄光を獲得することはできないと思う。ノーベル賞受賞者でも、何百回の失敗に負けずにハングリー精神で研究を続けている過程で、偉大な発明に遭遇することができる。企業や人もハングリー精神で頑張らなければ成功の道を歩むことはできない。

私も学生運動に挫折して、弁護士として飯を食っていこうとして独学で司法試験を勉強したときは、主観的にも客観的にもハングリーであった。末は弁護士かルンペンプロレタリアートかの二者択一で、昼夜逆転の生活で勉強した。貧乏なので1日2食の自炊で勉強した。友人も「俺は学食では"素うどん"しか食ったことない」と言い、皆同様な生活だったのでよく共感できた。

308

⊠創業オーナーの言葉には重みがある

とかく背水の陣に自分を追い込んで努力しない限り初志貫徹はできないのだ。

その精神を私は、ハングリー精神で事に臨めということだと思う。それ故か私は、創業者オーナーの苦労話は身につまされ、共感を覚える。

創業者オーナーは本当に苦労して必死になって創業し、何度もくじけそうになっても歯を食いしばって頑張って、今日の形を築いておられる。私は創業者オーナーの成功は、皆ハングリー精神で精進された故であると思い、その言葉はシンプルであるが含蓄ある言葉であると思う。

私も年をとったせいか、物事はシンプルであるべし、複雑な言葉や文意は物事の本質を本当はよく理解しておらず、美辞麗句に包まれているのでないかと思うようになった。ハングリー精神で事に臨んでいれば、おのずとシンプルな言葉と行動になる。

現在の私のモットーは「義理と人情」「信用第一」に尽きると思っている。しかし、その原点にあるのはハングリー精神である。今は豊かになっているから、ハングリー精神はあまり言われないが、何の仕事であれ、ハングリー精神がなければ事は成就しないと思う。

ハングリー精神を普遍化せよ。

●視点・論点●

・創業者オーナーの今日の成功には並々ならぬ苦労があり、その言葉には、重みがある

・ハングリー精神による精進の先に、人の言動はシンプルとなり、その言動は、より核心を捉えるものとなる

第6章　経営者はいかにあるべきか

150

経営者にとって必要となる哲学と思想

【経営戦略、経営戦術を描けない経営者が多い】

■異色の経営者の生き様に深い関心

故堤清二氏の『オーラルヒストリー』を読んだ。

堤清二氏は会社経営者と文学者の両面をもっている。堤氏は西武デパート等のいわゆるセゾングループの統帥であった。その堤氏の、経営者や文学者には「戦略、戦術論」、「思想、哲学」がない人が多すぎるという発言には全く同感だ。

堤氏は経営者団体の一員として、また文学者の一員として、世界各国の人と交渉をした。その際に、経営者や文学者は思想、哲学の問題が発生すると沈黙して、出席者は堤さんの出番だよと言って堤氏の顔を見るという。そこで堤氏は発言するのであるが、経営者や文学者は哲学や思想がないと嘆いていたのである。

私は堤氏には従前から関心を持ち、堤氏の書かれた本を数冊読んでいる。私が堤氏に関心をもったのは、堤氏は西武コンツェルンの御曹司でありながら、東大生のときに日本共産党員になり、かつ党から除名されたうえに結核で入院。堤家の遺産は相続放棄して、西武デパートの経営のみをやったという生き様に興味をもったからである。

■今の時代の経営者には経営思想や経営哲学が必要だ

私がこの本を読んで感じたのは、意外にも有名な人も思想や哲学を保持していないという堤氏の主張に同感したことである。特に会社経営には、哲学や思想は必須である。単に利益を出せばいいということではない。組織のトップとしていかなる経営哲学の下に会社経営をしているのかが問われるのである。

310

自由主義経済学を信奉する経営者には、短期的利益を目標とするだけでは、会社経営の長期的視点からみると欠格者である。なぜ日本経済が成長したかを総括すれば、日本の企業は長期的視点で経営を考え、内部留保をして、企業経営の戦略戦術を考えていたのである。

　自由主義経済を信奉するファンドの登場で短期利益を目指す企業が増加したが、私はそれは間違いだと思う。

　さらに堤氏は、セゾングループでは経営者を引き抜きで社長にしたが、ことごとく失敗したと総括した。それは前評判通りでなく経営トップの器ではなかったといい、その原因は「戦略、戦術論」が構築されていないことにあったという。戦略、戦術論は軍事用語や左翼の革命論の常套句であるが、経営者には戦略、戦術論が絶対に必要だと力説しているのである。私も全く同感である。経営戦略、経営戦術論は経営者にとっては必須であるべきである。その前提には経営思想や経営哲学が必要だ。それがないために、スカウトした経営者は堤氏の期待に応えることができなかったという。

　私も今の経営者には哲学や思想そして戦略、戦術論が欠けているのではないかと思う。年を取った故か。

●視点・論点●

・経営者の経営哲学、経営思想はいかなるものか、日々問われていると意識せよ

・確固たる経営哲学、経営思想が、戦略、戦術論を構築させ、周囲の期待に応えることができる

311

〔著者略歴〕

萬年浩雄（まんねん　ひろお）

[略歴]

1946年　福岡県生まれ
　　　　慶應義塾大学法学部法律学科卒業
　　　　九州大学大学院法学研究科修了、修士取得（修士論文―
　　　　「当番弁護士　いま何が問題か」）
1982年　弁護士登録
1984年　萬年法律事務所を福岡市に設立
2001年　山口雅司法律事務所と合併し「萬年・山口法律事務所」
　　　　と名称変更
2010年　小林、益本、原の各弁護士をパートナーにして「萬年総
　　　　合法律事務所」に名称変更（現在、パートナー弁護士5
　　　　人、アソシエイト弁護士6人、秘書10人）
福岡県弁護士会業務事務局長、副会長を歴任。
法律は常識であり、義理と人情および信用第一をモットーにした
紛争の解決策を模索して弁護士業務に励んでいる。
趣味は読書と音楽鑑賞。
ヘビースモーカーで家族と事務所で煙たがられている。

[著書]

『弁護士だからできること』（リヨン社）
『当番弁護士　いま何が問題か』（福岡県弁護士会）
『ロータリー例会会長挨拶集　例会でのひとこと』
『人を動かす「人間力」の磨き方』（民事法研究会）
『熱血弁護士の事件ファイルⅠ　企業再生編』（三和書籍）

[事務所所在地]

〒810-0042　福岡市中央区赤坂1丁目15番33号
　　　　　　ダイアビル福岡赤坂3階
　　　　　　萬年総合法律事務所
TEL（092）751-5006（代表）
FAX（092）715-3493
E-Mail　mannen@hh.iij4u.or.jp

弁護士事件簿から学ぶ「人間力」の伸ばし方
　―志は高く、まなざしは優しく、義理人情に厚く―

平成29年8月9日　第1刷発行

定価　本体3,000円＋税

著　者　萬年　浩雄
発　行　株式会社　民事法研究会
印　刷　株式会社　太平印刷社

発行所　株式会社　民事法研究会
　　　　〒150-0013　東京都渋谷区恵比寿3-7-16
　　　　〔営業〕TEL 03(5798)7257　FAX 03(5798)7258
　　　　〔編集〕TEL 03(5798)7277　FAX 03(5798)7278
　　　　http://www.minjiho.com/　　info@minjiho.com

落丁・乱丁はおとりかえします。　　　　ISBN978-4-86556-177-7 C2032 ￥3000E
カバーデザイン：袴田峯男

■競争激化のいまこそ、ビジネスチャンス！■

弁護士の経営戦略
―「営業力」が信用・信頼をつなぐ―

髙井伸夫 著

四六判・189頁・定価　本体1,700円＋税

▷▷▷▷▷▷▷▷▷▷▷▷▷▷▷▷ **本書の特色と狙い** ◁◁◁◁◁◁◁◁◁◁◁◁◁◁◁◁

▶顧客の信頼を勝ち取ることを第一歩としてその具体的な秘訣を開示し、依頼者の記憶に残る営業の方法、事務所経営のポイント、仕事を楽しく回すコツなど、ＡＩ時代にこそ必須の日々使える手順・ノウハウがよくわかる！

▶弁護士としての喜びが得られる営業のあり方を示した注目の１冊！

▶すべての弁護士、特に若手弁護士には必携の書！　司法書士、税理士、社会保険労務士などの専門職はもとより企業に勤めている方にも、社会に役立つ自己実現に活用できる！

❖❖❖❖❖❖❖❖❖❖❖❖❖❖❖❖ **本書の主要内容** ❖❖❖❖❖❖❖❖❖❖❖❖❖❖❖❖

第1章　信用をつくる営業力とは何か
1　信用は何から始まるか
2　信頼を継続していくにはどうすればよいか
3　営業を活性化するにはどうすればよいか
4　相談を受任につなげるコツは？
5　報酬で悩んだときは？
6　依頼者は何を求めているか
7　弁護士を依頼するメリットは？
8　依頼者の利益を守るには？
9　営業を継続するコツは？
10　情報発信はどのようにするか
11　記憶に残る営業はどのようにするか
12　現代社会に適合した営業とは何か
13　日々の営業で気を付けることは何か
14　依頼者から感謝されるときとは？
15　信用を失わないために何をすべきか
16　究極的な営業の武器とは何か

第2章　信頼される弁護士力とは何か
17　弁護士の力量は何で決まるか
18　リーガルマインドには何が必要か
19　困難な案件にどう取り組むか
20　自らの価値を高めるには何をすべきか
21　独り立ちできる弁護士になるには？
22　弁護士として一流になるには？
23　自信を持って発言するには？
24　なぜ弁護士は現場に行くのか
25　勝ち筋かどうか見極めるには？

26　交渉の基本的な方法は？
27　仕事を効率的に進めるにはどうすべきか
28　スケジュールの立て方のコツは？
29　弁護士は何のためにあるのか

第3章　安心を与える事務所力とは何か
30　部下を育成するにはどうしたらよいか
31　部下とのコミュニケーションはどう図るか
32　人材の配置はどのようにするか
33　定着する人材をどのように採用するか
34　事務所を立ち上げる際に何に注意すべきか
35　事務所の事業計画はどのように立てるか
36　マニュアルはどのように活用するのか
37　スタッフを戦力にするにはどうするのがよいか
38　リーダーシップとは何か
39　マネジメントはどうするのか
40　経営者がすべきことは何か
41　引き際をどう考えるか

第4章　仕事を楽しむ人間力とは何か
42　自己実現はどのようにすれば可能か
43　最後までやり抜くにはどうするか
44　情熱を持って仕事をするにはどうするか
45　精緻な文章はどのようにつくるか
46　将来を見据えた研鑽はどのようにするか
47　仕事に誇りを持つにはどうするか
48　継続して前進するにはどうするか
49　新しい価値をどう生み出すか
50　なぜ自己実現をしなければならないのか

発行　民事法研究会

〒150-0013　東京都渋谷区恵比寿3-7-16
（営業）TEL. 03-5798-7257　FAX. 03-5798-7258
http://www.minjiho.com/　info@minjiho.com

■弁護士のあり方から司法制度改革までを綴ったメッセージ！

弁護士道の実践
─法の支配による平和・人の幸せを求めて─

鈴木繁次　著

A5判・184頁・定価　本体952円＋税

▷▷▷▷▷▷▷▷▷▷▷▷▷▷▷▷▷▷ **本書の特色と狙い** ◁◁◁◁◁◁◁◁◁◁◁◁◁◁◁◁◁◁

▶法曹歴45年の著者による市民本位の弁護士道の実践方法から、司法改革への提言、法の支配による世界平和への訴えを綴った熱いメッセージ！

▶法曹たるものはその前にまず人間であるべきこと、法律の大衆化（法律をわかりやすくして市民に説明するという意味）、法曹としての仕事の目的──いかに市民生活の幸せに貢献するか、法曹は今後どのような社会貢献が期待されているかなど、後進に向けた想いを込めた1冊！

✧✧✧✧✧✧✧✧✧✧✧✧✧✧✧✧✧✧✧✧ **本書の主要内容** ✧✧✧✧✧✧✧✧✧✧✧✧✧✧✧✧✧✧✧✧

第1章　法曹を志した動機	第12章　自己研鑽を怠るな
第2章　裁判官に任官	第13章　法曹の選抜──旧司法試験考査委員
第3章　弁護士登録	（民法）の経験から
第4章　法曹である前に人間であれ──稲穂を	第14章　司法改革に関する所感
思い起こせ	第15章　法曹養成──神奈川大学法科大学院
第5章　先輩弁護士の弁護士地位向上の尽力に	教授の経験から
感謝	第16章　国民の弁護士の選択、弁護士報酬問題
第6章　弁護士登録時（昭和45年）頃の法曹界	第17章　弁護士の公益的活動（外部委員）の心
の状況	がまえ
第7章　弁護士は専門分野をもて	第18章　弁護士会の改革
第8章　専門分野の具体的事件の処理の仕方	第19章　東日本大震災と弁護士
第9章　苦労したその他の一般事件	終　章　まとめに代えて──法の支配による平
第10章　予防法学	和（人間の幸せ）を求めて
第11章　弁護士会の委員会活動のすすめ	

発行　民事法研究会

〒150-0013　東京都渋谷区恵比寿3-7-16
（営業）TEL. 03-5798-7257　FAX. 03-5798-7258
http://www.minjiho.com/　info@minjiho.com

弁護士が日々の中でさまざまな想いを綴った日記！

■脳梗塞に倒れ生還するまでの日々を綴った随筆！

弁護士日記 秋桜

四宮章夫 著
Ａ５判・224頁・定価　本体1300円＋税

　法曹歴約40年の弁護士が脳梗塞に倒れ生還するまでの日々の中でさまざまな想いを綴った約100日の日記！　法曹養成、東日本大震災の危機管理、趣味等、トップランナー弁護士の思考と生活がわかる！

目次			
1	発病＜7月7日(木)＞	10	原子力発電への対応＜7月14日(木)＞
2	死を引き受ける＜7月8日(金)昼＞	11	延命治療の中止と人権意識＜7月15日(金)＞
3	仕事の引継ぎなど＜7月8日(金)夜＞	12	息子の祈り＜7月16日(土)＞
4	遺伝子の継承について考える＜7月9日(土)昼＞	13	大相撲八百長問題と相撲協会＜7月17日(日)＞
5	食事のこと、同級生のこと＜7月9日(夜)＞	14	なでしこジャパンのワールドカップ優勝に思う＜7月18日(月)朝＞
6	臓器移植法の改正＜7月10日(日)＞	15	セント・アンドリュース・リンクスに立つ＜7月18日(月)昼＞
7	東日本大震災から4カ月＜7月11日(月)＞	16	狭心症の発作＜7月19日(火)＞
8	生涯現役をめざして＜7月12日(火)＞	17	ジェネリクス医薬品＜7月20日(水)＞
9	菅首相の危機対応＜7月13日(水)＞		※一部抜粋(全106本)

■弁護士が依頼者や関係者の人生に寄り添う重みを綴った日記！

弁護士日記 すみれ
――人に寄り添う

四宮章夫 著
Ａ５判・286頁・定価　本体1400円＋税

　法曹歴約45年の弁護士による、日々の暮らしの中で感じる自然、国際・国内政治問題、歴史、地域問題、差別および人の命を背負う覚悟を綴った約150日の日記！

目次			
1	岩湧寺の秋海棠＜2012年9月1日(土)＞	10	全共闘時代の思い出＜2012年9月15日(土)＞
2	シリア内戦＜2012年9月3日(月)＞	11	ある依頼者の心中事件＜2012年9月17日(月)＞
3	烏帽子形城での合戦＜2012年9月4日(火)＞	12	尖閣諸島をめぐる中国との外交問題＜2012年9月19日(水)＞
4	アフガニスタンとタリバーン＜2012年9月5日(水)＞	13	本居宣長の『宇比山踏』＜2012年9月21日(金)＞
5	刑事裁判と前科＜2012年9月6日(木)＞	14	無視された野田首相の国連演説＜2012年9月24日(月)＞
6	ハラスメントと外部調査委員会＜2012年9月9日(日)＞	15	安倍総裁に注がれる世界の視線＜2012年9月26日(水)＞
7	雪印乳業の食中毒事故＜2012年9月10日(月)＞	16	C.Wニコルさん＜2012年10月1日(月)＞
8	アフガニスタン紛争とオサマ・ビンラディン＜2012年9月11日(火)＞	17	多重債務者の自殺＜2012年10月3日(水)＞
9	アルカイダの怒り＜2012年9月12日(水)＞		※一部抜粋(全135本)

発行　民事法研究会　〒150-0013　東京都渋谷区恵比寿3-7-16
(営業)　TEL 03-5798-7257　FAX 03-5798-7258
http://www.minjiho.com/　　info@minjiho.com

■近年増加傾向にある弁護士と顧客をめぐる紛争と裁判例を検討・分析！■

なぜ弁護士は訴えられるのか
─判例からみた現代社会と弁護士の法的責任─

中央大学法科大学院教授・弁護士　升田　純　著

A 5判・734頁・定価　本体 6,900円＋税

▷▷▷▷▷▷▷▷▷▷▷▷▷▷▷▷▷ **本書の特色と狙い** ◁◁◁◁◁◁◁◁◁◁◁◁◁◁◁◁◁

▶第1部では、現代社会において、相当なリスクにさらされている弁護士がおかれて
いる状況と、多様な事件処理に際して依頼者との対応で留意すべき事項や諸問題に
ついて具体的に詳しく解説！

▶第2部の判例編では、弁護士の法的な責任をめぐる218の裁判例を事例別に分類し、
判決の意義と実務指針を鋭く分析した指南の書！

❖❖❖❖❖❖❖❖❖❖❖❖❖❖ **本書の主要内容** ❖❖❖❖❖❖❖❖❖❖❖❖❖❖

第1部　現代社会と弁護士をめぐる概況

第1章　弁護士がおかれている現況
1　最近の弁護士をめぐる環境
2　弁護士のリスクの基盤
3　弁護士の報酬をめぐる紛争
4　弁護士とコンプライアンス
5　弁護士法と弁護士
6　弁護士と依頼者等との委任契約
7　弁護士の事件の受任、相談のきっかけとクレーム
8　弁護士の事件の受任、相談とクレーム対策
9　弁護士の広告宣伝
10　事件の受任の検討
11　弁護士の説明義務
12　弁護士の紛議の解決と保険
13　弁護士の懲戒
14　競争下の弁護士、法律事務所

第2章　弁護士の事件処理をめぐる諸問題
1　弁護士の研鑽の重要性と新人弁護士の研鑽
2　高齢社会における弁護士
3　弁護士の事務処理の基本
4　弁護士の守秘義務、プライバシーの保護義務
5　弁原紛争、弁原事件
6　弁護士のストレスとストレス対策

7　弁護士の品位・品格
8　法律事務所の経営
9　共同法律事務所の経営と経営弁護士らの責任
10　弁護士のヒヤリ、ハット
11　弁護士の過誤への対応
12　コンピュータ社会における弁護士
13　弁護士と日本語力
14　弁護士の論理構成力
15　法律事務所の将来

第2部　弁護士の責任をめぐる裁判例

第1章　昭和年代の裁判例
1　昭和40年代の裁判例
2　昭和50年代の裁判例
3　昭和60年代の裁判例

第2章　平成年代の裁判例
1　依頼者との関係における弁護過誤をめぐる裁判例
2　依頼者以外の者との関係における弁護過誤をめぐ
る裁判例
3　訴訟活動等に伴う名誉毀損等をめぐる裁判例
4　弁護士の付随業務等をめぐる裁判例
5　弁護士の懲戒をめぐる裁判例
6　弁護士の業務全般の責任をめぐる裁判例
7　弁護士をめぐるその他の裁判例

発行　民事法研究会

〒150-0013　東京都渋谷区恵比寿3-7-16
（営業）TEL. 03-5798-7257　FAX. 03-5798-7258
http://www.minjiho.com/　info@minjiho.com

豊富な図表を織り込みわかりやすく解説した実践的手引書！

2012年12月刊　誰でも簡単に習得して、すぐに応用できるノウハウを平易に解説！

弁護士に学ぶ！
交渉のゴールデンルール
―読めば身に付く実践的スキル―

交渉にあたって遅刻は本当に厳禁なのか？　座席の配置と座り方は？　効果的な声の大きさやトーン、ほめる・おだてる方法からメモのとり方まで、知っているようで知らなかったスキルが満載！

弁護士　奥山倫行　著　　　　　　　（四六判・187頁・定価　本体1400円＋税）

2014年4月刊　債権が滞らないための備え、実際の回収手法まで解説！

弁護士に学ぶ！
債権回収のゴールデンルール
―迅速かつ確実な実践的手法―

取引先の情報の管理の仕方、新規取引にあたっての留意点、債権の優先順位のあげ方、法律を使った効果的な回収方法、債権回収の落とし穴など密度の濃い情報が満載！

弁護士　奥山倫行　著　　　　　　　（四六判・277頁・定価　本体1800円＋税）

2014年8月刊　予防方法から柔軟・公平・公正・迅速な対応手法まで解説！

弁護士に学ぶ！
クレーム対応のゴールデンルール
―ピンチをチャンスに変える実践的スキル―

受付から調査・確認、対応策の決定から具体的な対応、クレーム予防に向けた社内体制の構築など、すぐに応用できるノウハウを、平易に解説した実践的手引書！

弁護士　奥山倫行　著　　　　　　　（四六判・232頁・定価　本体1600円＋税）

発行　**民事法研究会**　〒150-0013　東京都渋谷区恵比寿3-7-16
（営業）TEL 03-5798-7257　FAX 03-5798-7258
http://www.minjiho.com/　　info@minjiho.com